图 0-1 法国马尔帕塞双曲薄拱坝

图 0-2 意大利的瓦依昂高拱坝

图 1-1 地球的形状

图 1-6 单质矿物自然金

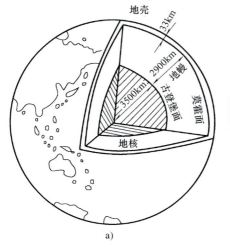

a) b)

图 1-2 地球内圈

图 1-8 常见矿物

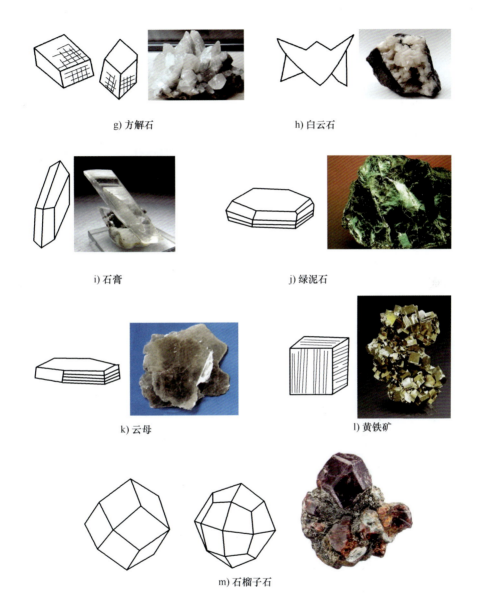

g) 方解石 h) 白云石

i) 石膏 j) 绿泥石

k) 云母 l) 黄铁矿

m) 石榴子石

晶体的形态

图 1-9　石英贝壳状断口

图 1-10　方解石遇冷稀盐酸起泡

图 1-12　火山锥及火山口

图 1-15　气孔状构造

图 1-24　意大利古罗马时代大理石柱

图 1-26 地质罗盘

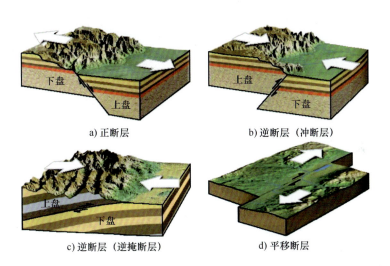

a) 正断层

b) 逆断层（冲断层）

c) 逆断层（逆掩断层）

d) 平移断层

图 1-36 断层的基本类型

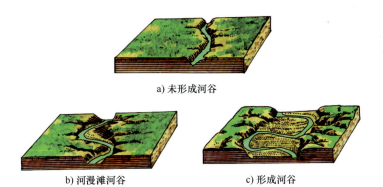

a) 未形成河谷

b) 河漫滩河谷

c) 形成河谷

图 1-48 河谷形态发展阶段

图 2-4　钻探

图 5-16　砌石护岸

"十二五"职业教育国家规划教材（修订版）
经全国职业教育教材审定委员会审定

高等职业教育路桥类专业"新形态一体化"系列教材

工程地质与桥涵水文

第 3 版

主　编　盛海洋
副主编　聂莉萍
参　编　林万福
主　审　洪　青

机械工业出版社

本书以实际工作任务为引领,以交通土建建设中处理工程地质问题与桥涵水文问题的能力为主线,贯穿课程的始终。本书将工程地质与桥涵水文项目分解为认识工程地质现象、工程地质知识的应用、工程地质问题与地质病害防治、桥涵的河流环境、桥位设计共5个学习情境和工程地质技能训练。目的是让学生掌握每一阶段工程地质与水文知识的应用过程。

本书修订过程中兼顾了高职高专学生能力培养的需要,注重吸收最新的科技成果,将教学与科研、生产紧密结合,以必需、实用、够用为原则,强调高职特色和线上在线精品课程教学需要。全书教学资源和内容丰富(包括教学视频、教学课件等)、图文并茂、深入浅出、循序渐进、重点突出、便于自学。

本书可作为高职高专交通土建类道路与桥梁工程技术、城市轨道交通工程技术、公路监理、港口工程技术、城市轨道交通工程技术、高等级公路维护与管理、基础工程、土木工程等专业的教材,也可作为工程建设勘察、设计、施工、监理、试验、检测技术人员和交通土建类师生及科研人员的学习参考用书。

图书在版编目(CIP)数据

工程地质与桥涵水文/盛海洋主编. —3版. —北京:机械工业出版社,2022.9(2025.6重印)

高等职业教育路桥类专业"新形态一体化"系列教材 "十二五"职业教育国家规划教材

ISBN 978-7-111-71228-2

Ⅰ. ①工… Ⅱ. ①盛… Ⅲ. ①道路工程-工程地质-高等职业教育-教材 ②桥涵工程-工程水文学-高等职业教育-教材 Ⅳ. ①U412.22②U442.3

中国版本图书馆CIP数据核字(2022)第125636号

机械工业出版社(北京市百万庄大街22号 邮政编码100037)
策划编辑:沈百琦　　　　　责任编辑:沈百琦　高凤春
责任校对:陈　越　贾立萍　封面设计:鞠　杨
责任印制:李　昂
涿州市般润文化传播有限公司印刷
2025年6月第3版第5次印刷
184mm×260mm・15.5印张・4插页・376千字
标准书号:ISBN 978-7-111-71228-2
定价:47.00元

电话服务　　　　　　　　　网络服务
客服电话:010-88361066　　机 工 官 网:www.cmpbook.com
　　　　　010-88379833　　机 工 官 博:weibo.com/cmp1952
　　　　　010-68326294　　金 书 网:www.golden-book.com
封底无防伪标均为盗版　机工教育服务网:www.cmpedu.com

前　言

本书根据高职高专道路与桥梁工程技术、城市轨道交通工程技术、公路监理、港口工程技术、城市轨道交通工程技术、高等级公路维护与管理、土木工程等专业近些年工程地质与桥涵水文课程教改的有关要求，在各高等职业院校积极践行和创新先进职业教育理念，深入推进"工学结合，校企合作"人才培养模式和大力开展线上精品课程教学的大背景下，根据新的课程标准组织修订编写而成。

本书在重印过程中贯彻落实二十大精神进教材、进课堂、进头脑，以培养职业能力为核心，以工作实践为主线，以工作过程（项目）为导向，用任务进行驱动，建立以行动（工作）体系为框架的现代课程结构，重新序化课程内容，做到陈述性（显性）知识与程序性（默会）知识并重，将陈述性知识穿插于程序性知识之中，理论与实践一体化，力求体现如下特点：

1. 体系规范性。本书以工学结合、校企合作为开发教材的切入点，在课程标准和教学标准的框架下，改革教学内容和教学方法，突出专业教学的针对性，进而选定教材内容。在课程设计上，本书以实际工作任务为引领，以交通土建类专业中处理工程地质与桥涵水文问题的能力为主线，并贯穿课程的始终。本书将工程地质与桥涵水文项目分解为认识工程地质现象、工程地质知识的应用、工程地质问题与地质病害防治、桥梁的河流环境、桥位设计共5个学习情景和工程地质技能训练。为了方便学生明确学习目标，每个任务都附有知识目标、技能目标、素养目标。

2. 内容先进性。用新观点、新思想审视和阐述教材内容，所选定的教材内容适应交通土建建设发展需要，反映土建类专业的新知识、新技术、新工艺和新方法。为紧密结合生产实践，本书依据《公路工程地质勘察规范》（JTG C20—2011）、《公路工程水文勘测设计规范》（JTG C30—2015）、《公路桥涵设计通用规范》（JTG D60—2015）、《岩土工程勘察规范》（GB 50021—2001）（2019年版）规范进行编写修订。

3. 知识实用性。以职业能力为本位，以应用为核心，以"必需、实用、够用"为原则，教材内容紧密联系生产和生活实际，加强了教学的针对性，能与相应的职业资格标准相互衔接，主要介绍在土建工程中有关工程地质与水文资料的获取、整理及其应用等的知识。由于工程地质与水文所要研究的内容十分丰富，分科也很细，在有限的时间内只能结合土建类各专业的需要择其主要的和基本的内容简明扼要地予以介绍，为学生学习各自专业，以及开展相关问题的科学研究，提供最为必要的工程地质与水文基本知识及技能。

4. 使用灵活性。体现教学内容弹性化，教学要求层次化，教材结构模块化；有利于按需施教，因材施教。教材附部分技能训练，通过一些基本技能的训练，让学生懂得搜集、分析和运用有关的工程地质与水文资料，并能正确运用勘察数据和资料，进行相关工程的设计、施工和管理。

5. 资源丰富性。以省级在线精品课程资源为依托，包括全套教学视频、教学课件、教学教案、课程标准、课程授课计划等。本书配有大量的视频资源等，扫描书中二维码即可观看。本书对应的线上课网址：①智慧职教平台网址：www.icve.com.cn，搜索工程地质课程；②福建职业教育与终身教育网在线网址：http://www.fjzyiy.com/course/center/index，搜索工程地质课程。

6. 融入职业素养。书中巧妙穿插"小贴士"模块，介绍地质工程案例，增强学生民族自信心，激发学习热情，提升自身严谨、认真、务实的职业素养。

本书由福建船政交通职业学院盛海洋主编并统稿，由江西交通职业技术学院聂莉萍任副主编，福建路港（集团）有限公司林万福参与编写。全书由福建省交通建设工程试验检测有限公司洪青主审。

在编写过程中，曾广泛征求过有关高职院校及勘察设计施工单位的同行对编写大纲的意见。并得到了有关领导和部门的指导和帮助，在此一并表示诚挚谢意。

由于编写时间和编者水平所限，书中缺点及不当之处在所难免，敬请读者批评指正。

编　者

本书配套资源

微课视频清单				
序号	名称		序号	名称
1	绪论		28	常见变质岩肉眼鉴定-大理岩
2	工程地质工作在工程建设中的作用		29	地壳运动
3	认识地球		30	岩层产状
4	地质作用		31	花岗岩断层产状测量方法
5	造岩矿物		32	褶皱构造
6	矿物的肉眼鉴定方法		33	断裂构造01
7	矿物的肉眼鉴定-金属矿物（磁铁矿、黄铁矿、赤铁矿）		34	断裂构造02
8	矿物的颜色		35	地质年代
9	常见矿物肉眼鉴定-长石		36	认识地貌
10	常见矿物肉眼鉴定-石英		37	闽江河流地质作用及河谷组成
11	常见矿物肉眼鉴定-方解石		38	第四纪地质
12	常见矿物肉眼鉴定-云母		39	河流地质作用
13	岩浆岩结构与构造		40	地下水的基本概念
14	岩浆岩的结构		41	认识地下水的物理化学性质
15	常见岩浆岩鉴定特征		42	认识地下水特征
16	常见岩浆岩肉眼鉴定-花岗岩		43	认识地下水的渗流
17	常见岩浆岩肉眼鉴定-玄武岩		44	地下水对工程的不良影响
18	岩浆岩（火成岩）肉眼鉴定方法		45	认识崩塌
19	沉积岩的矿物组成		46	滑坡要素与形成条件
20	常见沉积岩鉴定特征		47	滑坡类型与防治措施
21	沉积岩肉眼鉴定方法		48	认识泥石流
22	常见沉积岩肉眼鉴定-碎屑岩		49	岩溶地貌
23	变质岩及其成因		50	地震震级与烈度
24	变质岩结构与构造		51	桃花溪断裂及跌水现象
25	常见变质岩鉴定特征		52	水流地质作用与剪切裂隙
26	变质岩肉眼鉴定方法		53	花岗岩风化及边坡挡土墙防护
27	常见变质岩肉眼鉴定-片麻岩		54	岩石风化及根劈现象

(续)

序号	名称	序号	名称
55	工程地质勘察方法 01	90	理论频率曲线的绘制 05
56	工程地质勘察方法 02	91	特大值的处理
57	工程地质勘察报告	92	相关分析 01
58	道路路线工程地质勘测	93	相关分析 02
59	岩体结构	94	相关分析 03
60	认识围岩压力	95	桥位选择 01
61	岩体边坡变形破坏	96	桥位选择 02
62	地下洞室围岩稳定性分析	97	桥位选择 03
63	边坡滑坡崩塌整治工程 01	98	水文调查 01
64	边坡滑坡崩塌整治工程 02	99	水文调查 02
65	河流概述	100	水文勘测 01
66	河流的横断面	101	水文勘测 02
67	流域	102	水文勘测 03
68	水力学基础知识	103	水文勘测 04
69	恒定流的三大方程	104	流量计算 01
70	水头阻力和水头损失	105	流量计算 02
71	明渠均匀流与非均匀流 01	106	流量计算 03
72	明渠均匀流与非均匀流 02	107	流量计算 04
73	泥沙运动	108	流量计算 05
74	河床演变	109	设计洪水分析计算 01
75	桥位河段分类 01	110	设计洪水分析计算 02
76	桥位河段分类 02	111	设计洪水分析计算 03
77	桥位河段分类 03	112	设计洪水分析计算 04
78	桥位河段分类 04	113	设计洪水分析计算 05
79	河湾水流	114	设计洪水分析计算 06
80	水文现象	115	桥孔设计 01
81	数理统计 01	116	桥孔设计 02
82	数理统计 02	117	桥孔设计 03
83	数理统计 03	118	墩台冲刷和基础埋深 01
84	数理统计 04	119	墩台冲刷和基础埋深 02
85	经验频率曲线的绘制	120	墩台冲刷和基础埋深 03
86	理论频率曲线的绘制 01	121	墩台冲刷和基础埋深 04
87	理论频率曲线的绘制 02	122	崩塌断层野外现场讲解
88	理论频率曲线的绘制 03	123	高盖山地质野外实习现场介绍
89	理论频率曲线的绘制 04	124	高盖山地质实习——断层崖介绍

（续）

序号	名称	序号	名称
125	高盖山地质实习——断层、岩石风化、崩塌	126	飞来石及形成原因
微课视频二维码预览列表			

本书附录及PPT等资源下载地址	www.cmpedu.com

目 录

前言

本书配套资源

绪论 ··· 1

学习情境 1　认识工程地质现象 ··· 5
任务 1　认识地球及地质作用 ·· 5
任务 2　认识矿物与岩石 ··· 13
任务 3　认识地质构造 ·· 37
任务 4　认识地貌与第四纪地质 ··· 55
任务 5　认识地下水 ··· 64
任务 6　认识不良地质现象 ·· 78

学习情境 2　工程地质知识的应用 ·· 90
任务 1　认识岩石的工程性质 ·· 90
任务 2　工程地质勘察 ·· 96
任务 3　识读地质图 ··· 104
任务 4　编制工程地质勘察报告 ··· 112

学习情境 3　工程地质问题与地质病害防治 ·· 120
任务 1　工程地质问题 ··· 120
任务 2　常见地质病害的防治 ··· 132

学习情境 4　桥涵的河流环境 ··· 139
任务 1　认识河流 ··· 139
任务 2　学习水力学基础知识 ··· 146
任务 3　泥沙运动和河床演变 ··· 154
任务 4　桥位河段分类和河湾水流 ··· 158
任务 5　水文统计 ··· 162

学习情境 5　桥位设计 ··· 189
任务 1　桥位选择 ··· 189

任务 2	水文调查与水文勘测	191
任务 3	设计洪水分析与计算	201
任务 4	桥孔设计	210
任务 5	墩台冲刷和基础埋深	215

参考文献 ··· **221**

绪 论

0.1 基本概念

1. 地质学

地质学一词是由瑞士人索修尔（Saussure H. B. de）于1779年提出的，意指"地球的科学"。地质学就是研究地球的科学。限于目前的科学技术水平，地质学现阶段是以地球的表层（地壳）为主要研究对象，主要研究地壳的物质组成、促使地壳运动变化的各种地质作用、地壳的发展历史及地质学在有关领域中的应用等。随着生产实践的需要和科学的发展，地质工作的范围越来越广，地质学也相应发展成许多分支，如工程地质学、水文地质学等。

2. 工程地质学

工程地质学是地质学的分支学科，它是一门研究与工程建设有关的地质问题、为工程建设服务的地质科学，属于应用地质学的范畴。它广泛应用于各类工程，如公路工程、铁路工程、水电工程、工民建工程、矿山工程、港口工程等。工程地质学的特点是始终与工程实践紧密联系。

3. 水文地质学

水文地质学是地球物理学和自然地理学的分支学科，是研究存在于大气层中、地球表面和地壳内部各种形态水在水量和水质上的运动、变化、分布，以及与环境及人类活动之间相互的联系和作用。水文地质学是关于地球上水的起源、存在、分布、循环、运动等变化规律，以及运用这些规律为人类服务的知识体系。

4. 工程水文学

工程水文学是水文地质学的一个分支，是为工程规划设计、施工建设及运行管理提供水文依据的一门科学，主要内容分为水文分析计算和水文预报两方面。工程水文学的基本原理和方法包括水文资料的收集与统计、设计洪水、流域分析计算、水质及水质评价。

0.2 研究内容

工程地质与桥涵水文在课程设计上，以实际工作任务为引领，以交通土建类专业中处理工程地质与桥涵水文问题的能力为主线，贯穿课程的始终。工程地质与桥涵水文项目分解为认识工程地质现象、工程地质知识的应用、工程地质问题与地质病害防治、桥梁的河流环

绪论

境、桥位设计等 5 个学习情景和工程地质技能训练；具体内容包括：认识地球及地质作用、认识矿物与岩石、认识地质构造、认识地貌与第四纪地质、认识地下水、认识不良地质现象、认识岩石的工程性质、工程地质勘察、识读地质图、编制工程地质勘察报告、工程地质问题、常见地质病害的防治、认识河流、学习水力学基础知识、泥沙运动和河床演变、桥位河段分类和河湾水流、水文统计、桥位选择、水文调查与水文勘测、设计洪水分析与计算、桥孔设计、墩台冲刷和基础埋深等学习任务。

0.3 本课程在工程建设中的作用

工程地质工作在工程建设中的作用

工程地质的研究对象是工程地质条件和工程活动的地质环境。它的主要任务是研究人类工程活动与地质环境（工程地质条件）之间的相互作用，以便正确评价、合理利用、有效改造和完善保护地质环境。工程水文的主要研究对象是降水与河川径流间的关系，其主要任务是为工程建设提供可靠的水文数据和工程设计计算依据。工程地质环境（条件）包括地层岩性、地质构造、地貌、水文地质条件、岩土体的工程性质、物理地质现象和天然建筑材料等方面。工程水文包含选择桥涵的位置，形态勘测与水文调查，桥涵的所需跨径，桥面中心最低标高、最大冲刷线标高及墩台基底的埋置深度，配置相应的调治构造物等。

大量的国内外工程建设实践证明，工程地质与水文工作做得好，设计、施工就能顺利进行，工程建筑的安全运营就有保证。相反，对工程地质与水文工作忽视或重视不够，使一些严重的工程地质与水文问题未被发现或发现了而未进行可靠的处理，都会给工程带来不同程度的影响，轻则修改设计方案、增加投资、延误工期，重则使建筑物完全不能使用，酿成灾害。

【典型工程案例】

【案例 1】 法国马尔帕塞双曲薄拱坝（图 0-1），最大坝高 66m。该坝 1952 年开工，1954 年建成，初期蓄水缓慢。1959 年 7 月检测到坝基位移偏大。同年 12 月初连降大雨，水库水位上升近坝顶，12 月 2 日 21：10，大坝突然溃决，共造成 500 余人死亡和失踪，财产损失 300 亿法郎。

马尔帕塞坝是直到当时拱坝建筑史上唯一的一座在瞬时几乎全部破坏的拱坝，引起了世界各国坝工界的极大重视。法国政府曾三次组织调查委员会进行失事后的调查、鉴定，并由法院进行审理。单纯从地质情况看，在施工之前，只在河床内打了 2 个勘探钻孔，且孔深分别为 10.4m 和 25.0m，而对两岸坝座的岩体质量注意得很少，仅凭有限的几个天然岩石露头做出判断，足见这座拱坝的地质条件没有得到认真的勘察和研究。从失事后的岩层可以看出，建基面并没有开挖到良好岩层，而仅在强风化层下的弱风化层上限附近（施工开挖记录表明进入弱风化层约 1m）。总之，该坝坝址地质，尤其是左岸坝基岩体质量很差。

马尔帕塞坝失事后，当时全世界正在施工的几十座拱坝受到重大冲击，都面临着如何评价坝座安全问题，纷纷停工，重新勘察和研究，有的补强加固，有的修改设计，有的甚至改变坝型或将已建的坝废弃。

【案例 2】 意大利的瓦依昂高拱坝（图 0-2），是当时世界上最高的一座拱坝（262m），

图 0-1　法国马尔帕塞双曲薄拱坝

由著名坝工专家西门扎设计，1956 年 10 月开始开挖坝基，1959 年底完成混凝土浇筑，同年 12 月，法国马尔帕塞坝失事后，考虑到瓦依昂高拱坝址两岸坝肩上部岩体内裂隙发育，在奥地利岩土专家缪勒和巴契尔（F. Pacher）的指导下，采用预应力钢索锚固。1963 年 10 月 9 日，水库左岸山体突然大范围坍滑，填塞水库，淤积体高出水库水面 150m，致使水库报废，涌浪高达 250m，漫过坝顶，破坏河谷内一切设施，共计死亡 1925 人。这次事故对地质人员来说是一次沉痛的教训，地质勘探不充分和地质条件评估失误是导致失事的主要原因。

图 0-2　意大利的瓦依昂高拱坝

【案例3】　我国成（都）昆（明）铁路，沿线地形险峻，地质构造极为复杂，大断裂纵横分布，新构造运动十分强烈，有约 200km 的地段位于八九度地震烈度区，岩层十分破碎，加上沿线雨量充沛，山体不稳，各种不良地质现象十分发育，被誉为"世界地质博物馆"。中央和铁道部对成昆线的工程地质勘察十分重视，提出了地质选线的原则，动员和组织全路工程地质专家和技术人员进行大会战，并多次组织全国工程地质专家进行现场考察和研究，解决了许多工程地质难题，保证了成昆铁路顺利建成通车。

【案例4】　新中国成立初期修建的宝（鸡）成（都）铁路，限于 20 世纪 50 年代初期的设计水平，对工程地质条件认识不足，致使线路的某些地段质量不高，给施工和运营带来了困难。宝成铁路上存在的路基冲刷、滑坡和泥石流问题给我们留下了深刻教训。又如新中国成立前修建的宝（鸡）天（水）铁路，当时根本不重视工程地质工作，设计开挖了许多高陡路堑，致使发生了大量崩塌、滑坡、泥石流病害，使线路无法正常运营。

公路工程是一种延伸很长的线型建筑物，又主要建筑在地表（壳）上。在兴建和使用的过程中，必然会遇到各种各样的自然条件和地质问题，在山区路线中，塌方、滑坡、泥石流等不良地质现象对它们构成威胁，而地形条件又是制约路线的纵坡和曲率半径的重要因素。如果对地质工作重视不够，就会给工程带来不同程度的影响。例如，在开挖高边坡时，忽视地质条件，可能引起大规模的崩塌或滑坡，不仅增加工程量、延长工期和提高造价，甚至危及施工安全，造成生命和财产损失。我国台湾基隆河畔某地因修筑高速公路，在河岸旁的山腰处进行开挖，切断了层状岩体，导致该地于1974年9月发生滑坡，破坏了周围的村庄、道路，阻断了河流。又如沿河谷布线，若不分析河道形态、河流流向以及水文地质特征，就有可能造成路基水毁。

【学后谨记】 由此可见，为保证工程的正常施工、运行和生命财产的安全，研究与解决工程地质与水文的问题是非常重要的。它已成为工程建设中不可缺少的一个重要组成部分。随着我国经济建设日益发展和科学技术的进步，工程建设的规模和数量也越来越大。数十公里长的隧道、数百米高的高楼大厦、数百米长的露天采矿场边坡、二滩和三峡水利枢纽工程等所谓"长隧道、深基坑、高边坡"巨型重大工程建设与工程地质和水文的关系更趋密切。鉴于工程地质与水文对工程建设的重要作用，国家规定任何工程建设必须在进行相应的地质与水文工作、提出必要的地质与水文资料的基础上，才能进行工程设计和施工工作。

学习检验评价单

绪论知识检验	姓名：	
	班级：	
	自评	师评
学习复习内容	掌握/未掌握	合格/不合格
什么是地质学、工程地质学		
什么是水文地质学、工程水文学		
工程地质与水文在课程设计上，主要项目有哪些内容		
举例说明研究工程地质与水文问题在工程建设中的作用		

学习情境 1 认识工程地质现象

任务 1　认识地球及地质作用

知识目标

1) 掌握地球圈层构造内容。
2) 了解内力、外力地质作用的内容。

技能目标

会分析地球圈层构造划分依据和内力、外力地质作用类型。

素养目标

培养应用能力；培养认真、钻研的工作态度；培养开拓精神。

相关知识

我们高中学过地理，知道地球是一个具有圈层结构的旋转球体，其外部有三大圈层，内部也有三大圈层，受到内力、外力影响产生各种地质作用和不同地质现象。

一、地球的形状及表面特征

1. 地球的形状

地球是太阳系行星家族中的一个壮年成员（约 50 亿年，恒星约 100 亿~150 亿年），是一个具有圈层结构的旋转椭球体，其基本数据见表 1-1，形状如图 1-1 所示。

认识地球

表 1-1　地球的基本数据

赤道半径/km	极半径/km	扁率	表面积/km²	体积/km³	质量/g	密度/（g/cm³）
6378.137	6356.752	1/298	5.1×10^8	1.083×10^{13}	5.976×10^{27}	5.517

太阳系的主要成员，除太阳外，是八大行星和它们的卫星以及（哈雷）彗星、流星体。

八大行星按其同太阳的距离，由近及远，分别是：水星、金星、地球、火星（其中物理性质近似地球，称为类地行星，特点是体积较小、密度较大、自转速度慢、卫星数少）、木星、土星、天王星、海王星（称为类木行星，物理性质与类地行星相反）。

图 1-1 地球的形状

2. 地球表面的总体特征

地球表面约 5.1 亿 km^2，基本分为陆地和海洋两部分。陆地面积约 1.49 亿 km^2，占地球表面的 29.2%，海洋面积约 3.61 亿 km^2，占地球表面的 70.8%，陆地与海洋之比约 1∶2.4。陆地多集中于北半球，占全球陆地总面积的 67.5%，而南半球的陆地面积仅占陆地总面积的 32.5%。陆地的平均海拔为 825m，最高处为喜马拉雅山脉的珠穆朗玛峰，海拔为 8848.86m。陆地地形分为平原、高原、山地、丘陵和盆地五种基本类型。海洋的平均深度（以海平面计）为 3800m，最深处是西太平洋马里亚纳海沟，深度为 11034m。海洋地形分为大洋盆地、海岭、海沟、大陆架、大陆坡等。

二、地球的圈层构造

地球由表及里可分为外圈和内圈。外圈又分为大气圈、水圈和生物圈，内圈分为地壳、地幔及地核。

（一）地球外圈

（1）大气圈　环绕地球最外面的一个圈层，由气态物质（大气）组成，称为大气圈。主要由 78.1% 氮气、20.9% 氧气、0.93% 氩气及少量二氧化碳、稀有气体和水蒸气组成。

大气圈下界为大陆和海洋的表面；上界不明显，逐渐过渡到星际空间。依据大气成分、物理性质的不同，以及大气的运动特点，可将大气圈自地面向上依次分为对流层、平流层、中间层、热层及散逸层。

大气圈的存在，不仅为人类和生物的生存提供了条件，同时还影响着气候变化和地球上水的循环，并促使外力地质作用发生，改变着地表的面貌。

（2）水圈　地球表面约 71% 的面积为水圈，其中海洋占 97.25%、湖泊占 0.01%、河流占 0.0001%、冰川占 2.05%、岩石和土壤中的地下水占 0.68%，它们构成一个基本连续的水体圈层，称为水圈。水圈主要呈液态，部分呈固态出现。水圈是独立存在的，但又和其他圈层互相渗透。

各种水体的活动和水的强溶解性，使岩石遭受破坏，改变着地表的面貌；同时水体的存在，又为新岩石（沉积岩）的形成创造了条件。水圈是地球构成有机界的组成部分，对地球的发展和人类生存有很重要的作用。

(3) 生物圈　生物圈是指地球表层由生物及其生命活动的地带所构成的连续圈层，是地球上所有生物及其生存环境的总称。

据目前研究资料统计，生物圈中的90%以上的生物都活动在从地表到200m高空，以及从水面到水下200m水域范围内，这部分空间是生物圈的主体。构成生物圈的生物种类极其繁多，现今地球上已被发现、鉴定、定名的就达200万种，其中动物150万种，植物50万种。

生物活动是改造大自然和推动地壳发展演变的重要因素。许多生物一方面直接或间接地对岩石起着破坏作用，并导致地表形态的改变；另一方面还引起地表物质的迁移和聚集，为某些岩石和矿产的形成提供了条件。

(二) 地球内圈

内部圈层是指从地面往下直到地球中心的各个圈层。地球平均半径6371km，根据火山喷发、宇宙地质（如陨石）和物理勘探中的地震波传播速度的突变，将其分为地壳、地幔及地核（图1-2）。

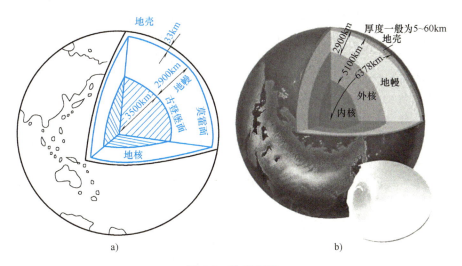

图 1-2　地球内圈

地震波在地下若干深度处，传播速度发生急剧变化的面，称为不连续面。其中最主要的不连续面有2个：莫霍洛维奇面（简称莫霍面）和古登堡面。莫霍面最先由克罗地亚学者莫霍洛维奇（A. mohorovicic，1857—1936年）于1909年发现。在莫霍面上下，纵波速度从7.0km/s迅速增加到8.1km/s左右；横波速度则从4.2km/s增加到4.4km/s左右。古登堡面于1914年由美籍德裔学者古登堡（B. Gutenberg，1889—1960年）发现。在此不连续面上下，纵波速度由13.6km/s突然降低为7.98km/s；横波速度从7.23km/s到突然消失（图1-3）。

(1) 地核　地球最内部的核心部分称为地核，位于古登堡面以下，包括内核、过渡层和外核三部分，厚约3473km，其体积约占地球总体积的17%。据推测，地核密度为9.71~17.9g/cm³，温度在2000~3000℃，压力可达300~360GPa（10000atm），主要由含铁、镍量很高（少量硅、硫等轻元素），成分很复杂的物质组成。外核物态为液态，其成分除铁、镍

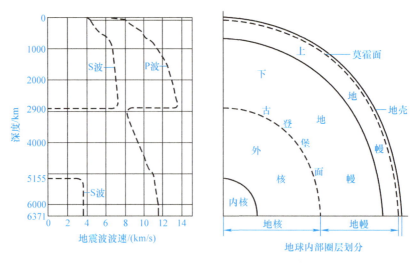

图 1-3 地震波波速与地球内部构造图

外,可能还有碳、硅和硫;内核物态为固态,其成分为铁、镍物质。

(2) 地幔 地幔介于地核和地壳之间,又称为中间层,可分上下两层,其上部与地壳的分界面为莫霍面(A. Mohorovicic,1909 年发现),地幔下部与地核的分界面为古登堡面(B. Gutenberg,1914 年发现),厚约 2900km。其体积约占地球总体积的 82%,密度从 3.32g/cm³ 递增到 5.66g/cm³,平均密度为 4.5g/cm³,温度一般为 1200~2000℃,压力随深度增加而增加,界面上压力约为 140GPa,主要由铬、铁、镍、二氧化硅等物质组成。根据次级界面,地幔可分为上地幔和下地幔。上地幔从莫霍面至地下 1000km,平均密度为 3.5g/cm³,成分主要为含铁、镁质较多的超基性岩。在上地幔的上部 100~350km 存在一个由柔性物质组成的圈层称为软流圈(地震波的低速带)。此软流圈之上的固态岩石圈层称为岩石圈。下地幔从地下 1000km 至古登堡面之间,平均密度为 5.1g/cm³,成分仍为含铁、镁质的超基性岩,但铁质的含量增加。

(3) 地壳 从地表至莫霍面的固体外壳称为地壳,它主要由各种岩石组成。地壳的厚度很不均匀,各地有很大差异。地壳分为大陆型和大洋型两种类型。大陆型地壳分布在大陆及其边缘地区,其厚度较大,平均厚度为 33km,越向高山区其厚度越大,如我国青藏高原地区,厚度可达 70km 以上;大洋型地壳厚度较小,平均厚度只有 6km,如大西洋和印度洋厚度为 10~15km,而太平洋中央部分厚度为 5km,最薄处为西太平洋的马里亚纳海沟(深 11034m),地壳厚仅 1.6km。

地震波变化表明,地壳内存在着一个次一级的不连续面,该面叫康拉德面,它将地壳分为两层,上层为硅铝层(不连续),下层为硅镁层,如图 1-4 所示。

1) 硅铝层(花岗岩层)。硅铝层是地壳上部分布不连续的一层,平均厚度约 10km,化学成分以硅、铝为主,故称为硅铝层。该层密度较小,平均为 2.7g/cm³。地震波在硅铝层的传播速度与花岗岩近似,其物质成分类似花岗岩,故又称为花岗岩层。该层厚度各地不一,山区有时厚达 40km,海陆交界处变薄,海洋地区则显著变薄,在太平洋中部此层甚至缺失。

2) 硅镁层(玄武岩层)。该层主要化学成分除硅、铝外,铁、镁相对增多,故称为硅

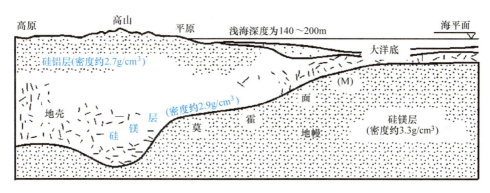

图 1-4 地壳结构示意图

镁层。该层密度大，为 2.9g/cm³，因平均化学成分、地震波传播速度均与玄武岩相似，故又称为玄武岩层。硅镁层是地壳下分布连续的一层，在大陆及平原区厚度可达 30km，海洋区仅厚 5~8km。

地壳是由各种化学元素组成的，根据地球化学分析，在地壳中已发现有 90 多种元素，但各种元素含量差异很大，其中以 9 种元素为主，见表 1-2。

表 1-2 地壳主要化学元素平均含量

元素	克拉克值（%）	元素	克拉克值（%）
O	46.95	Na	2.78
Si	27.88	K	2.58
Al	8.13	Mg	2.06
Fe	5.17	Ti	0.62
Ca	3.65	H	0.14

注：在国际上，把各种元素在地壳中的平均含量称为克拉克值（F. W. Clark，美国分析化学家），克拉克值又称为地壳元素的丰度。

三、地球的物理性质

地球的物理性质反映了地球内部的物质组成和结构特征，其物理性质主要有：

1. 密度

地球的密度是地球的质量与体积之比。根据地震资料得知，地球密度是随着深度的加深而增大的，并且在地下若干深度处密度呈跳跃式变化。

2. 重力

重力是指地球对物体产生的引力和该物体随地球自转而引起的惯性离心力的合力。在赤道地心引力最小，离心力最大，故重力值最小；两极附近重力值最大。地球重力加速度的变化范围为 $9.78 \sim 9.83 \text{cm/s}^2$。

3. 地压

地压是指地球内部的压力，主要是静压力。它是由上覆岩石的重力引起的，且随深度增加而逐渐增大。

4. 地温

地温又称为地热，是指地球内部的热量。地球的温度有两种情况：一种是地球外部的温度，其热力来自太阳辐射热；一种是地球内部的温度，其热力来源于地球内部放射性元素蜕变释放的热能，以及重力分异能、化学能和地球转动能等。

5. 地磁

地球类似一个巨大的球形磁体，在它周围存在着磁场，称为地磁。地磁场有磁南极、磁北极。公元前3世纪战国时期，我国就已利用地磁发明了指南仪器——司南。后来人们发现地磁极与地理极的位置是不一致的，交角为11.5°。

四、地质作用

地球形成至今，经历了大约50亿年的发展历史，在这漫长的地质历史中，地球一直处在不停地运动、变化和发展中。例如，有些时候一些地方遭受挤压褶皱形成高山，而另一些地方就会凹陷形成海洋；高山不断遭受剥蚀被夷为平地，沧海又不断被泥土充填变成桑田；坚硬岩石破碎成为松软泥沙，而松软泥沙不断沉积形成新的岩石。这种由于自然动力所引起地球发展变化的作用或促使地壳的物质组成、内部结构及表面形态发生变化的各种作用称为地质作用。由地质作用所引起的各种自然现象称为地质现象。

地质作用

地质作用有的表现为短暂而迅速的突变，如火山喷发、地震、山洪；大多数地质作用表现为长期缓慢的渐变，不易察觉，但长期进行往往造成更为巨大的后果，如高山被夷平，大海被填淤。据观察，堆积1m厚的黄土需要1000年，兰州附近的黄土约200m，需要20万年堆积而成。

地质作用是由各种自然力产生的。按照这些自然力的来源的不同，地质作用可分为两大类，即发生在地球内部的作用，称为内力地质作用；发生在地球外部的作用，称为外力地质作用。

（一）内力地质作用

由地球内部放射性元素蜕变能、地球转动能和重力化学分异能所引起的地质作用，称为内力地质作用。它包括地球内部放射性元素蜕变而产生的热能，地球旋转而产生的动能，地心引力作用于物体产生的重力能，以及地球内部物质发生化学反应和结晶释放的化学能、结晶能等。根据动力和作用方式可将内力地质作用分为地壳运动、岩浆作用、变质作用和地震作用。

1）地壳运动，泛指由于地球内力引起的地球表层（即岩石圈，主要是地壳）的变形和变位等机械运动，分为垂直运动和水平运动两种基本形式。

2）岩浆作用，是指地壳深处的岩浆，在构造运动出现破裂带时沿破裂带上升，侵入到地壳内（侵入活动）或喷出地面（火山活动），冷凝成岩石的全过程。

3）变质作用，是指由于构造运动、岩浆活动和化学活动性流体的影响，使地壳深处岩石的矿物成分、结构、构造（有时还有化学成分）在固体状态下发生了不同程度的质变过程。

4）地震作用，是指由地震引起的岩石圈物质成分、结构和地表形态变化的地质作用。

（二）外力地质作用

引起外力地质作用发生的自然力（地质营力）来源于地球外部的能，包括太阳辐射产生的热能（风、流水、冰川、波浪等外营力的能源），天体引力产生的潮汐能，生物及其生命活动产生的生物能等。由外部能源（主要是指太阳辐射能、天体引力能及其他行星、恒星对地球的辐射等）引起的地质作用称为外力地质作用。

外力地质作用，按地质营力分为河流地质作用、地下水地质作用、冰川地质作用、湖泊和沼泽地质作用、风的地质作用和海洋地质作用等。

按作用的形式或发生序列可将外力地质作用分为风化作用、剥蚀作用、搬运作用、沉积作用、成岩作用、负荷地质作用等。

1) 风化作用，是指由于气温变化，大气、水和水溶液的作用，以及生物的生命活动等因素的影响，使地表或接近地表的矿物和岩石发生物理破碎崩解（物理风化作用）、化学分解和生物分解（化学风化作用）的地质过程。

2) 剥蚀作用，是指组成地壳表面的物质受重力、风力、地面流水、地下水、冰川、湖泊、海洋和生物等各种外动力破坏，并不断降低地面高度的总过程。

3) 搬运作用，是指风化、剥蚀后的碎屑、胶体、分子或离子等不同状态的物质，随着各种地质外动力以推移、跃移、悬移、载移或溶液运移等方式转移到他处的过程。

4) 沉积作用，是指被搬运的物质由于搬运介质的物理、化学条件的改变，呈有规律地沉淀、堆积的现象。

5) 成岩作用，广义的成岩作用是指沉积物沉积后直到变质作用开始以前所发生的变化；狭义的成岩作用是指沉积物被新的沉积物覆盖，使之与底层水隔绝，粒间水（孔隙水）排出或在孔隙中结晶成胶结物，使沉积物固结成沉积岩的作用。

6) 负荷地质作用，是指经松散堆积物、岩块等由于自身的重力并在其他动力地质作用触发下崩塌或沿斜坡滑动的过程。

（三）内力、外力地质作用的区别和联系

内力地质作用和外力地质作用既有区别又有联系。内力地质作用是由地球内部能产生的地质作用，主要在地下深处进行，有些可波及地表。外力地质作用主要由地球外部能产生，一般在地表或地表附近进行。

内力地质作用使地球内部和地壳的组成和构造复杂化，垂直构造运动造成地壳隆起、坳陷，增加地表高差。外力地质作用则对起伏不平的地表进行风化、剥蚀、搬运、堆积，使高低不平的地表逐渐平坦化，减小地表高差。

内力地质作用塑造地表形态，外力地质作用破坏和重塑地表形态；二者都在改变地表形态，但发展趋势相反。

在地球物质循环的过程中，内力、外力地质作用充当不同的角色，缺一不可。构造运动强烈、地壳升降显著，外力削蚀作用随之增强；反之，削蚀和夷平作用减弱。内力地质作用控制着外力地质作用的进程。内力地质作用和外力地质作用是对立统一的过程。

综上所述，内力地质作用和外力地质作用的特征如图1-5所示。

内力地质作用和外力地质作用在促使地球演化过程中，既是相互联系又是互相矛盾的。内力地质作用处于主导的支配地位，地球在内力和外力地质共同作用下，塑造着地壳的特征，不断地发展变化。

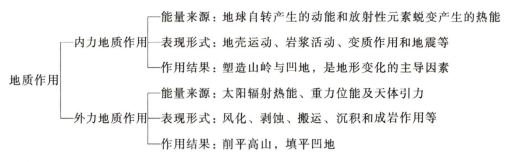

图1-5　内力地质作用和外力地质作用的特征

学习检验评价单

认识地球及地质作用知识检验	姓名：	
	班级：	
学习复习内容	自评 掌握/未掌握	师评 合格/不合格
地球的物理性质包括哪些		
简述地球的密度、压力、重力等的基本特点及其变化规律		
简述地球的外部圈层结构和内部圈层结构		
地球主要圈层的特点及其划分依据是什么		
岩石圈与软流圈、大陆地壳与大洋地壳的差异是什么		
陆地地形和海底地形的主要类型是什么		
地质作用的概念及其含义是什么		
内力地质作用与外力地质作用的概念及其主要类型是什么		
试述内力地质作用和外力地质作用的区别和联系		

任务 2 认识矿物与岩石

知识目标

1）掌握矿物的物理性质。
2）识别常见造岩矿物的特征。
3）掌握岩石的矿物成分、结构和构造。
4）识别常见三大类岩石的特征。

技能目标

1）学会肉眼鉴定矿物的方法。
2）学会肉眼鉴定三大岩石的方法。

素养目标

培养应用能力；培养踏实细致认真的工作态度和作风。

相关知识

地表是由一定的固态物质组成的，即我们平常俗称的"石头"。通过学习知道常见"石头"的物质组成、内部结构、外貌特征及肉眼鉴定方法。

一、造岩矿物

人类工程活动都是在地壳表层进行的，而组成地壳的主要物质成分是岩石。岩石是在自然地质作用下产生的，由一种或多种矿物以一定的规律组成的集合体。目前，自然界中已发现的矿物有 3300 多种，但常见的只有五六十种，而构成岩石主要成分的只不过二三十种。通常把在岩石中构成

造岩矿物

岩石的主要成分、决定岩石性质的矿物，称为造岩矿物，如常见的长石、石英、辉石、角闪石、黑云母、橄榄石、方解石、白云石等。造岩矿物明显影响岩石性质，对鉴定岩石类型起重要作用。因此，认识和学会鉴定这些造岩矿物是鉴别岩石的基础。

（一）矿物的概念及类型

矿物是指地壳中的化学元素在地质作用下形成的、具有一定化学成分和物理性质的单质或化合物。自然界中只有少数矿物是以自然元素形式出现的，如硫黄（S）、金刚石（C）、自然金（Au）（图 1-6）等；而绝大多数矿物是由两种或两种以上元素组成的化合物，如石英（SiO_2）、方解石（$CaCO_3$）、石膏（$CaSO_4 \cdot 2H_2O$）等。矿物绝大多数呈固态。固体矿物按其内部构造不同，分为晶质体和非晶质体两种。晶质体的内部质点（原子、离子、分子）呈有规律的排列，往往具有规则的几何外形，如岩盐（图 1-7）。

矿物在岩石中受到许多条件和因素的控制，晶体常呈不规则几何形状；非晶质体内部质点的排列则是没有规律、杂乱无章的，因此不具有规则的几何外形，如蛋白石、玉髓（$SiO_2 \cdot nH_2O$）、褐铁矿（$Fe_2O_3 \cdot nH_2O$）。地壳中的矿物绝大部分是晶质体。

图 1-6 单质矿物自然金

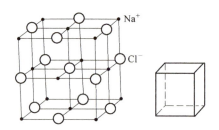

图 1-7 岩盐的内部构造及晶体

自然界的矿物按其成因可分为三大类型：

(1) 原生矿物　原生矿物是指在成岩或成矿的时期内，从岩浆熔融体中经冷凝结晶所形成的矿物，如石英、正长石等。

(2) 次生矿物　次生矿物是指原生矿物遭受化学风化而形成的新矿物，如正长石经过水解作用后形成的高岭石。

(3) 变质矿物　变质矿物是指在变质作用过程中形成的矿物，如区域变质的结晶片岩中的蓝晶石和十字石等。

（二）矿物的物理性质

矿物的肉眼鉴定方法

矿物的肉眼鉴定-金属矿物（磁铁矿、黄铁矿、赤铁矿）

正确识别和鉴定矿物，对于岩石命名、研究岩石的性质是非常重要的。鉴定矿物的方法很多，需要精确地鉴定矿物时，可以采用光学和化学的分析方法，如吹管分析、差热分析、光谱分析、偏光显微镜分析、电子显微镜扫描等；但这些方法需要较复杂的设备，不适宜野外工作，野外工作中一般是采用肉眼鉴定法。

矿物的肉眼鉴定，主要是根据矿物的一些显而易见的物理性质，用肉眼或仅借助于几种简单的工具（如小刀、条痕板、低倍放大镜等）和药品（如稀盐酸），在野外确定矿物的名称。这种鉴定方法简单、方便、迅速，是室内进一步鉴定的基础。

矿物的物理性质取决于矿物的化学成分和内部构造。由于不同矿物的化学成分或内部构造不同，因而反映出不同的物理性质。所以矿物的物理性质是鉴别矿物的重要依据。

1. 矿物的形态

矿物的形态（或形状）是指矿物的单个晶体外形或集合体的状态。每种矿物一般都具有一定的形态，因而可以帮助识别矿物。常见的晶体形态有片状（如云母）、板状（如石膏）、柱状（如角闪石）、菱面体（如方解石）和粒状（如白云石）等。集合体的形态主要有纤维状（如纤维石膏）、钟乳状（如方解石）、鲕状（如赤铁矿）、土状（如高岭土）和块状（如石英）等。常见矿物晶体的形态如图 1-8 所示。

2. 矿物的光学性质

矿物的光学性质是指矿物对自然光的吸收、反射和折射所表现出的各种性质。

（1）颜色 矿物的颜色是指矿物对可见光中不同光波选择吸收和反射后映入人眼的现象。根据成色原因，矿物的颜色分为：

矿物的颜色

1）自色：由于矿物本身的化学成分中含有带色的元素而呈现的颜色，即矿物本身所固有的颜色，如赤铁矿多呈红色，黄铁矿多呈铜黄色等。

2）他色：当矿物中含有杂质时，所出现的其他颜色，如石英，一般为无色或白色，含杂质时可呈黄、红、棕、绿等色，一般无鉴定意义。

3）假色：矿物内部的某些物理原因所引起的颜色，如光的干涉、内散射等。

有些矿物粉末的颜色与它呈块状时的颜色不同，且前者一般比较固定，如赤铁矿，整块的颜色可呈红、黑、钢灰等色，但其粉末只是樱红色；黄铁矿的颜色为铜黄色，粉末为黑绿色。这种矿物粉末的颜色称为条痕色，简称为条痕。由于矿物的条痕较固定，所以在鉴定矿物时它比颜色更可靠。观察矿物的条痕时，应将矿物放在白色无釉的素磁板（叫条痕板）上刻划，矿物留在素磁板上的颜色即为它的条痕色。

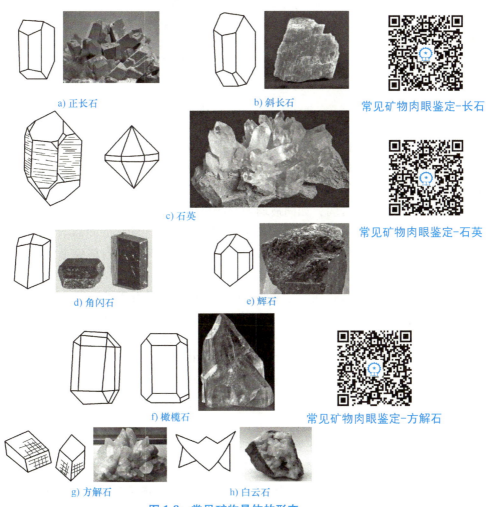

图 1-8 常见矿物晶体的形态

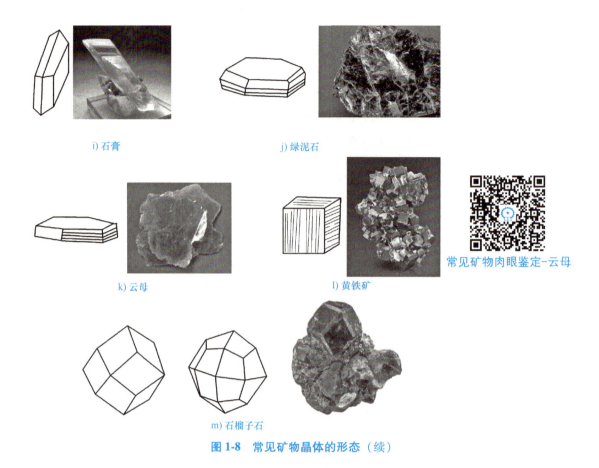

图 1-8 常见矿物晶体的形态（续）

（2）光泽 矿物表面对可见光的反射能力称为光泽。依据反射的强弱，光泽可以分为金属光泽（如金、银、铜，辉锑矿）、半金属光泽（如赤铁矿、褐铁矿）和非金属光泽。造岩矿物一般呈非金属光泽，非金属光泽可进一步分为：

1) 玻璃光泽：反射较弱，如同玻璃表面所呈现的光泽（如水晶）。

2) 油脂光泽：某些透明矿物（如石英）断口上所呈现的，如同油脂的光泽。

3) 珍珠光泽：如同蚌壳内表面珍珠层上所呈现的光泽。具有极完全片状解理的浅色透明矿物（如云母）常具有这种光泽。

4) 丝绢光泽：是一种较强的非金属光泽，纤维石膏及石棉等表面的光泽最为典型。

此外还有金刚光泽（如闪锌矿）、树脂光泽（如角闪石）、脂肪光泽（如滑石）、蜡状光泽（如叶蜡石）、无光泽（如石髓）。

（3）透明度 矿物透光的能力不同，表现出不同明暗程度，这种性质称为透明度。根据矿物的透明度，矿物可分为透明的矿物（如水晶、冰洲石）、半透明的矿物（如石膏）、不透明的矿物（如磁铁矿）等。一般规定以 0.03mm 的厚度作为标准进行对比。

3. 矿物的力学性质

矿物的力学性质是指矿物在受力后表现的物理性质。

（1）硬度 矿物抵抗机械作用（如刻划、压入、研磨）的能力称为硬度。德国矿物学家莫氏（F.Mobs）取自然界常见的 10 种矿物作为标准，将硬度分为 1~10 度其 10 个等级，即莫氏硬度，见表 1-3。

表 1-3 莫氏硬度计

相对硬度等级	1	2	3	4	5	6	7	8	9	10
标准矿物	滑石	石膏	方解石	萤石	磷灰石	长石	石英	黄玉	刚玉	金刚石

注：为记忆这 10 种矿物，可用顺口溜方法，即只记矿物的第一个汉字："滑石方萤磷，长石黄刚金"或"滑石方、萤磷长、石英黄玉、刚金刚"。

在野外工作中，常用随身携带的物品简便地确定矿物的相对硬度。这些物品相应的硬度等级分别为：软铅笔（1度），指甲（2~2.5度），小刀、铁钉（3~4度），玻璃棱（5~5.5度），钢刀刃（6~7度）。

（2）解理和断口　矿物受敲击后，常沿一定方向裂开成光滑平面，这种特性称为解理，裂开的光滑平面称为解理面。根据解理面方向的数目，解理可分为一组解理（如云母）、二组解理（如长石）、三组解理（如方解石）及多组解理等。根据解理面发育的完善程度，解理又可分为极完全解理（如云母）、完全解理（如方解石）、中等解理（如正长石）、不完全解理（如磷灰石）等。若矿物受敲击后，裂开面无一定方向，呈各种凹凸不平的形状，如锯齿状（如石膏）、贝壳状（如石英，图 1-9）、平坦状（如石引石）、土状（如铝土矿）、粒状（如大理石）等，则称为断口。

图 1-9　石英贝壳状断口

4. 其他性质

有些矿物还具有独特的性质，如弹性（指矿物受外力作用时发生弯曲而不断裂，外力撤除后即能恢复原状的性质，如云母）、挠性（指矿物受外力作用时发生弯曲而未断开，但外力解除后不能恢复原状的性质，如绿泥石、滑石）、延展性（指矿物受外力的拉引或锤击、滚轧时，能拉伸成细丝或展成薄片而不破裂的性质，如自然金等）、磁性（指矿物可被外部磁场吸引或排斥的性质，如磁铁矿）、滑感（如滑石）、咸味（如岩盐）、相对密度大（如重晶石）、臭味（如硫黄）等物理性质，以及与冷稀盐酸发生化学反应而产生气泡（CO_2）（如方解石、白云石，图 1-10）等现象。矿物的这些独特的性质对鉴别某些矿物有重要意义。

另外，黄铁矿、石膏、黑云母、方解石、黏土矿物这几种矿物，在评定岩石的工程地质性质时，具有重要的意义。因为，黄铁矿遇水和氧时易形成硫酸，可使岩石发生迅速、剧烈的破坏。石膏具有较大的可溶性和膨胀性，受水作用后易于溶滤而使岩石中形成空洞。云母

图1-10 方解石遇冷稀盐酸起泡

极易分裂成薄片,常成夹层状包含在岩石中,使岩石的强度降低、性质不均匀,容易碎裂成单独的板块,特别是黑云母因含铁质,较白云母更易于受到破坏。方解石在一定条件下可溶解于水形成溶洞,不仅岩石的强度降低而且产生渗透。黏土矿物(如高岭石、蒙脱石、伊利石)遇水易软化,强度很低,极易产生滑动。

在鉴定矿物时,要善于抓住主要矛盾,注意比较各种矿物的异同点,找出各种矿物的特殊点。表1-4为常见造岩矿物的物理性质简表,根据这些物理性质可帮助进行造岩矿物的肉眼鉴定。应用表1-4鉴定造岩矿物时,首先应根据颜色确定被鉴定的矿物是属于浅色的(如石英、长石、白云母等)还是深色的(如橄榄石、黑云母、角闪石、辉石等),再以适当的物品确定出硬度范围,然后观察分析被鉴定矿物的其他特征,即可做出结论。常见造岩矿物的肉眼鉴定,可在试验课上结合矿物标本进行学习。

表1-4 常见造岩矿物的物理性质简表

矿物名称及化学成分	形态	物理性质				主要鉴定特征
		颜色	光泽	硬度	解理、断口	
石英 SiO_2	晶体呈六棱柱状或双锥状,集合体呈粒状或块状	纯净的为无色,一般呈乳白色或浅灰色,含机械混入物时可呈多样化的颜色	玻璃光泽,断口为油脂光泽	7	无解理,具贝壳状断口	常呈六棱柱状或双锥状,柱面上有横纹,断口为油脂光泽,无解理,贝壳状断口,硬度高
正长石 $K[AlSi_3O_8]$	晶体呈短柱状、厚板状,集合体常呈块状、粒状	肉红色、浅玫瑰色或近于白色	玻璃光泽	6~6.5	两组完全解理,解理交角90°	肉红色,短柱状、厚板状晶形,硬度高
斜长石 $Na[AlSi_3O_8]$~$Ca[AlSi_3O_8]$	晶体呈板状、厚板状,集合体常呈块状和粒状	白色至灰白色	玻璃光泽	6~6.5	两组完全解理,解理交角86.5°	灰白色和白色,解理,聚片双晶

(续)

矿物名称及化学成分	形态	物理性质				主要鉴定特征
		颜色	光泽	硬度	解理、断口	
黑云母 $K(Mg,Fe)_3[AlSi_3O_{10}](OH,F)_2$	晶体呈板状或片状，集合体呈片状或鳞片状	黑色、棕色、褐色	玻璃光泽，解理面上具珍珠光泽	2~3	一组极完全解理	板状、片状形态，黑色与深褐色，一组极完全解理，薄片具弹性等
白云母 $KAl_2[AlSi_3O_{10}](OH,F)_2$	晶体呈板状或片状，集合体呈片状或鳞片状	无色，灰白至浅灰色	玻璃光泽，解理面上具珍珠光泽	2~3	一组极完全解理	板状、片状晶形，无色、灰白至浅灰色，一组极完全解理，薄片具弹性
角闪石 $Ca_2Na(Mg,Fe)_4(Al,Fe)[(Si,Al)_4O_{11}]_2(OH,F)_2$	晶体多呈长柱状，集合体呈长柱状、纤维状、粒状	浅绿至黑绿色	玻璃光泽	5.5~6	两组完全解理，解理交角56°	暗绿色，长柱状晶形，横断面呈六边形，解理交角56°
辉石 $(Ca,Na)(Mg,Fe,Al)[(Si,AL)_2O_6]$	晶体常呈短柱状，集合体呈粒状或块状	绿黑色或褐黑色	玻璃光泽	5~6	两组完全或中等解理，解理交角87°	绿黑色，短柱状晶形，横切面近于正八边形，两组解理交角近直角
橄榄石 $(Fe,Mg)_2[SiO_4]$	粒状集合体	橄榄绿色、淡黄绿色	玻璃光泽	6.5~7	不完全解理，贝壳状断口	橄榄绿色，粒状集合体，玻璃光泽，贝壳状断口
方解石 $CaCO_3$	晶体呈菱面体，集合体呈粒状、块状、钟乳状等	无色或白色，因含杂质可具多种颜色	玻璃光泽	3	菱面体完全解理	菱面体完全解理，遇稀HCl剧烈起泡
白云石 $CaMg(CO_3)_2$	晶体呈菱面体，晶面常弯曲成马鞍形，集合体常呈致密块状、粒状	无色、白色或灰色，有时为淡黄色、淡红色	玻璃光泽	3.5~4	菱面体完全解理	马鞍形的晶体外形，与冷稀HCl反应微弱
高岭石 $Al_4[Si_4O_{10}](OH)_8$	多为隐晶质致密块状或土状集合体	白色，因含杂质可呈浅红、浅黄等色	土状光泽或蜡状光泽	1~3	土状断口	白色，土状块体，手捏成粉末和水湿润后具可塑性

（续）

矿物名称及化学成分	形态	物理性质				主要鉴定特征
		颜色	光泽	硬度	解理、断口	
石膏 $CaSO_4 \cdot 2H_2O$	晶体呈厚板状或柱状，集合体常呈块状或粒状，有时呈纤维状	常为白色及无色，含杂质可呈灰、浅黄、浅褐等色	玻璃光泽，解理面为珍珠光泽，纤维状集合体呈丝绢光泽	2	一组极完全解理，两组中等解理	板状晶体，硬度低，一组极完全解理
滑石 $Mg_3[Si_4O_{10}](OH)_2$	晶体呈板状，但少见；集合体常呈片状、鳞片状或致密块状	纯者无色透明或白色，但常因杂质呈浅黄、粉红、浅绿和浅褐等色	玻璃光泽，解理面上呈珍珠光泽	1	一组极完全解理	硬度低（指甲可刻动），具滑感，片状集合体，并有一组极完全解理
绿泥石 $(Mg, Al, Fe)_6[(Si, Al)_4O_1](OH)_8$	晶体呈假六方板状、片状，集合体常为鳞片状、土状或块状	呈各种色调的绿色	玻璃光泽或土状光泽，解理面呈珍珠光泽	2~2.5	一组极完全解理	绿色，一组极完全解理，硬度低，薄片具挠性
蛇纹石 $Mg_6[Si_4O_{10}](OH)_8$	单晶体极为罕见，常为显微叶片状、隐晶质致密块状集合体、纤维状集合体	一般呈绿色，深浅不一，常具蛇皮状青、绿色的斑纹	油脂光泽或蜡状光泽，纤维状呈丝绢光泽	2~3.5	一组完全解理	特有的颜色、形态、光泽及硬度低
石榴子石 $(Mn, Fe, Mg, Ca)_3(Al, Fe, Cr)_2[SiO_4]_3$	菱形十二面体、四角三八面体，集合体呈散粒状或致密块状	常呈红、褐棕、绿至黑色	玻璃光泽，断口为油脂光泽	6.5~7.5	无解理，不规则断口	特有的晶形、颜色、光泽、高硬度、无解理

二、岩浆岩

岩石是矿物（部分为火山玻璃或生物遗骸）的自然集合体。它是在地质作用下形成的一种或多种矿物组成的、具有一定结构和构造的自然集合体。由于地质作用的性质和所处环境不同，不同岩石的矿物成分、化学成分、结构和构造等内部特征也有所不同。

岩石是天然建筑材料，可建造各种工程结构物的地基。因此，了解最主要类型岩石的特征和特性，对工程设计、施工或勘测人员都是十分必要的。

在研究各种岩石时，首先要注意每一种岩石的特征，以及决定着它们的物理力学特性的下列性质，即：①产状，指岩石在空间所占有的形状；②成分，指岩石的矿物成分和化学成分；③结构，指构成岩石的（单个）矿物的结晶程度、颗粒的大小和形态及彼此之间的组合方式；④构造，指构成岩石的矿物集合体之间或矿物集合体与岩石的其他组成部分之间的排列及充填方式,反映出岩石的外貌特征。

自然界岩石的种类很多,根据成因可分为三大类,即岩浆岩(火成岩)、沉积岩(水成岩)和变质岩。

(一)岩浆岩的概念及产状

岩浆岩又称为火成岩,是由岩浆侵入地壳上部或喷出地表凝固而成的岩石。岩浆位于地壳深部和上地幔中,是以硅酸盐为主和一部分金属硫化物、氧化物、水蒸气及其他挥发性物质(CO_2、CO、SO_2、HCl 及 H_2S 等)组成的高温(为 700~1300℃)、高压(约为数千兆帕)熔融体。

岩浆是熔融体,具有流动性。岩浆流动是地球物质运动的一种重要形式,常与构造运动相伴发生。当地壳运动出现大断裂带或者岩浆高度流动性和膨胀力超过了上覆岩层压力时,破坏了均衡条件,则岩浆向压力低的地方运动,沿断裂带或地壳薄弱地带侵入地壳上部岩层中称为侵入作用;若岩浆沿一定通道直至喷出地表,称为喷出作用。因此,在地壳较深的地方(一般是距地表 3km 以下)由于侵入作用形成的岩石称为深成岩;在地表由于喷出作用形成的岩石称为喷出岩;在地壳浅处(通常是地表以下 3km 以内)形成的岩石称为浅成岩。

按照岩浆活动和冷凝成岩的情况,岩浆岩体可具有各种复杂的产状(图 1-11)。

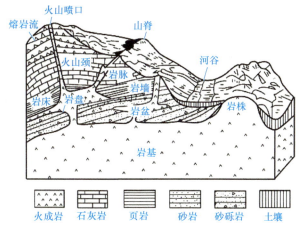

图 1-11 岩浆岩体的产状

1. 深成侵入岩体的产状——岩基和岩株

岩基是一种规模宏大的深成侵入岩体,下部直接与岩浆相连,分布面积可达几百至几千平方公里。如三峡坝址区就是选定在面积约 $200km^2$ 的花岗岩——闪长岩岩基的南部,岩石结晶好、性质均一、强度高,是良好的建筑地基。岩株出露面积小于 $100km^2$,平面形状多呈浑圆形,其下与岩基相连,也常是岩性均一的良好地基。

2. 浅成侵入岩体的产状——岩脉、岩墙、岩床、岩盘

岩浆沿着围岩裂隙侵入并切断岩层所形成的厚度较小的脉状岩体,称为岩脉;若厚度较大且近于直立的称为岩墙。岩浆沿着围岩的层面侵入而形成的板状侵入岩体称为岩床。若岩浆顺岩层侵入,使岩层隆起而成的蘑菇状的岩体,称为岩盘(又称为岩盖)。

3. 喷出岩体的产状——火山锥、熔岩流

岩浆沿火山颈喷出地表形成圆锥状的岩体,称为火山锥(图 1-12)。岩浆喷出地表后,沿着倾斜地面流动时而形成的岩石，称为熔岩流。

图 1-12 火山锥及火山口

（二）岩浆岩的化学成分及矿物成分

岩浆岩的化学成分几乎包括了地壳中所有的元素，但其含量却差别很大。若以氧化物计，则以 SiO_2、Al_2O_3、Fe_2O_3、FeO、CaO、MgO、Na_2O、K_2O、H_2O、TiO_2 等为主，占岩浆岩化学元素总量的 99% 以上，其中以 SiO_2 含量最大，约占 59.14%，其次是 Al_2O_3，占 15.34%。SiO_2 的含量，在不同的岩浆岩中有多有少，很有规律。因此，根据 SiO_2 含量的多少，可将岩浆岩分为酸性岩类（SiO_2 含量>65%）、中性岩类（SiO_2 含量 65%~52%）、基性岩类（SiO_2 含量 52%~45%）和超基性岩类（SiO_2 含量<45%）四类。

组成岩浆岩的矿物大约有 30 多种，其中主要是硅酸盐类矿物，含量最多的有石英、长石类、云母、角闪石、辉石和橄榄石等 10 余种。岩浆岩中的矿物还可以按其颜色及化学成分的特点分为浅色矿物和暗色矿物两类。浅色矿物富含硅、铝，如正长石、斜长石、石英、白云母等；暗色矿物富含铁、镁，如黑云母、辉石、角闪石、橄榄石等。但是，对具体岩石来讲，并不是这些矿物都同时存在，而通常是仅由两三种主要矿物组成，如花岗岩的主要矿物是石英、正长石和黑云母；辉长岩的主要矿物是基性斜长石和辉石。

（三）岩浆岩的结构和构造

在研究岩浆岩时，除了要鉴定其矿物成分外，还必须了解这些矿物是以什么样的方式组合构成岩石的。成分相同的岩浆，在不同的冷凝条件下，可以形成结构、构造不同的岩浆岩。即岩浆岩的结构和构造，反映了岩石形成环境和物质成分变化的规律性，与矿物成分一样是区分、鉴定岩浆岩的重要标志，也是岩石分类和定名的重要依据之一，同时它还是直接影响岩石强度高低的主要特征。

岩浆岩结构与构造

1. 岩浆岩的结构

（1）按矿物的结晶程度分类　根据岩石中矿物的结晶程度可分为全晶质结构、半晶质结构和非晶质结构（图 1-13）。

1）全晶质结构：岩石全部由结晶的矿物组成。这种结构是岩浆在温度缓慢降低的情况下形成的，通常是侵入岩特有的结构。

2）半晶质结构：岩石由结晶矿物和非晶质矿物组成。这种结构主要为

岩浆岩的结构

图 1-13 根据结晶程度划分的结构类型
1—玻璃质（非晶质）结构 2—全晶质结构 3—半晶质结构

浅成岩具有的结构，有时在喷出岩中也能见到。

3）非晶质结构：岩石全部由非晶质矿物组成，非晶质结构又称为玻璃质结构。这种结构是岩浆喷出地表迅速冷凝来不及结晶的情况下形成的，为喷出岩特有的结构。

（2）按矿物颗粒相对大小分类 根据岩石中矿物颗粒的相对大小可分为等粒结构和不等粒结构（分为斑状结构和似斑状结构）（图1-14）。

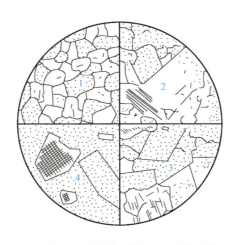

图 1-14 根据颗粒的相对大小划分的结构类型
1—等粒结构 2—不等粒结构 3—斑状结构 4—似斑状结构

1）等粒结构：岩石中的矿物全部是显晶质粒状，同种主要矿物结晶颗粒大小大致相等。等粒结构是深成岩特有的结构。按矿物结晶颗粒大小，等粒结构可进一步划分为粗粒结构（矿物结晶颗粒平均直径大于5mm）、中粒结构（矿物结晶颗粒平均直径为1~5mm）、细粒结构（矿物结晶颗粒平均直径小于1mm）。

2）不等粒结构：岩石中同种主要矿物结晶颗粒大小不等，相差悬殊。其中较大的晶体矿物叫斑晶，细粒的微小晶粒或隐晶质、玻璃质叫石基。按其颗粒相对大小，不等粒结构可分为：

① 斑状结构：石基为隐晶质或玻璃质。此种结构是浅成岩或喷出岩的重要特征。
② 似斑状结构：石基为显晶质。此种结构多见于深成岩体的边缘或浅成岩中。
一般侵入岩多为全晶质等粒结构。喷出岩多为隐晶质致密结构和玻璃质结构，有时为斑状结构。

2. 岩浆岩的构造

岩浆岩常见的构造有以下几种：

（1）块状构造 岩石中矿物分布比较均匀，无定向排列的结构，称为块状构造。这种构造在侵入岩中最为常见。

（2）流纹状构造 流纹状构造是指因岩浆边流动边冷凝，而在岩石中形成的不同颜色和拉长的气孔呈定向排列的构造。这种构造多出现在喷出岩中，如流纹岩就具有典型的流纹状构造。

（3）气孔状构造 气孔状构造是指岩石中有很多气孔的构造，气孔由岩浆中的气体成分挥发而成，如图 1-15 所示。这种构造多出现在玄武岩等喷出岩中。

（4）杏仁状构造 杏仁状构造是指岩石中的气孔被后来的物质，如方解石、石英、蛋白石等所充填，形成形似杏仁状的构造，如某些玄武岩和安山岩的构造。

图 1-15 气孔状构造

（四）岩浆岩的分类及鉴定方法

岩浆岩是构成地壳的主要岩石。按体积计，岩浆岩约占地壳的 95%。但在地表，岩浆岩出露不多（出露后遭到各种变化形成了别的岩石），和变质岩加在一起，约占地壳表面积的 25%。

岩浆岩的分类方法甚多，最基本的是按组成物质中 SiO_2 的含量多少将其分为酸性岩、中性岩、基性岩和超基性岩等四大类。然后再按岩石的结构、构造和产状将每类岩石划分为深成岩、浅成岩和喷出岩等不同类型。将上述二者结合起来并赋予相应的名称，则形成一种纵向与横向的双向分类法，见表1-5。

表1-5 常见岩浆岩分类及肉眼鉴定表

岩石类型			超基性岩	基性岩	中性岩		酸性岩
化学成分			富含Fe、Mg			富含Si、Al	
SiO$_2$含量（%）			<45	45~52	52~65		>65
颜色			黑、绿黑色	黑、灰黑色	灰、灰绿色		灰白、肉红色
主要矿物成分			橄榄石、辉石	斜长石、辉石	斜长石、角闪石	正长石、角闪石	石英、正长石
次要矿物成分			角闪石	角闪石、橄榄石、黑云母	正长石、黑云母	斜长石、黑云母	角闪石、黑云母
喷出岩	杏仁状构造、块状构造	玻璃质结构、隐晶质结构	黑曜岩、浮岩、凝灰岩、火山角砾岩、火山集块岩				
	流纹状构造、气孔状构造	斑状结构	苦橄岩（少见）	玄武岩	安山岩	粗面岩	流纹岩
浅成岩	块状构造、气孔状构造（少数）	斑状结构、半晶质结构、粒状结构	苦橄斑岩（少见）	辉绿岩	闪长斑岩	正长斑岩	花岗斑岩
深成岩	块状构造	全晶质结构、粒状结构	橄榄岩、辉石岩	辉长岩	闪长岩	正长岩	花岗岩

利用表1-5进行岩浆岩的肉眼鉴定时，首先，观察新鲜岩石的颜色，估计所含暗色矿物的体积百分比，以确定岩石的化学类别。其次，观察岩石的结构和构造，确定岩石的成因类别。最后，再根据岩石的矿物成分定出岩石名称。这里要注意：在确定颜色时，应把岩石放在一定的距离，观察它大致（平均）的颜色。观察矿物成分时，只需鉴定其中显晶质或斑状结构中的斑晶成分，对隐晶质和玻璃质肉眼不易鉴定。

例如，有一岩石标本，经观察有如下特征：岩石颜色较浅，为浅灰白色，应为酸性或中性岩；岩石为粗粒结构，全晶质，块状构造，据此应为深成岩；矿物成分以石英和正长石为主，斜长石次之，暗色矿物为黑云母，含量超过5%。根据岩石中大量石英，正长石多于斜长石，对照分类表的纵行和横行，应是花岗岩；又可据暗色矿物黑云母的含量超过5%，故可定名为黑云母花岗岩。

（五）常见岩浆岩的特征
1. 花岗岩——流纹岩类

常见岩浆岩鉴定特征

常见岩浆岩肉眼鉴定-花岗岩

(1) 花岗岩　花岗岩为酸性深成岩，分布非常广泛；常为肉红色或灰白色，全晶质细粒、中粒或粗粒结构，块状构造；含有大量石英，约占30%，正长石多于斜长石，暗色矿物以黑云母为主，并有少量的角闪石，总计不超过10%。花岗岩的产状常呈巨大的岩基或岩株。花岗岩性质均一、坚硬，岩块抗压强度可达（1200~2000）×100000Pa，是良好的建筑物地基和天然建筑材料。但易风化，风化深度可达50~100m。

(2) 流纹岩　流纹岩是酸性喷出岩，呈岩流状产出。颜色一般较浅，大多是灰、灰白、浅红、浅黄褐等色。常具有流纹状构造，斑状结构，细小的斑晶由长石和石英等矿物组成，石基多由隐晶质和玻璃质的矿物所组成。流纹岩性质坚硬，强度高，可作为良好的建筑材料，但若作为建筑物地基时需要注意下伏岩层和接触带的性质。

2. 闪长岩——安山岩类

(1) 闪长岩　闪长岩是中性深成岩体，颜色为浅灰至深灰色，也有黑灰色；主要矿物成分为斜长石、角闪石，其次有辉石、云母等，暗色矿物在岩石中占35%；含石英时称为石英闪长岩，常呈细粒的等粒结构。闪长岩分布广泛，多为小型侵入体产出，岩石坚硬，不易风化，岩块抗压强度可达130~200MPa，可作为各种建筑物的地基和建筑材料。

(2) 安山岩　安山岩为中性喷出岩，矿物成分与闪长岩相当，常呈深灰、黄绿、紫红等色；斑状结构，斑晶以斜长石和角闪石为主，有时为黑云母，无石英斑晶，基质为隐晶质或玻璃质；块状构造，有时具杏仁状构造，常以熔岩流产出。

3. 辉长岩——玄武岩类

常见岩浆岩肉眼鉴定-玄武岩

岩浆岩（火成岩）肉眼鉴定方法

(1) 辉长岩　辉长岩为基性深成岩体。岩石多呈黑色或灰黑色。矿物成分以斜长石、辉石为主，也含有少量的黑云母、角闪石矿物。具有中粒或粗粒结构，块状构造，常呈岩盘或岩基产出。岩石坚硬，抗风化能力强，具有很高的强度，岩块抗压强度可达200~250MPa。

(2) 玄武岩　玄武岩是岩浆岩中分布广泛的基性喷出岩，岩石呈黑色、褐色或深灰色；主要矿物成分与辉长岩相同，但常含有橄榄石颗粒，呈隐晶质细粒或斑状结构，具有气孔状构造，当气孔中为方解石、绿泥石等所充填时，即构成杏仁状构造。玄武岩致密坚硬、性脆，岩块抗压强度为200~290MPa，具有抗磨损、耐酸性强的特点。

三、沉积岩

沉积岩是指在地表或接近于地表的岩石遭受风化剥蚀破坏的产物，经搬运、沉积和固结成岩作用而形成的岩石。

沉积岩在地表分布极广，出露面积约占陆地表面积的75%，分布的厚度各处不一，且深度有限，一般不过几百米，仅在局部地区才有巨厚的沉积（数千米甚至上万米）。尽管沉积岩在地壳中的总量并不多，但各种工程建筑（如道路、桥梁、水坝、矿山等）几乎都以沉积岩为地基，同时沉积岩本身也是建筑材料的重要来源。因此，研究沉积岩的形成条件、组成成分、结构和构造等特征，有很大的实际意义。

（一）沉积岩的形成

沉积岩的形成过程是一个长期而复杂的外力地质作用过程，一般可分为四个阶段：

1. 松散破碎阶段

地表或接近于地表的各种先成岩石，在温度变化、大气、水及生物长期的作用下，使原来坚硬完整的岩石，逐步破碎成大小不同的碎屑，甚至改变了原来岩石的矿物成分和化学成分，形成一种新的风化产物。

2. 搬运作用阶段

岩石风化作用的产物，除少数部分残留原地堆积外，大部分被剥离原地经流水、风及重力作用等，搬运到低地。在搬运过程中，不稳定成分继续受到风化破碎，破碎物质经受磨蚀，棱角不断磨圆，颗粒逐渐变细。

3. 沉积作用阶段

当搬运力逐渐减弱时，被携带的物质便陆续沉积下来。在沉积过程中，大的、重的颗粒先沉积，小的、轻的颗粒后沉积。因此，具有明显的分选性。最初沉积的物质呈松散状态，称为松散沉积物。

4. 固结成岩阶段

松散沉积物转变成坚硬沉积岩的阶段称为固结成岩阶段。固结成岩作用主要有三种：

（1）压实　压实即上覆沉积物的重力压固，导致下伏沉积物孔隙减小，水分挤出，从而变得紧密坚硬。

（2）胶结　胶结是指其他物质充填到碎屑沉积物粒间孔隙中，使其胶结变硬。

（3）重结晶　重结晶是指新成长的矿物产生结晶质间的联结。

（二）沉积岩的物质组成及胶结物

沉积岩的物质成分主要来源于先成的各种岩石的碎屑、造岩矿物和溶解物质。其中组成沉积岩的矿物，最常见的有20种左右，每种沉积岩一般由1~3种主要矿物组成。组成沉积岩的物质按成因可分为四类：

沉积岩的矿物组成

1. 碎屑物质

碎屑物质是指原岩经风化破碎而生成的呈碎屑状态的物质，其中主要有矿物碎屑（如石英、长石、白云母等一些抵抗风化能力较强、较稳定的矿物颗粒）、岩石碎块、火山碎屑等。在岩浆岩中常见的橄榄石、辉石、角闪石、黑云母、基性斜长石等形成于高温高压环境，在常温常压表生条件下是不稳定的。岩浆岩中的石英，大部分形成于岩浆结晶的晚期，在表生条件下稳定性较大，一般以碎屑物形式出现于沉积岩中。

2. 黏土矿物

黏土矿物主要是一些原生矿物经化学风化作用分解后所产生的次生矿物。它们是在常温常压下，富含二氧化碳和水的表生环境条件下形成的，如高岭石、蒙脱石、水云母等。这些矿物粒径小于0.005mm，具有很大的亲水性、可塑性及膨胀性。

3. 化学沉积矿物

化学沉积矿物是从真溶液或胶体溶液中沉淀出来的或生物化学沉积作用形成的矿物，如方解石、白云石、石膏、岩盐、铁和锰的氧化物或氢氧化物等。

4. 有机质及生物残骸

有机质及生物残骸是由生物残骸或经有机化学变化而形成的矿物，如贝壳、珊瑚礁、硅藻土、泥炭、石油等。

在沉积岩的组成物质中还有胶结物，这些胶结物或是通过矿化水的运动被带到沉积物中，或是来自原始沉积物矿物组分的溶解和再沉淀。

（三）沉积岩的结构

沉积岩的结构随其成因类型的不同而各具特点，沉积岩的结构主要有以下几种。

1. 碎屑结构

碎屑结构即岩石由粗粒的碎屑和细粒的胶结物胶结而成的一种结构。其不同分类和特征如下：

1）按碎屑颗粒大小分为：砾状结构（粒径>2mm）、砂状结构（粒径为 0.05~2mm，其中粗砂结构，粒径为 0.50~2mm；中砂结构，粒径为 0.25~0.50mm；细砂结构，粒径为 0.05~0.25mm）和粉砂状结构（粒径为 0.005~0.05mm）。

2）根据颗粒外形分为：棱角状结构、次棱角状结构、次圆状结构和滚圆状结构，如图 1-16 所示。碎屑颗粒磨圆程度受颗粒硬度、相对密度的大小及搬运距离等因素的影响。

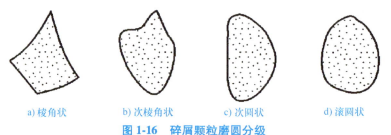

图 1-16 碎屑颗粒磨圆分级

3）按胶结类型可分为：基底胶结、孔隙胶结和接触胶结，如图 1-17 所示。当胶结物含量较多时，碎屑颗粒孤立地分散在胶结物之中，互不接触，且距离较大，碎屑颗粒像散布在胶结物的基底之上，故称为基底胶结。当胶结物含量不多时，碎屑颗粒互相接触，胶结物充填在颗粒之间的孔隙中，称为孔隙胶结。如果只在颗粒接触处才有胶结物，颗粒间的孔隙仍大都是空洞，称为接触胶结。

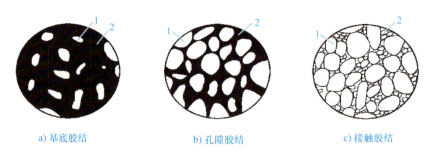

图 1-17 碎屑岩的胶结类型
1—碎屑颗粒 2—胶结物质

碎屑岩胶结物的种类和胶结类型与岩石的工程性质密切相关。硅质胶结的岩石坚硬，而泥质胶结的岩石松软；基底胶结牢固，而接触胶结的牢固程度最差。所以，研究时不仅要分析胶结物的成分，还应注意其胶结类型。

2. 泥质结构

泥质结构几乎全部（大都在95%以上）是由极细小的黏土颗粒（粒径小于0.005mm）所组成的结构。这种结构是黏土岩的主要特征。

3. 化学结晶结构

化学结晶结构是指岩石由从溶液中沉淀、结晶等化学成因物质组成的结构，可分为鲕状、结核状、纤维状、致密块状和晶粒结构等。

4. 生物结构

生物结构几乎全部是由生物遗体与碎片所组成的，如生物碎屑结构、贝壳结构、珊瑚结构等。

（四）沉积岩的构造和特征

沉积岩的一个明显特点是具有宏观的沉积构造。沉积构造是指沉积岩的各个组成部分的空间分布和排列形式，它们可以反映和指示成岩时的特定沉积环境。沉积岩的构造特征主要表现在层理构造、层面构造、结核构造和生物成因构造等方面。

1. 层理构造

沉积岩的原始产状一般呈层状分布，其上下由略平且平行的面作为分界，上界面称为上层面或顶板，下界面称为下层面或底板，每层是广阔而厚度很小的板状均匀岩体（岩层）。但是由于沉积环境的变化，沉积岩也可能出现其他一些产状，如图1-18所示。

沉积岩很重要的一个特征是具有层理构造。层理构造是指构成沉积岩的物质由于颜色、成分、颗粒粗细或颗粒特征的不

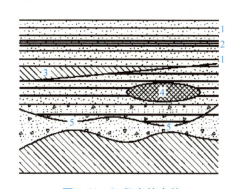

图1-18 沉积岩的产状

1—层状岩层 2—夹层 3—尖灭层 4—透镜体 5—狭缩

同而形成的分层现象。由于季节和气候变化所形成的厚薄不同的成层单位称为层，层与层之间的接触面称为层理面；但层与层之间结合得十分紧密，实际上并不真正存在分界面。层理面与层面不同，层面是由于岩石原始形成过程中发生了沉积间断而造成的。根据层的厚度，层可分为巨厚层（大于1m）、厚层（1~0.5m）、中厚层（0.5~0.1m）、薄层（小于0.1m）。

层理面与层面的方向不一定一致，据此根据层理的形态和成因可分为如图1-19所示几种类型。

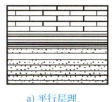 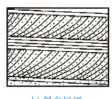  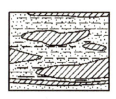

a) 平行层理　　　　b) 斜交层理　　　　c) 交错层理　　　　d) 透镜体及尖灭层

图1-19 沉积岩层理形态示意图

2. 层面构造

层面构造是指在岩层层面上由于水流、风、生物活动等作用留下的痕迹，如波痕、泥裂、雨痕等。

3. 结核构造

在沉积岩中，含有一些在成分上与围岩有明显差别的物质团块，称为结核，如石灰岩中的燧石结核，主要是 SiO_2 在沉积物沉积的同时以胶体凝聚方式形成的。黄土中的钙质结核，是地下水从沉积物中溶解 $CaCO_3$ 后在适当地点再结晶凝聚形成的。

4. 生物成因构造

由于生物的生命活动和生态特征，而在沉积物中形成的构造称为生物成因构造，如生物礁体、叠层构造、虫迹、虫孔等。

在沉积过程中，若有各种生物遗体或遗迹（如动物的骨骼、甲壳、蛋卵、粪便、足迹及植物的根、茎、叶等）埋藏于沉积物中，后经石化交代作用保留在岩石中，则称为化石（图1-20）。根据化石种类可以确定岩石形成的环境和地质年代。

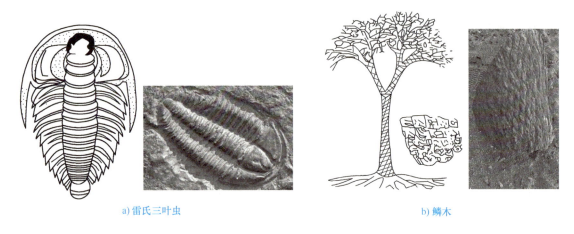

a) 雷氏三叶虫   b) 鳞木

图 1-20　化石

此外，缝合线等也是沉积岩形成条件的反映，不仅对研究沉积岩很重要，而且对研究地史和古地理具有重要意义。

（五）沉积岩的分类及主要沉积岩

常见沉积岩鉴定特征   沉积岩肉眼鉴定方法

由于沉积岩的形成过程比较复杂，目前对沉积岩的分类方法尚不统一。通常主要是以沉积造岩物质的来源划分基本类型，并以沉积作用方式、成分、结构和构造等进行进一步划分，将沉积岩分为火山碎屑岩、陆源沉积岩和内源沉积岩三大类，见表1-6。

表 1-6 沉积岩分类简表

岩类		结构	主要岩石分类名称	主要分类及其组成物质
火山碎屑岩		集块结构（粒径>64mm）	火山集块岩	主要由粒径>64mm 的熔岩碎块、火山灰等经压密胶结而成
		角砾结构（粒径 2～64mm）	火山角砾岩	主要由粒径为 2～64mm 的熔岩碎屑、晶屑、玻屑及其他碎屑混入物组成
		凝灰结构（粒径<2mm）	凝灰岩	由 50%以上粒径<2mm 的火山灰组成，其中有岩屑、晶屑、玻屑等细粒碎屑物质
陆源沉积岩	陆源碎屑岩	砾状结构（粒径>2mm）	砾岩	角砾岩：由带棱角的角砾经胶结而成 砾岩：由浑圆的砾石经胶结而成
		砂质结构（粒径 0.05～2mm）	砂岩	石英砂岩：石英（含量>90%）、长石和岩屑（含量<10%） 长石砂岩：石英（含量<75%）、长石（含量>25%）、岩屑（<10%） 岩屑砂岩：石英（含量<75%）、长石（含量<10%）、岩屑（>25%）
		粉砂质结构（粒径 0.005～0.05mm）	粉砂岩	主要由石英、长石及黏土矿物组成
	黏土岩	泥质结构（粒径<0.005mm）	泥岩	主要由黏土矿物组成
			页岩	黏土质页岩：由黏土矿物组成 炭质页岩：由黏土矿物及有机质组成
内源沉积岩	碳酸盐岩	结晶结构及生物结构	石灰岩	泥灰岩：方解石（含量 50%～75%）、黏土矿物（含量 25%～50%） 石灰岩：方解石（含量>90%）、黏土矿物（含量<10%）
			白云岩	灰质白云岩：白云石（含量 50%～75%）、方解石（含量 25%～50%） 白云岩：白云石（含量>90%）、方解石（含量<10%）
	其他	非晶质结构、隐晶质结构	硅质岩	富含 SiO_2（含量达 70%～90%），主要由非晶质的蛋白石、隐晶质的玉髓、晶质的自生石英组成
		隐晶质结构	磷质岩	主要由磷灰石组成

在各种沉积岩中，分布最广、最常见的只有三种，即页岩、砂岩和石灰岩。这三种岩石约占全部沉积岩总量的 99%。此外，在地表可常见到砂、砾石、卵石和黏土等松散沉积物。

1. 碎屑岩类

（1）砾岩和角砾岩　碎屑岩中大于 2mm 的碎屑颗粒，称为砾石或角砾。圆状和次圆状砾石含量大于 50%的岩石，称为砾岩。如果砾石为棱角状或次棱角状，则称为角砾岩。二者成分主要由岩屑组成，矿物成分多为石英、燧石，胶结物有硅质（成分为 SiO_2）、泥质（成分为黏土矿物）、钙质（成分为 Ca、Mg 的碳酸盐）或其他化学沉淀物。胶结物的成分与胶结类型对砾岩的物理力学性质有很大影响，若为基底胶结类型，胶结物为硅质或铁质的砾岩，抗压强度可达 200MPa 以上，是良好的建筑物地基。

常见沉积岩肉眼鉴定-碎屑岩

（2）砂岩　砂岩是由 50% 以上的砂粒胶结而成的岩石。砂岩中胶结物成分和胶结类型不同，抗压强度也不同。

2. 黏土岩类

黏土岩主要是由粒径小于 0.005mm 的颗粒组成的，并含大量黏土矿物的岩石。黏土岩一般都具有可塑性、吸水性、耐火性等，有重要的工程意义。主要的黏土岩有两种，即泥岩和页岩。

3. 化学岩和生物化学岩类

（1）石灰岩　石灰岩简称灰岩，主要化学成分为碳酸钙，矿物成分以结晶的细粒方解石为主，其次含少量白云石等矿物。石灰岩一般遇酸起泡剧烈。石灰岩具有可溶性，易被地下水溶蚀，形成宽大的裂隙和溶洞，是地下水的良好通道。

（2）白云岩　白云岩主要由白云石组成，隐晶质或细晶粒状结构。白云岩与石灰岩的外貌很相似，但白云岩加冷稀盐酸不起泡或微弱起泡，在野外露头上常以许多纵横交叉似刀砍状溶沟为其特征。

（3）泥灰岩　石灰岩中均含有一定数量的黏土矿物，若含量达 30%~50%，则称为泥灰岩。区别它与石灰岩时，滴盐酸起泡后留有泥质斑点则为泥灰岩。泥灰岩结构致密，易风化，抗压强度低。

四、变质岩

地壳中先成岩石，由于构造运动和岩浆活动等所造成的物理、化学条件的变化，使原来岩石的成分、结构、构造等发生一系列改变而形成的新岩石，称为变质岩。这种使岩石发生质的变化的过程，称为变质作用。

变质岩及其成因

（一）变质作用的因素及类型

引起变质作用的因素有温度、压力及化学活动性流体。变质温度的基本来源包括地壳深处的高温、岩浆及地壳岩石断裂错动产生的高温等。引起岩石变质的压力包括上覆岩石质量引起的静压力、侵入于岩体空隙中的流体所形成的压力，以及地壳运动或岩浆活动产生的定向压力。化学活动性流体则是以岩浆、H_2O、CO_2 为主，并含有其他一些易挥发、易流动的物质。

根据变质作用的地质成因和变质作用因素，将变质作用分为动力变质作用、热接触变质作用、接触交代变质作用、区域变质作用等类型，如图 1-21 所示。

（二）变质岩的矿物成分

变质岩矿物成分的最大特征是具有变质矿物——变质作用中形成的矿物，它是鉴定变质岩的可靠依据。常见的变质矿物有滑石、石榴子石、十字石、蓝晶石、硅线石、红柱石等。除变质矿物外，变质岩的主要造岩矿物是长石、石英、云母、辉石和角闪石等。有时，绿泥石、绢云母、刚玉、蛇纹石和石墨等矿物能在变质岩中大量出现，这也是变质岩的一个鉴定特征。同时，这些矿物具有变质分带指示作用，如绿泥石、绢云母多出现在浅变质带，蓝晶石存在于中变质带，而硅线石则存在于深变质带中，这类矿物称为标准变质矿物。

（三）变质岩的结构

变质岩的结构按成因可分为变晶结构、变余结构、碎裂结构。

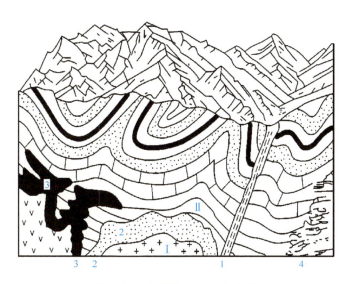

图 1-21 变质作用类型示意图
Ⅰ—岩浆岩　Ⅱ—沉积岩
1—动力变质作用　2—热接触变质作用　3—接触交代变质作用　4—区域变质作用

1. 变晶结构

变晶结构是岩石在变质过程中经重结晶或重新组合而形成的结构。按矿物的粒度分为等粒变晶结构（图 1-22）、不等粒变晶结构及斑状变晶结构。矿物颗粒的形状分为粒状变晶结构、鳞片状变晶结构、纤维状变晶结构等。

变质岩结构与构造

图 1-22 等粒变晶结构
（黑云母斜长角闪岩，$d=2.5\text{mm}$）
1—黑云母　2—角闪石　3—斜长石

2. 变余结构

当岩石变质轻微时，重结晶作用不完全，变质岩还可保留有母岩的结构特点，即称为变余结构。如泥质砂岩变质以后，泥质胶结物变成绢云母和绿泥石，而其中碎屑物质（如石英）不发生变化，便形成变余砂状结构。还有其他的变余结构，如与岩浆岩有关的变余斑状结构、变余花岗结构等。

3. 碎裂结构

局部岩石在定向压力作用下，引起矿物及岩石本身发生弯曲、破碎，而后又被黏结起来而形成新的结构，称为碎裂结构。碎裂结构常具条带和片理，是动力变质中常见的结构，根据破碎程度可分为碎裂结构、碎斑结构、糜棱结构。

（四）变质岩的构造

变质岩的构造与岩浆岩及沉积岩有着显著的区别，是鉴定变质岩的可靠特征。在大多数情况下，构成变质岩的片状、板状及柱状矿物在定向压力作用下呈相互平行排列，沿此排列方向易使岩石裂开成薄片，这种特性称为片理。裂开的面称为片理面，片理延伸不远，片理面可能是平的、弯曲的或波状的，并且平滑光亮，据此可与沉积岩的层理及层理面相区别。

根据片理面特征、变质程度等特点，片理构造可进一步分为片麻状构造、片状构造、千枚状构造、板状构造和块状构造。

（1）片麻状构造 片麻状构造又称为片麻理。其特征是鳞片状、柱状或针状矿物呈大致平行排列，其间常夹着不规则的粒状矿物（石英、长石等），互相构成深色与浅色条带交互的状态。具有这种构造的岩石叫片麻岩。通常片麻岩的矿物结晶程度高，颗粒较粗大。

（2）片状构造 片状构造是指岩石中大量片状或柱状矿物（如云母、绿泥石、滑石、绢云母、石墨等）定向排列所形成的薄层状构造。片理薄而清晰，沿片理面易剥开成不规则的薄片。狭义的片理构造即指片状构造。具有这种构造的岩石叫片岩。

（3）千枚状构造 千枚状构造的特点是片理面呈较强的丝绢光泽，有小的皱纹，由极薄的片组成，易沿片理面劈成薄片状。具有这种构造的岩石叫千枚岩。

（4）板状构造 板状构造又称板理，是指岩石中由显微片状矿物大致平行排列所成的具有平行板状劈理的构造。岩石一般变质程度较浅，呈厚板状，板面平整，沿板理极易劈成薄板状，板面微具光泽。具有这种构造的岩石叫板岩。

（5）块状构造 当变质作用中没有定向、高压这一因素时，则形成的变质岩中，矿物排列无一定方向，结构均一，一般称为块状构造。部分大理岩和石英岩具此种构造。它与火成岩的块状构造相似，但又不完全一样。

（五）变质岩分类及主要变质岩

1. 变质岩分类

常见变质岩鉴定特征

变质岩肉眼鉴定方法

按照变质岩的成因，可将变质岩分为接触变质岩、动力变质岩和区域变质岩三类。区域变质岩可先按构造进行分类命名，然后根据矿物成分再进一步定名，如具有片状构造的岩石叫片岩，若片岩中含绿泥石较多，则可进一步定名为绿泥石片岩。凡具有块状构造和变晶结构的岩石，先按矿物成分命名，如石英岩；也有按地名命名的，如大理岩。动力变质岩则主要根据岩石结构分类定名。变质岩分类见表1-7。

表 1-7　变质岩分类简表

岩类	构造	岩石名称	主要亚类及其矿物成分
片理状岩类	板状	板岩	矿物成分为黏土矿物、绢云母、石英、绿泥石、黑云母、白云母等
	千枚状	千枚岩	以绢云母为主，其次为石英、绿泥石等
	片状	片岩	云母片岩：以云母、石英为主，其次为角闪石等 滑石片岩：以滑石、绢云母为主，其次为绿泥石、方解石等 绿泥石片岩：以绿泥石、石英为主，其次为滑石、方解石等
	片麻状	片麻岩	花岗片麻岩：以正长石、石英、云母为主，其次为角闪石，有时含石榴子石 角闪石片麻岩：以斜长石、角闪石为主，其次为云母，有时含石榴子石
块状岩类	块状	大理岩	以方解石为主，其次为白云石等
		石英岩	以石英为主，有时含有绢云母、白云母等

2. 常见变质岩及其特征

常见变质岩肉眼鉴定-片麻岩

常见变质岩肉眼鉴定-大理岩

（1）片麻岩　片麻岩具有明显的片麻状构造，主要矿物为长石、石英。片状或柱状矿物可以是云母、角闪石、辉石等。片麻岩为中、粗粒鳞片状变晶结构。

（2）片岩　片岩具有典型的片状构造，主要矿物为云母、石英，其次为角闪石、绿泥石、滑石、石墨、石榴子石等。

（3）千枚岩　千枚岩是具有典型千枚状构造的浅变质岩，主要由细小的绢云母、绿泥石、石英、斜长石等新生矿物组成。千枚岩一般具细粒鳞片变晶结构，片理面上有明显的丝绢光泽和微细皱纹或小的挠曲构造。

（4）板岩　板岩是页岩经浅变质而成，主要成分为硅质和泥质矿物，肉眼不易辨别，结构致密均匀，具有板状构造。

（5）石英岩　石英岩由石英砂岩和硅质岩变质而成，矿物以石

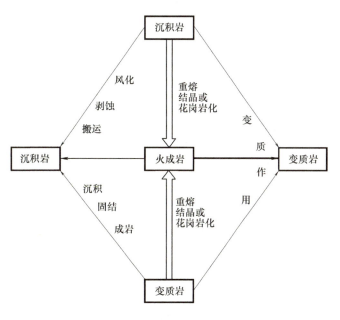

图 1-23　三大类岩石之间的关系

英为主，具有变余粒状结构，块状构造。

（6）大理岩　大理岩为石灰岩重结晶而成，具有细粒、中粒和粗粒结构，主要矿物为方解石和白云石。纯大理岩是白色，又称为"汉白玉"。

岩浆岩、沉积岩和变质岩三大类岩石的肉眼鉴定，应结合岩石标本在试验课中进行。

地壳是由各种各样的岩石组成的，而岩石是地壳在发展过程中内力、外力地质作用的必然产物。由于各类岩石形成条件不同，它们在产状、矿物组成、结构、构造等方面也各具特点。因此，可对三大类岩石进行属性比较和分类鉴定。图 1-23 基本上标明了三大类岩石之间的关系。

不同种类的岩石，由于其成因、成分、结构和构造不同，岩石的工程地质性质差异是很大的，分析其工程地质性质时，还应结合具体工程的要求来进行评价。

学习检验评价单

认识矿物与岩石知识检验	姓名：	
	班级：	
	自评	师评
学习复习内容	掌握/未掌握	合格/不合格
什么是矿物？什么叫造岩矿物		
矿物有哪些主要物理性质？常见的造岩矿物有哪几种		
矿物的分类及主要类型是什么		
对比下列矿物，指出它们之间的异同点：A. 正长石、斜长石、石英；B. 角闪石、辉石、黑云母；C. 方解石、白云石、石英；D. 黄铁矿、黄铜矿、黄金		
简述长石、石英、橄榄石、辉石、角闪石、云母、白云石、方解石、白云石等常见矿物的主要特征		
什么是岩石		
岩浆岩、变质岩、沉积岩的概念是什么		
岩石结构与构造的概念是什么		
三大类岩石常见的结构构造是什么		
岩浆岩是怎样形成的		
试从深成岩、浅成岩、喷出岩的不同结构、构造来说明，为什么岩浆岩的结构、构造特征是其生成环境的综合反映		
试比较下列岩石间异同点：A. 花岗岩、辉长岩；B. 流纹岩、玄武岩；C. 闪长岩、安山岩		
沉积岩是怎样形成的		
变质作用的概念是什么		
变质岩有哪些主要变质矿物		
下列岩石之间有何区别及联系 A. 花岗岩、花岗片麻岩；B. 页岩、千枚岩；C. 石英砂岩、石英岩；D. 石灰岩、大理岩；E. 片岩、黏土岩；F. 石英岩——大理岩		
试比较方解石、石灰岩和大理岩三者之间的关系		
简述石英、砂岩和石英岩三者之间的关系		
试述花岗岩、玄武岩、石灰岩、砂岩、页岩、片岩、片麻岩、大理岩的成因类型，主要矿物成分、结构、构造特征		

任务 3　认识地质构造

知识目标

1）掌握地壳运动、地质构造、岩层产状。
2）学会岩层产状的测定。
3）了解地质构造对工程建设的重要意义。
4）掌握地质年代的确定方法。

技能目标

1）会测定岩层产状要素。
2）了解地质构造与公路工程的关系。
3）学会判读地质年代表。

素养目标

培养应用能力；培养踏实细致认真的工作态度和作风。

相关知识

由地壳运动导致组成地壳的岩层和岩体发生变形或变位的现象，残留于地壳中的空间展布和形态特征，称为地质构造或构造形迹。地质构造包括岩层的倾斜构造、褶皱构造和断裂构造三种基本形态，以及隆起和坳陷等。它们都是地壳运动的产物，并与地震有着密切的关系。地质构造大大改变了岩层和岩体原来的工程地质性质，如褶皱和断裂使岩层产生弯曲、破裂和错动，破坏了岩层或岩体的完整性，降低了岩层或岩体稳定性，增大了渗透性，使建筑地区工程地质条件复杂化。因此，研究地质构造不但有阐明和探讨地壳运动发生、发展规律的理论意义，而且对公路线路的布置、设计和施工以及指导工程地质、水文地质、地震预测预报工作等都具有很重要的实际意义。

一、地壳运动

地壳运动是指由内力地质作用引起的地壳结构改变和地壳内部物质变位的运动。

地球自形成以来，一直处于运动状态。随着现代科学技术的发展，通过对地质资料的分析和仪器的测定，已经证实地壳运动的主要形式有升降运动和水平运动两种。

地壳运动

（一）升降运动（垂直运动）

组成地壳的物质沿着地球半径方向发生上升或下降的交替性运动，称为升降运动。主要表现为大面积的地壳上升或下降，形成大规模的隆起和坳陷，从而引起地势的高低起伏和海陆变迁。例如，意大利那不勒斯湾海岸古罗马时代的著名大理石柱是海面升降的最好例子。柱子下部一段是在 1533 年火山喷发时被火山灰掩埋部分，柱面光滑；其上 2.7m 一段在地壳下降时淹没在海水中，被海水和牡蛎侵蚀了许多小孔。18世纪中期，全柱升出海面。19世纪，地面又开始下沉，柱脚已被淹在海水里了（图1-24）。

图1-24　意大利古罗马时代大理石柱

（二）水平运动

组成地壳的物质沿着地球表面的切线方向发生相互推挤和拉伸的运动，称为水平运动。主要表现为地壳岩层的水平位移，造成各种形态的褶皱和断裂构造，加剧地表的起伏。例如，美国西部的圣安得烈斯断层，从下中新世以来水平位移距离为260km，而1906年旧金山一次大地震就使这条断层错开64m，断层带增长430km多。

地壳运动会导致地壳岩石产生变形和变位，并形成各种地质构造，如水平构造、倾斜构造、褶皱构造、断裂构造、隆起和坳陷等。因此，地壳运动又称为构造运动或构造变动。其中，构造运动按其发生的地质历史时期、特点和研究方法，又分为以下两类：

（1）古构造运动　古构造运动是指发生在晚第三纪末以前各个地质历史时期的构造运动。

（2）新构造运动　新构造运动是指发生在晚第三纪末和第四纪以来的构造运动。其中，发生在人类有史以来的构造运动，称为现代构造运动。新构造运动对于现代地形、地表水系的改造、海陆分布、沉积物性质起着主导作用，对工程建筑影响较大，对防震抗震的研究也有一定的指导意义。

二、水平构造和倾斜构造

（一）水平构造

在地壳运动影响轻微、大面积均匀隆起或坳陷的地区，地层保持近于成岩时，水平状态的地质构造称为水平构造。

水平构造的地层经风化剥蚀，可形成一些独特的地貌景观：层理面平直、厚度稳定的岩层，往往形成阶梯状陡崖；交互沉积的软硬相间的水平岩层，经风化后可形成塔状、柱状、城堡状地形；若水平岩层的顶部为坚硬的厚层岩层所覆盖，由于上部岩层抗风化侵蚀能力强，则可形成方山和桌状山地形。

(二)倾斜构造

原来呈水平状态的岩层,经构造变动,成为与水平面成一定角度的倾斜岩层时,称为倾斜构造。在一定范围内,岩层倾斜方向和倾斜角度大体一致的单斜岩层,可称为单斜构造。单斜构造的岩层,倾角较小(小于35°)时在地貌上往往形成单面山;倾角较大(大于35°)时在地貌上则往往形成猪背岭。

(三)岩层产状

1. 岩层产状要素

地表分布最广的沉积岩未经构造运动之前,一般都是水平的;但通常我们所看到的沉积岩层大多数不是水平的,有的岩层发生了倾斜,甚至直立,有的岩层弯曲或碎裂等,呈现出各种各样的空间形态。

岩层产状

研究地质构造,首先要确定岩层的空间位置。岩层在空间的产出状态和方位称为岩层的产状。岩层的空间位置取决于岩层层面相对于水平面的走向、倾向和倾角,这三个表示空间位置的数据称为岩层的产状要素,如图 1-25 所示。

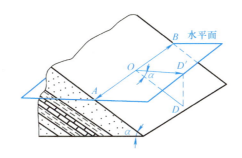

图 1-25　岩层的产状要素
OA 或 *OB*—走向　　*OD'*—倾向　　α—倾角

(1)走向　岩层面与水平相交的线叫走向线。走向线两端所指的方向即为岩层的走向,如图 1-25 中 *OA* 或 *OB*。所以,岩层走向都有两个方位角数值,如 NE30°和 SW210°,数值相差 180°。岩层的走向表示岩层在空间的水平延伸方向。

(2)倾向　倾向即岩层的倾斜方向,是岩层层面上垂直走向顺倾斜面向下引出的直线在水平面的投影的方位角(图 1-25 中 *OD'*)。同一岩层只有一个倾向,倾向的方位角值与走向相差 90°。

(3)倾角　岩层的倾斜线及其在水平面上的投影线之间的夹角就是岩层的倾角(图 1-25 中 α 角)。

岩层呈水平产出时,其倾角为零,没有走向与倾向。岩层呈直立产出时,它的空间位置取决于层面的走向。

2. 岩层产状的测量方法

测量岩层产状是最基本的野外地质工作方法之一,岩层产状三要素可用地质罗盘仪进行测量。地质罗盘有矩形和八边形(圆形)两种,其主要组成部分有磁针、上刻度盘、下刻度盘、倾角指示针(摆锤)、水准泡等,如图 1-26 所示。

上刻度盘多按方位角划分,以北为零度,按逆时针方向分划为 360°;按象限角分划时,

图 1-26 地质罗盘

则北和南均为零度，东和西均为 90°。在刻度盘上用 4 个符号代表地理方位，即 N 代表北，S 代表南，E 代表东，W 代表西。当刻度盘上的南北方向和地面上的南北方向一致时，刻度盘上的东西方向和地面实际方向相反，这是因为磁针永远指向南北，在转动罗盘测量方向时，只有刻度盘转动而磁针不动，即当刻度盘向东转动时，磁针则相对地向西转动，所以只有将刻度盘上刻的东、西方向与实际地面东、西方向相反处理时，测得的方向才与实际相一致。

下刻度盘和倾角指示针是测倾角用的。下刻度盘的角度左右各分划为 90°，它没有方向，通常只刻在 W 边（即 E 边下刻度盘没有刻度）。

测量岩层走向时，将罗盘长边（NS 边）的一条棱紧贴岩层层面，然后转动罗盘（在转动过程中紧贴岩层层面的罗盘棱的任何一点都不能离开层面），使圆形水准器的水泡居中，磁针停止摆动，读出指针所指刻度即为岩层走向。因为岩层的走向可以两边延伸，所以南针或北针所指方向（如 30°与 210°）均可代表该岩层的走向，如图 1-27 所示。

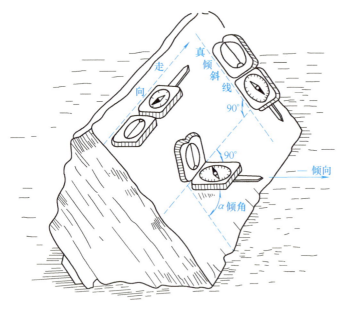

图 1-27 测量岩层产状要素

花岗岩断层产状测量方法

测量岩层倾向时，将罗盘北端（底盘标 N 的一端）指向岩层向下倾斜方向，罗盘南端底边（短边 EW 边）棱紧贴岩层层面，然后转动罗盘，使圆形水准器水泡居中，磁针停止摆动，读北针（不绕铜丝的一端）所指刻度即为岩层的倾向。假若在岩层顶面上进行测量有困难，也可以在岩层底面上测量，将罗盘北端紧靠底面，读北针即可；如果在岩层底面上测量读北针有困难时，则用罗盘南端紧靠岩层底面，读南针也可。

测量岩层倾角时，将罗盘直立，并以罗盘长边（底盘标有半圆刻度的一侧）平行倾斜线紧贴岩层层面，然后转动罗盘背面的活动扳手，使测斜管状水准器中的水泡居中，测斜指针所指度数即为岩层的倾角。

3. 岩层产状记录方法

岩层产状的记录方法有多种，既可以用方位角数值表示，也可以用象限角数值表示。

（1）**方位角表示法** 如某一岩层的走向为 310°，倾向为 220°，倾角 35°。若用方位角数值表示，则记录为 SW/310°∠35°（走向/倾向∠倾角）。

由于岩层的走向与倾向相差 90°，测量岩层的产状时，往往只记录倾向和倾角，上述岩层产状可以记为 220°∠35°；如要知道岩层的走向，只需将倾向加减 90°即可。

（2）**象限角表示法** 以北和南的方向作为 0°，一般测记走向、倾角和倾向象限。如 N65°W/25°SW，即走向为北偏西 65°，倾角为 25°，倾向南西；又如 N30°E/27°SE，即走向为北偏东 30°，倾角为 27°，倾向南东。

岩层的产状三要素在地质图上可用符号"├25°"来表示，其中长线表示走向，短线表示倾向，数字代表倾角。

三、褶皱构造

褶皱是指原来呈水平或近水平状态的岩层，在受到地壳运动所产生的强大水平力的挤压后产生柔性弯曲但未失去其连续性，呈现一个或一系列弯曲的地质体变形的现象。简言之，褶皱就是岩层的弯曲。自然界的褶皱千姿百态、复杂多样。褶皱规模也变化极大，小至手标本或显微镜下的微观褶皱，大至卫星相片上的区域性长达几十至几百公里，或地壳规模褶皱。

褶皱构造

（一）褶皱的几何要素

为了分析研究褶皱构造和对褶皱进行分类，首先要确定褶皱的基本单位——褶曲。褶曲是岩层的一个弯曲。两个或两个以上褶曲的组合叫褶皱。褶皱的各组成部分，称为褶曲要素，任何褶曲都具有以下基本要素（图 1-28）。

（1）**核部** 核部是指褶皱中心部分的地层。当剥蚀后，常指露在地面的褶皱中心部分的地层，简称核。

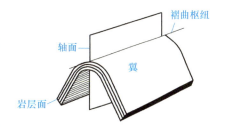

图 1-28 褶皱要素示意图

（2）**翼部** 翼部是指褶皱核部两侧的地层，简称翼。在横剖面（或横截面）上，构成两翼的同一褶皱面的拐点的切线的夹角，即两翼之间的最小夹角称为"翼间角"。

（3）**转折端** 转折端是指从一翼向另一翼过渡的部分。

（4）**枢纽** 在褶皱的各个横剖面上，同一褶皱面的最大弯曲点的连线叫作枢纽。枢纽

41

可以是直线，也可以是曲线；可以是水平线，也可以是倾斜线。背斜的枢纽称为脊线；向斜的枢纽称为槽线。

（5）轴面　轴面为大致平分褶曲两翼的假想面，可为平面或曲面。

（6）轴　轴是指轴面与水平面的交线；轴的方位，表示褶曲的方位；轴的长度，表示褶曲延伸的规模。

（二）褶曲的基本类型

褶皱构造中的一个弯曲称为褶曲，它是组成褶皱构造的基本单位。褶曲的形状千姿百态，但基本类型只有背斜与向斜两种（图1-29）。

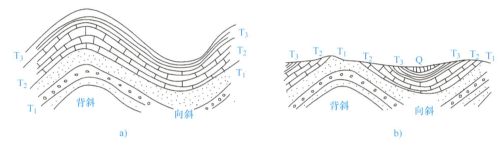

图1-29　褶曲的基本类型

（1）背斜　背斜是指原始水平岩层受力作用后向上弯曲的拱形褶皱，经风化、剥蚀后露出地面的地层向两侧对称出现，老地层在中间，新地层在两侧，从核部向外逐渐变新。

（2）向斜　向斜是指岩层向下凹曲的槽形褶皱，经风化、剥蚀后露出地面的地层向两侧对称出现，新地层在中间，老地层在两侧，从核部向外逐渐变老。

背斜与向斜常是并存的。相邻背斜之间为向斜，相邻向斜之间为背斜。相邻的背斜与向斜共用一个翼。

褶曲的基本类型及特征见表1-8。

表1-8　褶曲的基本类型及特征

基本类型	岩层形态	岩层的新老关系	地形表现
背斜	一般是岩层向上拱起，岩层自中心向外倾斜	中心部分岩层较老，两翼岩层较新	有时背斜成为山岭（年轻、顺地貌，外力侵蚀小于褶皱构造作用速度），（长期外力侵蚀）常被侵蚀成谷地（逆地貌，倒置地形。再长期剥蚀破坏，恢复一致，再顺地貌）
向斜	岩层向下弯曲，岩层自两翼向中心倾斜	核心部分岩层较新，两翼岩层较老	有时向斜成为谷地，也有时成为山岭

（三）褶皱分类

自然界的褶皱有各种各样的形态，对其进行概括和归类，有利于深入研究构造运动和岩层受力的强度。根据褶皱要素的形态分类是常用的分类方法。

1. 根据褶皱轴面和两翼产状的分类

（1）直立褶皱　褶皱轴面直立，两翼岩层向不同方向倾斜，倾角相等，形态呈对称分布（图 1-30a）。

（2）倾斜褶皱　褶皱轴面缓倾斜，两翼岩层也向不同方向倾斜，且两翼岩层的倾角也不相等，形态呈不对称分布（图 1-30b）。

（3）倒转褶皱　褶皱轴面陡倾斜，两翼岩层倾向几乎相同。褶皱的一翼产状正常，岩层的顶面向上；另一翼产状倒转，岩层的顶面向下（图 1-30c）。

（4）平卧褶皱　褶皱轴面水平，褶皱的一翼产状正常；另一翼产状倒转（图 1-30d）。

（5）翻卷褶皱　轴面弯曲的平卧褶皱。

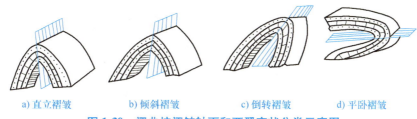

a) 直立褶皱　　　b) 倾斜褶皱　　　c) 倒转褶皱　　　d) 平卧褶皱

图 1-30　褶曲按褶皱轴面和两翼产状分类示意图

2. 根据褶皱枢纽产状的分类

（1）水平褶皱　褶皱的枢纽近于水平，两翼岩层走向平行延伸。

（2）倾伏褶皱　褶皱的枢纽向一端倾伏，两翼岩层走向不平行，在水平面上呈弧形相交，背斜的弧形尖端指向枢纽倾伏方向，向斜的开口方向指示枢纽倾伏方向。

3. 根据褶皱平面形态的分类

（1）线状褶曲　同一岩层在平面上的纵向长度与横向宽度之比大于 10∶1 的狭长形褶曲。

（2）短轴褶曲　同一岩层在平面上的纵向长度与横向宽度之比在 3∶1～10∶1 之间的褶曲。

（3）穹窿和构造盆地　同一岩层在平面上的纵向长度与横向宽度之比小于 3∶1 的圆形或似圆形褶曲。背斜称为"穹窿"；向斜称为"构造盆地"。

（四）褶皱的野外识别方法

在野外工作中，首先要判断工作区内是否存在褶皱，如果存在就要正确判别背斜与向斜，然后确定其形态特征。

正确判别背斜与向斜是一项基本技能。在采石场、沿山区河谷或公路两侧，岩层的弯曲常直接暴露，背斜或向斜易于识别；而大多数情况下，在地面只能观察到岩层呈倾斜状态，岩层弯曲的全貌并非一目了然，必须掌握褶皱的野外识别方法（图 1-31）。

（1）判别有无褶皱　可采用路线穿越法，观察全区地层出露的规律，在垂直岩层走向上进行观察，了解岩层产状和新老地层的分布特征，若地层出现对称重复现象，则必有褶皱；若地层虽有重复现象，但不对称，则有可能是由断裂引起的斜列式构造，不能误认为是褶皱。

（2）确定褶皱的基本类型　可根据新老地层分布的相互关系，确定褶皱的基本类型，是背斜还是向斜。

（3）确定褶皱的剖面形态　根据所测得的产状和各类褶皱的基本特征，分析其剖面形态。

（4）确定褶皱的平面形态　为了对褶皱进行全面分析和认识，还要沿褶皱轴向进行纵

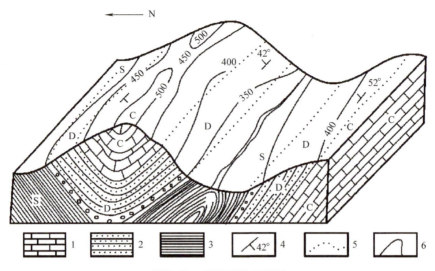

图 1-31 褶皱构造立体图

1—石炭系 2—泥盆系 3—志留系 4—岩层产状 5—岩层界线 6—地形等高线

向观察。若两翼岩层平行延伸，呈带状分布，则为水平褶皱；若两翼岩层相互汇合或展开，或呈"之"字形分布，则为倾伏褶皱。

(5) 确定褶皱形成的时代 褶皱是地壳运动的产物，多数褶皱是在一次构造运动中形成的。褶皱形成的年代介于组成该褶皱岩层中最新的地层年代与上覆未褶皱的岩层中最古老的地层年代之间。

(五) 褶皱的工程评价

岩层受力形成褶皱后，轴部张应力集中，岩石破碎，裂隙发育，易于风化；在石灰岩地区还易形成溶蚀，岩石强度低，渗透性大，为工程地质条件差的地段。因此，对于闸坝、电站、隧洞等都应尽量避开轴部地段（图 1-32b、d）。当坝址选择在褶曲翼部时，若坝轴线平行于岩层走向，坝基岩性均一，再考虑岩层产状，岩层倾向上游，倾角较陡时，对坝抗滑稳定最有利，也不易产生渗漏（图 1-32a）；岩层倾向上游，倾角平缓时，虽不易向下游渗漏，但坝基也有滑动的可能；最不利的情况是岩层倾向下游，且倾角较缓时，岩层的抗滑稳定性最差，也容易向下游渗漏（图 1-32c）。

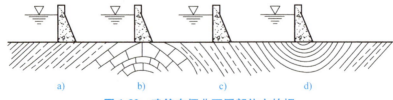

图 1-32 建筑在褶曲不同部位上的坝

当坝轴线与褶皱岩层走向垂直时（图 1-33），坝基常处于不同性质的岩层上，若岩层软性相差悬殊，坝址可能会产生不均匀沉陷，也易发生渗漏，只要存在一层透水性强的岩石，就会产生集中的渗漏，若从坝的两岸岩层倾向来看，右岸（图 1-33）岸坡稳定；而左岸如岩层倾角小于地形坡脚时，则易产生滑动。

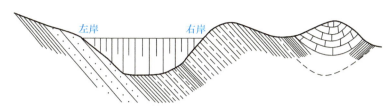

图 1-33　坝轴向垂直岩层走向剖面图

褶皱对工程的影响，主要从以下几个方面进行评价：

1）研究褶皱受挤压的程度，挤压越剧烈，往往工程地质条件越差。

2）研究工程与褶皱部位的关系，一般来说，褶皱的受拉部位工程地质条件差。

3）研究褶皱的组成成分，一般来说，脆性岩石组成的褶皱工程地质条件差。

4）褶曲核部，岩层由于受水平挤压作用，产生许多裂隙，直接影响到岩体完整性和强度高低，在石灰岩地区岩溶往往较为发育，所以在核部布置各种建筑工程，如路桥、坝址、隧道等，必须注意防治岩层的坍落、漏水及涌水问题。

5）在褶曲翼部，边坡倾向与岩层倾向相反或者两者倾向相同，但岩层倾角更大时，则对开挖边坡的稳定较有利；否则容易造成顺层滑动现象。因此，在褶曲翼部布置建筑工程时，重点注意岩层的倾向及倾角的大小。

6）对于隧道等深埋地下工程，一般应布置在褶皱翼部的均一岩层中，这样有利于隧道的稳定。

四、断裂构造

断裂构造 01

断裂构造 02

断裂是岩石的破裂，是岩石的连续性受到破坏的表现。当作用力的强度超过岩石的抗力强度时，岩石就发生断裂。其中岩石破裂，并且沿破裂面两侧的岩块有明显的相对滑动者，称为断层；无明显滑动者称为裂隙（节理）。它们统称为断裂构造。

（一）裂隙（节理）

断裂两侧岩石仅因开裂分离，并未发生明显相对位移的断裂构造称为裂隙（或节理）。它往往是褶皱和断层的伴产生物，然而自然界中岩石的裂隙，并非都是由于地质构造运动所造成的，根据裂隙的成因，可将其分为原生（成岩）裂隙、次生裂隙和构造裂隙三种基本类型。

1）原生裂隙，主要指岩石生成时伴生的各种裂隙。因此，原生裂隙的成因是岩石（主要是沉积岩）变干、压实，发生体积变化、温度压力变化和物理-化学变化时，产生内应力作用的结果。

2）次生裂隙，是指在岩石形成以后，由溶解、交代、重结晶、白云石化等外力作用下形成的孔、洞、缝。

3)构造裂隙,是由地壳运动产生的构造应力作用而形成的裂隙,在岩石中分布广泛,延伸较深,方向较稳定,可切穿不同的岩层。按其力学性质可将其分为张节理和剪节理两种,两者的比较见表1-9。节理的形态分类如图1-34所示。

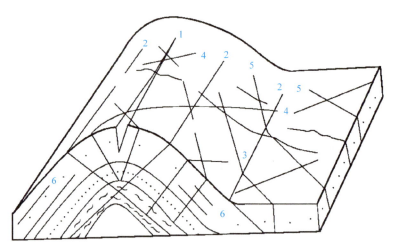

图1-34 节理的形态分类

1、2—走向节理或纵向节理　3—倾斜节理或横节理　4、5—斜向节理或斜节理　6—顺层节理

表1-9 张节理和剪节理比较

类型	作用力	裂面张开充填情况	裂隙面特征	裂隙间距	延伸情况	发育情况
张节理	张应力	裂缝张开常被石英、方解石脉充填	弯曲粗糙不平,呈锯齿状,无擦痕	较大	走向变化大,延伸不远,常绕过砾石或砂粒	褶皱轴部成组出现,平行或垂直褶皱轴
剪节理	剪应力	裂隙紧闭或稍张开	平直光滑有擦痕及镜面两侧岩层相对位移	较小	走向稳定,延深较长,常切岩石中的砾石或砂粒	一般同时出现两组,成"×"形,较密集

(二)断层

在构造应力作用下,岩层所受应力超过其本身的强度,使其连续、完整性遭受破坏,并且沿断裂面两侧的岩体产生明显位移,称为断层。由于构造应力大小和性质的不同,断层规模差别很大,小的可见于一块小的手标本上,大的可延伸数百甚至上千公里,如我国的郯—庐大裂,在1/100万的卫星图像上都显示得很清楚。

1. 断层要素

断层的基本组成部分称为断层要素。它包括断层面(断层线以上的斜面)、断层线、断层带、断盘(包括上盘和下盘)、断距等,如图1-35所示。

2. 断层的基本类型

按断层两盘相对运动,可将断层分为正

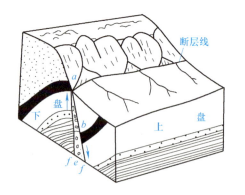

图1-35 断层要素

ab(a点到b点的距离)—断距　f—断层　e—断层带

层、逆断层和平移断层，如图 1-36 所示。

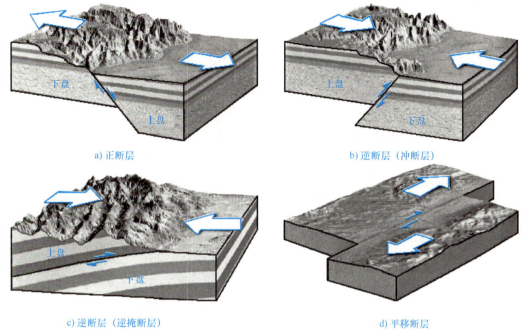

a) 正断层　　　　　　　　　b) 逆断层（冲断层）

c) 逆断层（逆掩断层）　　　　d) 平移断层

图 1-36　断层的基本类型

（1）正断层　由于张应力作用，使岩层产生断裂，进而在重力作用下，引起上盘沿断层面相对下降，下盘相对上升的断层，称为正断层。断层破碎带较宽时，常为断层角砾或断层泥。

（2）逆断层　逆断层的上盘沿断层面上升，下盘相对下降，主要是水平挤压作用的结果，所以也称为压性断层。断裂带较紧密，断层面呈舒缓波状，常可见擦痕。逆断层按断层面倾角的不同可分为以下 3 种：

1）冲断层。断层面倾角大于 45°的高度角逆断层，称为冲断层。

2）逆掩断层。断层面倾角为 25°~45°的逆断层，称为逆掩断层。它往往是由倒转褶皱发展形成，它的走向与褶皱轴大致平行，逆断层的规模一般都较大。

3）辗掩断层。断层面倾角小于 25°的逆断层，称为辗掩断层。它常是区域性的巨型断层，断层一盘较老地层沿着平缓的断层面推覆在另一盘较新岩层之上，断距可达数公里，破碎带的宽度也可达几十米。

（3）平移断层　两盘沿断层面走向的水平方向发生相对位移的断层，称为平移断层。平移断层一般是在剪切应力作用下，沿平面剪切裂隙发育形成的，断层面较平直、光滑。

3. 断层的组合形式

在自然界往往可以见到断层的组合形式，如地垒、地堑、阶梯状断层（图 3-37）和叠瓦状断层（图 1-38）等。

（1）阶梯状断层　阶梯状断层由两条以上产状大体一致的正断层组合而成。

（2）地堑和地垒　两条以上正断层，倾向相对、中间断盘相对下降的称为地堑；反之，

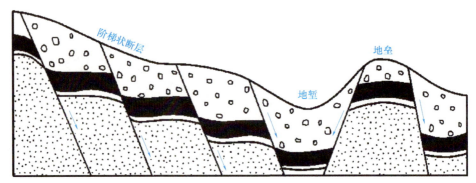

图1-37 地垒、地堑、阶梯状断层

倾向相背、中间断盘相对上升的称为地垒。在地形上，地堑常形成狭长的凹陷地带，如我国山西的汾河河谷、陕西的渭河河谷等，都是有名的地堑构造。地垒多形成块状山地，如天山、阿尔泰山等，都广泛发育有地垒构造。

（3）叠瓦状（推覆式）断层　叠瓦状断层由数条产状大致相同的逆断层组合而成。

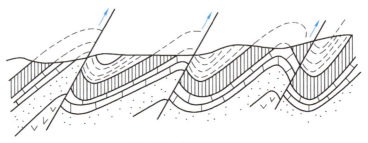

图1-38　叠瓦状断层

4. 断层的野外识别方法

大部分断层由于后期遭受剥蚀破坏和覆盖，在地表暴露不清楚，难以识别，需根据地层、构造等直接证据和地貌、水文等间接证据来判断断层的存在及断层类型，如图1-39所示。

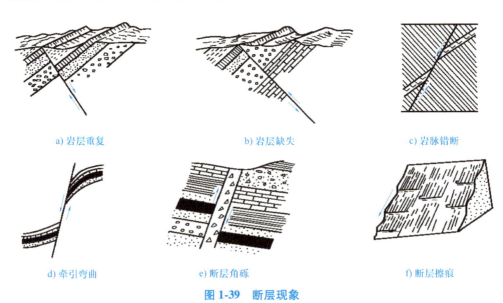

a) 岩层重复　　　　b) 岩层缺失　　　　c) 岩脉错断

d) 牵引弯曲　　　　e) 断层角砾　　　　f) 断层擦痕

图1-39　断层现象

地貌标志主要有断层崖、断层三角面（图1-40）、河流纵坡的突变、河流及山脊的改向等。

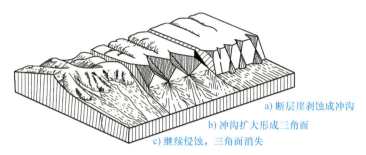

a) 断层崖剥蚀成冲沟
b) 冲沟扩大形成三角面
c) 继续侵蚀，三角面消失

图1-40　断层三角面形成示意图

（三）断裂构造对路桥工程的影响

断裂构造对工程建筑的影响是很大的。由于断裂构造的存在，破坏了岩体的连续完整性，降低了岩石的强度，增大了岩体的透水性能，因而将导致工程建筑物发生不均匀沉陷、滑动和渗漏，影响工程建筑物的安全稳定、经济效益及施工方法等一系列问题，对工程极为不利。因此，在选择工程建筑物地址时，应查清断层的类型、分布、断层面产状、破碎带宽度、充填物的物理力学性质、透水性和溶解性等。另外，沿断层破碎带易形成风化深槽，特别是在断层节理密集交汇处，更易风化侵蚀形成很深的囊状风化带。为了防止断裂构造对工程的不利影响，尽量避开大的断层破碎带和节理密集地段，若确实无法避开，则必须采取有效处理措施。在工程建设中，对断裂构造的处理方法一般有以下几种：

（1）开挖清除　将断层破碎带的松散碎屑物质挖掉，然后回填混凝土或黏土。
（2）灌浆　多采用水泥灌浆，以提高破碎带的强度和降低其渗透性。
（3）做阻滑截渗墙　修筑混凝土或钢筋混凝土墙，将破碎带截断，以提高地基的抗滑能力并降低其渗透性。

五、地质年代

随着地质历史的发展，地层记录着过去的自然地理环境、古生物、地壳运动的变化。因此，研究地壳历史，首先要研究地层。地层就是地壳在发展过程中，经历各种地质作用形成的各种成层的和非成层的岩石的总称，包括层状沉积岩、变质岩、岩浆岩。一个地层是包括一种或几种岩石的一套岩层，同一套岩层在岩性、化石等方面具有一致的特性。地层不同于岩层，岩层一般泛指各种成层岩石，不具有时代观念，而地层有老有新，具有时间概念。地质年代就是地质科学中用来说明地壳中各种岩层形成时间和顺序的一种术语。即地球历史的纪年和标定地球历史事件的时间顺序，也即地球历史阶段，叫地质年代。它包括两方面的含义：一是指地质事件发生距今的实际年数，称为绝对地质年代；二是指地质事件发生的先后顺序，称为相对地质年代。地壳发展演变的历史叫作地质历史，简称地史。

地质年代

查明地质事件发生（或地质体形成）的时代和先后顺序是十分重要的，前者称为绝对地质年代，后者称为相对地质年代。

要了解一个地区的地质构造、地层的相互关系，以及阅读地质资料和地质图件时，必须具备地质年代的相关知识。

（一）地质年代的确定方法

1. 绝对地质年代

绝对地质年代是指地层形成和地质事件发生的距今年龄。绝对地质年代是根据测出岩石中某种放射性元素及其蜕变产物的含量而计算出岩石的生成后距今的实际年数。在地质历史时期中，岩石形成时包含的放射性元素，不管环境条件如何变化，均以稳定的速率蜕变，蜕变速率用半衰期表示，所谓半衰期是指放射性元素的原子蜕变一半所需要的时间。

每种放射性同位素都有一定的衰变常数（λ），即每年每克母同位素能产生的子元素的克数，如果能测得岩石或矿物中母同位素（N_0）及其子元素（N_t）的量，利用公式

$$t=\frac{1}{\lambda}\left[2.3\lg\left(1+\frac{N_0-N_t}{N_t}\right)\right] \tag{1-1}$$

式中　t——岩层的绝对年龄；

λ——放射性物质的衰变常数（单位时间内发生衰变的原子数量）；

N_0——测得岩石或矿物中母同位素的原始数量；

N_t——放射性物质经过 t 年后，未衰变的子元素原子数量。

即可求得该岩石或矿物的同位素年龄（t）。常用的同位素测年方法有：铀（U^{238}）、铷（Rb^{87}）、钾（K^{40}）、钍（Th^{282}）等常用放射性同位素及其衰变常数，见表 1-10。以铀铅法为例，岩石中的放射性元素铀，在自然条件下按一定速度衰变，最后形成铅和氦两种终结元素。若用专门的仪器测定出岩石放射性元素和终结元素的含量，可按式（1-1）计算岩石的绝对年龄。

表 1-10　常用放射性同位素及其衰变常数

母同位素	子同位素	半衰期/$\times 10^9$a	衰变常数/$\times 10^{-10}$a^{-1}
铀（U^{238}）	铅（Pb^{206}）	4.4680	0.15513
铀（U^{235}）	铅（Pb^{207}）	0.7038	0.98485
钍（Th^{282}）	铅（Pb^{208}）	14.01	0.049745
钾（K^{40}）	氩（Ar^{40}）	1.2505	0.4962
铷（Rb^{87}）	锶（Sr^{87}）	48.8	0.0142

利用放射性同位素所获得的地球上最大的岩石年龄为 45 亿年，陨石年龄在 46 亿～47 亿年之间，因此，地球的年龄至少应在 46 亿年以上。

2. 相对地质年代

相对地质年代是通过比较地层的沉积顺序、接触关系、古生物特征和地层切割关系来确定其形成先后的一种方法。它说明了地层相对新老关系，并没有具体年代值。要确定不同地区有关地层的时代关系，则要进行地层划分与对比。相对地质年代的确定、地层划分及对比主要要依据岩层的沉积顺序、生物演化和地质体之间的相互关系，即所谓的地层层序律、生物演化律和地质体之间的切割律。相对地质年代的确定方法包括地层的沉积顺序法、化石层序律法、标准地层对比法、地层的接触关系法。

（1）地层的沉积顺序法　确定地层的沉积顺序常遵循地层层序律、原始连续性定律、

原始水平性定律。

在一个地区内，如果未经强烈的构造变动，就不会发生地层倒转，地层的顺序总是上新下老，这种正常的地层叠置关系，称为地层层序律。即叠覆律。根据地层层序律人们便可将地层的先后顺序确定下来。复杂情况下，按沉积韵律（颗粒下粗上细）确定相对地质年代。

（2）化石层序律法　化石层序律法即利用地层中所含化石确定地层的时代。生物是由低级到高级，由简单到复杂，不断地进化的。不同时代的地层含有不同的化石，而相同时代的地层保存相同或相近的化石，这样可以确定地层的顺序和时代。

（3）标准地层对比法　标准地层对比法即将未知地质时代的地层岩性与已知地质时代的标准地层的岩性特征进行对比，用来确定未知地层时代。如我国江苏省南部的宁镇山脉一带，泥盆系中广泛分布着厚层浅色石英砂岩，在此地区内确定地层年代时，凡是石英砂岩均可定为泥盆系。

（4）地层的接触关系法　地层的接触关系是指层状堆积、上下叠置的岩层彼此之间的衔接状态。沉积岩层之间的接触关系一般可分为整合接触和不整合接触。

1）整合接触。同一地区上、下两套岩层之间产状一致、相互平行，而且在岩性、时代及古生物特征上都是连续的，这种接触关系称为整合接触。代表沉积时地壳比较稳定或地壳连续下降。

2）不整合接触。上、下地层间的层序如果有了间断，即先后沉积的地层之间缺失了一部分地层，这种沉积间断的时期可能代表没有沉积作用的时期，也可能代表以前沉积的岩石被侵蚀的时期。地层之间这种接触关系称为不整合。在上、下地层之间有一个沉积间断面，叫不整合面。不整合面在地面的出露线叫不整合线，它是重要的地质界线之一。又分为假整合（平行不整合）接触和不整合（角度不整合）接触，如图 1-41 所示。平行不整合接触的形成过程如图 1-42 所示，角度不整合接触的形成过程如图 1-43 所示。

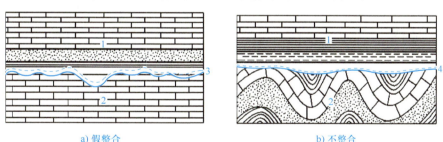

图 1-41　地层假整合接触和不整合接触
1—上覆地层　2—下伏地层　3—假整合面　4—不整合面

（二）地质年代表

研究地质历史，首先是研究地层。经过地质工作者一百多年来的研究，对世界典型地区的地层岩性和标准化石进行了综合对比，根据地层中反映出来的地壳运动、生物演化特点划分为大小不等的地层单位，每个地层单位有相应的地质年代单位。按照国际性通用的地层单位由大到小划分四个级别，分别是宇、界、系和统，与之相应的地质年代单位是宙、代、纪和世四个级别。全国性或大区域性地层单位还可分出阶，其相应的地质年代为期。地方性地层单位可以分为群、组和段。同时通过对地层同位素测定，确定出各个地质年代的绝对年龄。它们的相应关系见表 1-11。

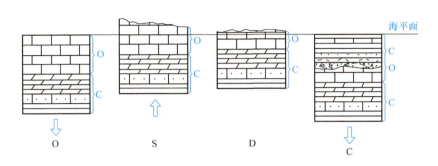

图 1-42 平行不整合接触的形成过程

O—接受沉积　S—平稳上升　D—遭受风化、剥蚀　C—下沉，接受沉积

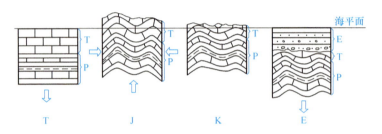

图 1-43 角度不整合接触的形成过程

T—接受沉积　J—隆起、褶皱　K—遭受风化、剥蚀，形成剥蚀面　E—下沉，接受沉积

表 1-11 地层单位和相应的地质时代单位

适用范围	地层单位	地质时代单位
国际性	宇	宙
	界	代
	系	纪
	统	世
全国性或大区域性	阶	期
地方性	群	时（时代）期
	组	
	段	

19 世纪以来，人们根据生物地层学的方法，逐步进行了地层的划分和对比工作，并按时代早晚顺序进行编年、列表。1881 年在意大利召开的第二届国际地质学大会上曾经通过了一个定性的地质年代表。在该表中依据生物界的发展演化阶段，将地质历史划分为四个代，即太古代（最古老的生命）、古生代（古老的生命）、中生代（中等年龄的生命）、新生代（新生命的开始）。由于在古老岩层中缺少或少有生物化石，当时对于这样的地层和地质年代的划分遇到很大困难。直到 20 世纪初，有了同位素年龄资料后，这个问题才得以解决。经过几次国际地质年代会议审定，形成了综合地质年代表，见表 1-12。

表 1-12　地质年代表

宙（宇）	代（界）	纪（系）	世（统）	距今年代（百万年）	主要地壳运动	主要现象
显生宙（宇）	新生代（界 K_Z）	第四纪（系 Q）	全新世（统 Q_4） 更新世晚（统 Q_3） 更新世中（统 Q_2） 更新世早（统 Q_1）	2~3	喜马拉雅运动	冰川广布，黄土形成，地壳发育成现代形势，人类出现
		第三纪（系 R） 晚第三纪（系 N）	上新世（统 N_2） 中新世（统 N_1）	26		地壳初具现代轮廓，哺乳类动物、鸟类急速发展，并开始分化
		第三纪（系 R） 早第三纪（系 E）	渐新世（统 E_3） 始新世（统 E_2） 古新世（统 E_1）	65		
	中生代（界 M_Z）	白垩纪（系 K）	晚白垩世（统 K_3） 早白垩世（统 K_1）	137	燕山运动	地壳运动强烈，岩浆活动
		侏罗纪（系 J）	晚侏罗世（统 J_3） 中侏罗世（统 J_2） 早侏罗世（统 J_1）	195		除西藏等地区外，中国广大地区已上升为陆，恐龙极盛，出现鸟类
		三叠纪（系 T）	晚三叠世（统 T_3） 中三叠世（统 T_2） 早三叠世（统 T_1）	230	印支运动	华北为陆，华南为浅海，恐龙哺乳类动物发育
	古生代（界 P_Z）	二叠纪（系 P）	晚二叠世（统 P_2） 早二叠世（统 P_1）	285	（海西）华力西运动	华北至此为陆，华南浅海。冰川广布，地壳运动强烈，间有火山爆发
		石炭纪（系 C）	晚石炭世（统 C_3） 中石炭世（统 C_2） 早石炭世（统 C_1）	350		华北时陆时海，华南浅海，陆生植物繁盛，两栖类动物发育，鱼类极盛
		泥盆纪（系 D）	晚泥盆世（统 D_3） 中泥盆世（统 D_2） 早泥盆世（统 D_1）	400		华北为陆，华南浅海，火山活动，陆生植物发育，两栖类植物发育，鱼类极盛
		志留纪（系 S）	晚志留世（统 S_3） 中志留世（统 S_2） 早志留世（统 S_1）	435	加里东运动	华北为陆，华南浅海，局部地区火山爆发，珊瑚、笔石发育
		奥陶纪（系 O）	晚奥陶世（统 O_3） 中奥陶世（统 O_2） 早奥陶世（统 O_1）	500		海水广布，三叶虫、腕足类、笔石极盛
		寒武纪（系 ∈）	晚寒武世（统 $\in_3$） 中寒武世（统 $\in_2$） 早寒武世（统 $\in_1$）	570		浅海广布，生物开始大量发展，三叶虫极盛
隐生宙（宇）	元古代（界 Pt）	震旦纪（系 Z）	晚震旦世（统 Z_2） 早震旦世（统 Z_1）	800	晋宁运动	浅海与陆地相间出露，有沉积岩形成，藻类繁盛
		青白口纪 Z_Q		1000		
		蓟县纪 Z_J		1400		
		长城纪 Z_C		1700	吕梁运动	
				2500	五台运动	
	太古代（界 Ar）				鞍山运动	海水广布，构造运动及岩浆活动强烈，开始出现原始生命现象

学习检验评价单

认识地质构造知识检验		姓名：	
		班级：	
		自评	师评
学习复习内容		掌握/未掌握	合格/不合格
什么是地质构造			
什么是地壳运动？地壳运动有哪些主要类型			
岩层倾向、走向、倾角的概念是什么			
背斜、向斜的判别标志是什么			
什么是褶皱构造？什么是褶曲			
试绘图说明褶曲的基本类型、形态分类及其特征			
在野外怎样识别褶皱构造			
断层、节理的概念是什么			
节理的成因类型有哪些			
什么是断层？断层的基本要素有哪些			
简述断层的分类			
试绘图说明断层的基本类型及其组合形式的特征			
在野外如何识别断层？为什么重要的建筑物都要避开断层破碎带			
简述地质年代确定方法。相对地质年代的确定方法有哪些			
简述绝对地质年代的确定方法			
简述地质年代表			

任务 4　认识地貌与第四纪地质

知识目标

1）掌握地貌的分级、分类。
2）了解山岭地貌和平原地貌。
3）掌握垭口和山坡的分类及其特征。
4）掌握河谷地貌的类型及其特征。
5）掌握第四纪沉积物的主要成因类型及其工程地质特征。

技能目标

1）会识别地貌类型。
2）会分析垭口、山坡不同的工程地质条件对公路布线的影响。
3）会分析不同种类第四纪沉积物的工程地质特征。

素养目标

培养应用能力；培养踏实细致认真的工作态度和作风。

相关知识

公路是线型建筑物，它所经地段的地貌条件复杂且变化多样。其中有许多路段是直接在第四纪沉积物上通过的。

地貌及第四纪地质条件与公路工程的建设及运营有着密切的关系。公路常穿越不同的地貌及第四纪地质单元，地貌及第四纪地质条件是评价公路工程地质条件的重要内容之一。各种不同的地貌及第四纪地质，都关系到公路勘测设计、桥隧位置选择的技术经济问题和养护工程等。为了处理好公路工程与地貌及第四纪地质条件之间的关系，就必须学习和掌握一定的地貌及第四纪地质知识。

一、地貌概述

地壳表面各种不同成因、不同规模的起伏形态称为地貌。专门研究地壳表面各种起伏形态及其形成、发展及空间分布规律的科学称为地貌学。

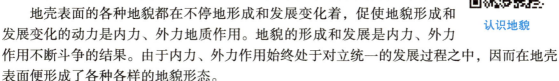

认识地貌

地壳表面的各种地貌都在不停地形成和发展变化着，促使地貌形成和发展变化的动力是内力、外力地质作用。地貌的形成和发展是内力、外力作用不断斗争的结果。由于内力、外力作用始终处于对立统一的发展过程之中，因而在地壳表面便形成了各种各样的地貌形态。

不同等级的地貌，其成因不同，形成的主导因素也不同。按地貌等级一般划分为巨型地貌、大型地貌、中型地貌、小型地貌。

按地貌的形态分为山地、高原、盆地、洼地、丘陵、平原。大陆地貌的形态分类见表 1-13。

表 1-13 大陆地貌的形态分类

形态类型		绝对高度/m	相对高度/m	平均坡度/(°)	举例
山地	高山	>3500	>1000	>25	喜马拉雅山
	中山	1000~3500	500~1000	10~25	庐山、大别山
	低山	500~1000	200~500	5~10	川东平行岭谷
	丘陵	<500	<200		闽东沿海丘陵
平原	高原	>600	>200		青藏高原、内蒙古高原、黄土高原、云贵高原
	高平原	>200			成都平原
	低平原	0~200			东北、华北、长江中下游
	洼地	<海平面高度			吐鲁番盆地

地貌按成因分为以下类型：

1. 内力地貌

以内力作用为主所形成的地貌为内力地貌，它又可分为以下两种：

（1）构造地貌　由地壳的构造运动所造成的地貌为构造地貌，其形态能充分反映原来的地质构造形态。高地常见于构造隆起和以上升运动为主的地区，盆地常见于构造坳陷和以下降运动为主的地区，如褶皱山、断块山等。

（2）火山地貌　由火山喷发出来的熔岩和碎屑物质堆积所形成的地貌为火山地貌，如岩溶盖、火山锥等。

2. 外力地貌

以外力作用为主所形成的地貌为外力地貌。根据外动力的不同又分为以下几种：

（1）水成地貌　水成地貌是以水的作用为地貌形成和发展的基本因素。水成地貌又可分为面状洗刷地貌、线状冲刷地貌、河流地貌、湖泊地貌和海洋地貌等，如冲沟、河谷阶地、洪积扇等。

（2）冰川地貌　冰川地貌是以冰雪的作用为地貌形成和发展的基本因素。冰川地貌又可分为冰川剥蚀地貌与冰川堆积地貌，如冰斗、角峰等。

（3）风成地貌　风成地貌是以风的作用为地貌形成和发展的基本因素。风成地貌又可分为风蚀地貌与风积地貌，前者如风蚀洼地、蘑菇石等；后者如新月形沙丘、沙垄等。

（4）岩溶地貌　岩溶地貌是以地表水和地下水的溶蚀作用为地貌形成和发展的基本因素，如溶沟、石芽、溶洞、峰林、地下暗河等。

（5）重力地貌　重力地貌是以重力作用为地貌形成和发展的基本因素，如崩塌、滑坡等。

二、山地地貌

（一）山地地貌的形态要素

山是地面上被平地围绕的、与其周围平地的交界处有明显坡度转折的孤立高地。它由山顶、山坡、山脚等形态要素组成。山岭是具有陡峭的山坡和明显分水线的绵延较长的高地。山地地貌的形态如图 1-44 所示。

一般来说，山体岩石坚硬、岩层倾斜或因受冰川的刨蚀时，多呈尖顶或很狭窄的山脊；

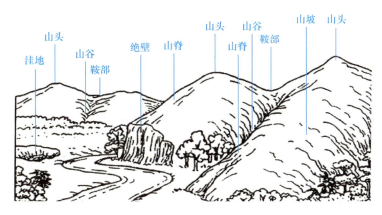

图 1-44 山地地貌的形态

气候湿热，风化作用强烈的花岗岩或其他松软岩石分布区，多呈圆顶；在水平岩层或古夷平面分布区，则多呈平顶，典型的如方山、桌状山等。

(二) 垭口

垭口是指山脊上呈马鞍状的明显下凹处。对于山区公路勘测来说，研究山岭地貌必须重点研究垭口。因为越岭的公路线若能寻找到合适的垭口，可以降低公路高程和减少展线工程量。从地质作用看，可以将垭口分为如下 3 种基本类型。

1. 构造型垭口

构造型垭口是由构造破碎带或软弱岩层经外力剥蚀作用而形成的垭口。常见的有断层破碎带型垭口（图 1-45）、背斜张裂带型垭口、单斜软弱层型垭口。

2. 剥蚀型垭口

剥蚀型垭口是以外力强烈剥蚀为主导因素所形成的垭口。其形态特征与山体地质结构无明显联系。此类垭口的共同特点是松散覆盖层很薄，基岩多半裸露。垭口的肥瘦和形态特点主要取决于岩性、气候及外力的切割程度等因素。

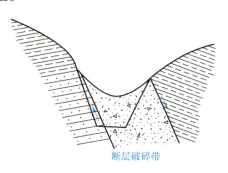

图 1-45 断层破碎带型垭口

3. 剥蚀—堆积型垭口

剥蚀—堆积型垭口是在山体地质结构的基础上，以剥蚀和堆积作用为主导因素所形成的垭口。其开挖后的稳定性主要取决于堆积层的地质特征和水文地质条件。

过岭垭口的选择，一般是选用松散覆盖层薄，外形浑缓、宽厚的垭口通过；对岩性松软、风化严重、稳定性差的垭口，不宜深挖，多以低填或浅挖的断面形式通过。

三、平原地貌

平原地貌是在地壳升降运动微弱或长期稳定的前提下，经风化剥蚀夷平或岩石风化碎屑经搬运而在低洼地面堆积所形成，指广阔而平坦的陆地。它的主要特点是地势平坦开阔，起伏和缓，相对高度一般不超过 50m，坡度在 5°以下。它以较低的高度区别于高原，以较小的起伏区别于丘陵。平原地貌有利于公路选线，在选择有利地质条件的前提下，可以设计成比较理想的公路线形。

平原的类型较多，平原按高程分为高原、高平原、低平原和洼地；按其成因一般可分为构造平原、侵蚀平原和冲积平原，但大多数形成一般都是河流冲击的结果，如长江中下游平原就是冲积平原。构造平原是指主要由地质构造作用造成的平原，一般指海成平原。侵蚀平原是指当地壳处于长期稳定的情况下，崎岖不平的山地，在外力剥蚀作用下，慢慢夷平成低矮平缓的平原。冲积平原是在地壳下降运动速度较小的过程中，沉积物补偿性堆积形成的平原。

四、河谷地貌

（一）河谷地貌的形态要素

河谷地貌是在流域地质构造的基础上经河流的长期侵蚀、搬运及堆积作用逐渐形成和发展起来的一种地貌。路线沿河流布设，可具有线形舒顺、纵坡平缓、工程量小等优点，所以河谷通常是山区公路争取利用的一种好的地貌类型。

闽江河流地质作用及河谷组成

受基岩性质、地质构造和河流地质作用等因素的控制，河谷的形态是多种多样的。在平原地区，由于水流缓慢，多以沉积作用为主，河谷纵横断面均较平缓，河流在其自身沉积的松散沉积层上发育成曲流和叉道，河谷形态与基岩性质和地质构造等关系不大；在山区，由于复杂的地质构造和软硬岩石性质的影响，河谷形态不单纯由水流状态和泥沙因素所控制，地质因素起着更重要的作用，因此河谷纵横断面均比较复杂，具有波状与阶梯状的特点。

河流所流经的槽状地形称为河谷。典型的河谷地貌，一般都具有如图 1-46 所示的几个形态部分。

1. 谷底

谷底是河谷地貌的最低部分，地势一般比较平坦，其宽度为两侧谷坡坡麓之间的距离，谷底上分布有河床及河漫滩。河床是在平水期间为河水所占据的部分，称为河槽；河漫滩是在洪水期间为河水淹没的河床以外的平坦地带，其中每年都能被

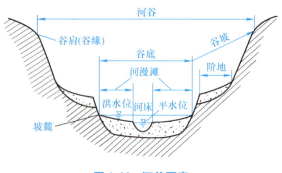

图 1-46 河谷要素

洪水淹没的部分称为低河漫滩，仅为周期性多年一遇的最高洪水所淹没的部分称为高河漫滩。

2. 谷坡

谷坡是高出谷底的河谷两侧的坡地，谷坡上部的转折处称为谷肩，也称为谷缘，下部的转折处称为坡麓或坡脚。

3. 阶地

阶地是在地壳反复升降和河流沉积、冲蚀作用交替进行过程中形成的，位于河床两侧的台阶状高地，沿着谷坡走向呈条带状分布或断断续续分布的阶梯状平台。阶地有多级，从河漫滩向上依次称为一级阶地、二级阶地、三级阶地等。每一级阶地都有阶地前缘、阶地面、阶地后缘、阶地斜坡和阶地坡脚等要素，如图 1-47 所示。阶地面就是阶地平台的表面，它实际上是原来老河谷的谷底，大多向河谷轴部和河流下游微倾斜。阶地面并不十分平整，因

为在它的上面，特别是在它的后缘，常常由于崩塌物、坡积物、洪积物的堆积而呈波状起伏。此外，地表径流对阶地面起着切割破坏作用。阶地斜坡是指阶地面以下的坡地，是河流向下深切后所造成的。阶地斜坡倾向河谷轴部，并也常为地表径流所切割破坏。阶地一般不被洪水淹没。

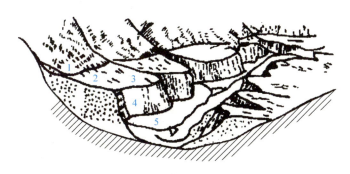

图 1-47　河流阶地要素

1—阶地前缘　2—阶地面　3—阶地后缘　4—阶地斜坡　5—阶地坡脚

通常情况下，阶地地面有利于布设路线，但并不是所有的河流或河段都有阶地，由于河流的发展阶段以及河谷所处的具体条件不同，有的河流或河段并不存在阶地。

（二）河谷地貌的类型

1. 按发展阶段分类

河谷的形态多种多样，按其发展阶段可分为未成形河谷、河漫滩河谷和成形河谷 3 种类型，如图 1-48 所示。

2. 按河谷走向与地质构造的关系分类

按河谷走向与地质构造的关系，可以将河谷分为背斜谷、向斜谷、单斜谷、断层谷。这 4 种构造谷的共同点是河谷的走向与构造线的走向一致，所以把它们称为纵谷。横谷与斜谷就是河谷的走向与构造线的走向大体垂直或斜交，它们一般是在横切或斜切岩层走向的横向或斜向断裂构造的基础土，经河流的冲刷侵蚀逐渐发展而成的，就岩层的产状条件来说，它们对谷坡的稳定性是有利的，但谷坡一般比较陡峻，在坚硬岩层分布地段，多呈峭壁悬崖地形。例如，四川北碚附近的嘉陵江河段，横切 3 个背斜，形成了著名的小三峡。

a) 未形成河谷

b) 河漫滩河谷

c) 形成河谷

图 1-48　河谷形态发展阶段

（三）河流阶地

1. 阶地的成因

河流阶地是在地壳的构造运动与河流的侵蚀、堆积作用的综合作用下形成的。当河漫滩河谷形成之后，由于地壳上升或侵蚀基准面相对下降，原来的河床或河漫滩便受到下切，没有受到下切的部分就高出洪水位之上，变成阶地，于是河流又在新的水平面上开辟谷地。此后，当地壳构造运动处于相对稳定期或下降期时，河流纵剖面坡度变小，流水动能减弱，河流垂直侵蚀作用变弱或停止，侧向侵蚀和沉积作用增强，于是又重新拓宽河谷，塑造新的河漫滩。在长期的地质历史过程中，若地壳发生多次升降运功，则引起河流侵蚀与堆积作用交替发生，从而在河谷中形成多级阶地。紧邻河漫滩的一级阶地形成的时代最晚，一般保存较好；依次向上，阶地的形成时代越老，其形态相对保存越差。

2. 阶地的类型

由于构造运动和河流地质过程的复杂性，河流阶地的类型是多种多样的，分为下列3种主要类型，如图1-49所示。

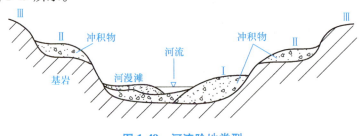

图 1-49　河流阶地类型
Ⅰ—堆积阶地　Ⅱ—基座阶地　Ⅲ—侵蚀阶地

（1）侵蚀阶地　侵蚀阶地主要由河流侵蚀作用形成。侵蚀阶地多由基岩构成，没有或很少有冲积物覆盖，阶地崖较高，又称为石质阶地。侵蚀阶地多发育在山区河谷中，由于当时水流流速大，侵蚀力强，是河流长期侵蚀而成的切平构造面。

（2）基座阶地　这种阶地上部的组成物质是河流的冲积物，下部是基岩，通常基岩上部冲积物覆盖厚度不大，整个阶地主要由基岩组成。它是由于后期河流的下蚀深度超过原有河谷谷底的冲积物厚度，切入基岩内部而形成，分布于地壳经历了相对稳定、下降及后期显著上升的山区。

（3）堆积阶地　堆积阶地是全部由河流的冲积物组成的，无基岩露出，所以又叫冲积阶地或沉积阶地。当河流侧向侵蚀拓宽河谷后，由于地壳下降，逐渐有大量的冲积物发生堆积，待地壳上升，河流在堆积物中下切，形成堆积阶地。堆积阶地在河流的中、下游最为常见。

第四纪以来形成的堆积阶地，除下更新统的冲积物具有较低的胶结成片作用外，冲积物都呈松散状态，容易遭受河水冲刷，影响阶地稳定。

堆积阶地根据形成方式可分为上迭阶地（图1-50a）和内迭阶地（图1-50b）。

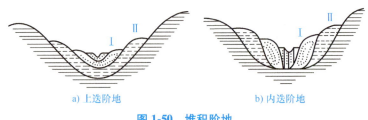

a) 上迭阶地　　　b) 内迭阶地

图 1-50　堆积阶地
Ⅰ——级阶地　Ⅱ—二级阶地

五、第四纪地质

第四纪一词，是1829年法国地质学家德努埃所创，他把地球历史分为四个时期，第四纪是指地球发展历史最近的一个时期。1839年赖尔把含现

第四纪地质

生种属海相无脊椎动物化石达 90%和含人类活动遗迹的地层划为第四纪，奠定了第四纪地层划分系统。直到 1881 年第二届国际地质学会才正式使用"第四纪"一词。

第四纪的下限一般定为 248 万年。第四纪分为更新世和全新世，更新世分为早、中、晚共 3 个世，它们的划分及绝对年代见表 1-14。

表 1-14 第四纪地层时代划分及绝对年代

地层时代		极性世	年龄 ($\times 10^4$)	气候期划分	
				气候	冰期划分
全新世 (Q_4)	晚 (Q_4^2)	布容正向极性世		温	冰后期
	早 (Q_4^1)		1	寒温	
晚更新世 (Q_3)	晚 (Q_3^2)			冷夹暖	冰期
	早 (Q_3^1)		12.984	暖	间冰期
中更新世 (Q_2)	晚 (Q_2^2)			冷夹暖	冰期
	早 (Q_2^1)		73	暖	间冰期
早更新世 (Q_1)	晚 (Q_1^3)	松山反向极性世	97	冷	冰期
	中 (Q_1^2)		187	暖	间冰期
	早 (Q_1^1)		248	冷	冰期
上新世 (N2j)		高斯正向极性世		暖	冰期前

（一）第四纪地质概况

大约在 200 多万年前地球上出现了人类，这是最重大的事件。北京周口店附近的石灰岩洞穴中发现了大约生活在四五十万年以前的"北京猿人"头盖骨化石及其使用的工具。

第四纪时期地壳有过强烈的活动，为了与第四纪以前的地壳运动相区别，把第四纪以来发生的地壳运动称为新构造运动。地球上巨大块体大规模的水平运动、火山喷发、地震等都是地壳运动的表现。地区新构造运动的特征是评价工程区域稳定性问题的一个基本要素。

第四纪气候多变，曾多次出现大规模冰川。第四纪气候寒冷时期冰雪覆盖面积扩大，冰川作用强烈发生，称为冰期。气候温暖时期，冰川面积缩小，称为间冰期。第四纪冰期，在晚新生代冰期中，规模最大，地球上的高、中纬度地区普遍为巨厚冰流覆盖。当时气候干燥，因而沙漠面积扩大。中国大陆在冰期时，海平面下降，渤海、东海、黄海均为陆地，台湾与大陆相连，气候干燥、风沙盛行、黄土堆积作用强烈。第四纪冰川不仅规模大而且频繁。根据深海沉积物研究，第四纪冰川作用有 20 次之多，而近 80 万年每 10 万年有一次冰期和间冰期。

（二）第四纪沉积物

第四纪沉积物是这一时期古环境信息的主要载体，是研究第四纪古环境的物质基础。沉积物成因类型的判别，主要依据沉积物产出部位的地貌、沉积体的形态、沉积物的结构和构造、沉积物的物质组成、生物化石的种类及排列方式、地球化学指标等。

第四纪沉积物的成因类型，根据沉积物形成的环境和作用营力，分为陆相、海陆过渡相和海相 3 大类，各种成因类型又可进一步划分为若干亚类。

1. 残积物

残积物是指原岩表面经过风化作用而残留在原地的碎屑物。残积物主要分布在岩石出露地表，经受强烈风化作用的山区、丘陵地带与剥蚀平原。残积物组成物质为棱角状的碎石、角砾、砂粒和黏性土。残积物裂隙多、无层次、不均匀。如以残积物作为建筑物地基，应当注意不均匀沉降和土坡稳定问题。

2. 坡积物

坡积物是片流和重力共同作用下，在斜坡地带堆积的沉积物。它是山区公路勘测设计中经常遇到的第四纪陆相沉积物中的一个成因类型。它顺着坡面沿山坡的坡脚或山坡的凹坡呈缓倾斜裙状分布，所以在地貌学上称为坡积裙。

坡积物的上部常与残积物相接，堆积的厚度也不均匀，一般上薄下厚。坡积物底面的倾斜度取决于基岩，颗粒自上而下呈现由粗到细的分选现象，其矿物成分与下伏基岩无关。作为地基时，坡积物易产生不均匀沉降，且极易沿下卧岩层面产生滑动面失稳。这些在工程设计、施工中都需要予以足够的重视。

3. 洪积物

由洪流搬运、沉积而形成的堆积物称为洪积物。洪积物一般分布在山谷中或山前平原上。在谷口附近多为粗颗粒碎屑物，远离谷口颗粒逐渐变细。这是因为地势越来越开阔，山洪的流速逐渐减缓。其地貌特征：靠谷口处窄而陡，远离谷口逐渐变为宽而缓，形如扇状，称为洪积扇。洪积物作为建筑物地基时，应注意不均匀沉降。

河流地质作用

4. 冲积物

冲积物是指河流在河床中或溢出河床的堆积物。冲积物是平原地区地下主要含水层系和工程建筑基础。冲积物主要分布在河床、冲积扇、冲积平原或三角洲中，其成分非常复杂，河流汇水面积内的所有岩石和土都能成为该河流冲积层的物质来源。冲积物的分选性好，层理明显，磨圆度高。山区河流沉积物较薄，颗粒较粗，透水性很大，抗剪强度高，承载力较高，几乎不可压缩，是良好的地基地层；但在山区河谷地带进行工程建设时，必须考虑山洪、滑坡和崩塌等不良地质现象的发生。

5. 淤积物

一般由湖沼沉积而形成的堆积物称为淤积物。淤积物主要包括湖相沉积物和沼泽沉积物等。湖相沉积物包括粗颗粒的湖边沉积物和细颗粒的湖心沉积物，后者主要为黏土和淤泥，夹粉细砂薄层呈带状黏土，强度低，压缩性高。湖泊逐渐淤塞和陆地沼泽化，演变成沼泽。沼泽沉积物即沼泽土，主要为半腐烂的植物残余物一年年积累起来形成的泥炭所组成。泥炭的含水量极高，透水性很低，压缩性很大，不宜作为永久建筑物的地基。

6. 冰碛物与冰水沉积物

冰川融化，其搬运物就地堆积形成冰碛物。巨大的石块和泥质混合在一起，粒度相差悬殊，缺乏分选，磨圆差，棱角分明，不具成层性；砾石表面常具有磨光面或冰川擦痕；砾石因长期受冰川压力作用而弯曲变形，这些都是冰碛物的主要特点。

冰雪融化形成的水流可冲刷和搬运冰碛物进行再沉积，形成冰水沉积物。冰水沉积物具有一定程度的分选和良好的层理。

7. 风积物

风积物是指经过风的搬运而沉积下来的堆积物。风积物主要以风积砂为主,其次为黄土。风积物成分由砂和粉粒组成。其岩性松散,一般分选性好,孔隙度高,活动性强。风积物通常不具层理,只有在沉积条件发生变化时才发生层理和斜层理,工程性能较差。

8. 混合成因的沉积物

混合成因的沉积物保持原成因特征,常见的有残积坡积物、坡积洪积物和洪积冲积物等。

学习检验评价单

认识地貌与第四纪地质知识检验	姓名:	
	班级:	
	自评	师评
学习复习内容	掌握/未掌握	合格/不合格
试分析地貌形成和发展的动力、规律和影响因素		
简述地貌类型的划分		
简述第四纪地质概况		
第四纪沉积物的主要成因类型有哪几种		
残积物、坡积物、洪积物和冲积物各有什么特征		

任务 5　认识地下水

知识目标

1) 了解地下水的物理性质和化学成分。
2) 掌握潜水、承压水、裂隙水、孔隙水、岩溶水的特征。
3) 了解地下水运动规律。
4) 掌握地下水与工程的关系。

技能目标

1) 根据地下水特征，会分析地下水的类型，对工程的影响。
2) 会根据达西定律计算地下水流量或渗透系数。

素养目标

培养应用能力；培养踏实细致认真的工作态度和作风。

相关知识

地下水对工程建设有很大的影响，为了充分合理地利用地下水和有效地防治地下水对工程的不良影响，须对地下水的成分、性质、埋藏和运动规律等知识进行学习。

一、地下水概述

地下水是埋藏在地面以下，土壤的孔隙、岩石的孔隙、裂隙和溶隙中的各种状态的水。它可以呈各种物理状态存在，但大多呈液态。

地下水主要是由大气降水、融雪水和地表水（河水、湖水、海洋水等）沿着地表岩石的孔隙、裂隙和空洞渗入地下而形成的。

地下水的基本概念

一般把包含地下水的岩层叫含水层，能使水通过的岩层叫透水层，透水性很小或不透水的岩层叫隔水层。在含水层中，地下水能形成一定的统一的水面，叫地下水面，地下水面的高程叫地下水位。地面以下、地下水面以上的岩石空隙中，含有气态和其他状态的水，也含有空气和其他气体，地壳的这一部分称为包气带。地下水面以下的岩石空隙中充满了水，称为饱水带。在包气带底部，紧挨饱水带处，有一个毛细水带，是二者的过渡带，如图1-51所示。

地下水是整个自然界不断循环着的水的一部分。按照水循环的范围不同，水的循环可分为大循环和小循环。大循环是指在全球范围内水分从海洋表面蒸发，上升的水蒸气随气流运移到陆地上空，凝结成雨点降落到陆地表面，又以地表或地下径流的形式，最终流归海洋，再度受到蒸发。小循环是指从海洋表面蒸发，遇冷后又降落到海洋表面；或者水从陆地上的湖泊与河流表面、地面及植物叶面蒸发，遇冷又降落到原地。

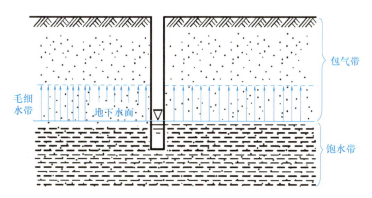

图 1-51 地下水的垂直分带

地下水在地壳中分布十分普遍，储藏量很大。因此，地下水无论是对人民生活还是对工程建设都有着重要的意义。尤其，在公路工程的设计和施工中，当考虑路基和隧道围岩的强度与稳定性、桥梁基础的砌置深度和基坑开挖深度及隧道的涌水等问题时，都必须研究有关地下水的问题。如地基土中的水能降低土的承载力；基坑涌水不利于工程施工；地下水常常是滑坡、地面沉降和地面塌陷发生的主要原因；一些地下水含有不少侵蚀性物质，对混凝土产生化学侵蚀作用，使其结构破坏。工程上把与地下水有关的问题称为水文地质问题，把与地下水有关的地质条件称为水文地质条件。

二、地下水的物理性质和化学成分

地下水在由地表渗入地下过程中，就聚集了一些盐类和气体，形成以后，又不断地在岩石空隙中运动，经常与各种岩石相互作用，溶解和溶滤岩石中的某些成分，如各种可溶盐类和细小颗粒，从而形成一种成分复杂的动力溶液，并随着时间空间的变化而变化。

认识地下水的物理化学性质

1. 地下水的物理性质

地下水的物理性质是指地下水的温度、颜色、透明度、气味、味道、导电性及放射性等的总和，这些性质常常反映出地下水的化学成分。没有溶解物和胶体的纯净地下水应是透明、无味、无嗅、无色的，相对密度为1，其导电性和放射性很小，可作各种用水。当含有某些化学成分和悬浮物时就会改变其物理性质。

地下水含的杂质越多时相对密度越大，具有各种颜色、味和嗅的水以及相对密度和放射性大的水，一般不宜饮用。

2. 地下水的化学成分及化学性质

地下水的化学成分是指地下水中的气体成分、阴阳离子、胶体和有机质等。地下水的化学成分可呈离子、分子、化合物和气体状态，其中以离子状态者为最多。常见的离子有 Cl^-、SO_4^{2-}、HCO_3^-、K^+、Na^+、Ca^{2+}、Mg^{2+} 等7种；常见化合物有 Fe_2O_3、Al_2O_3、H_2SiO_3 等；常见气体有 O_2、N_2、CO_2、CH_4、H_2S 等。地下水还含有有机质和细菌成分。

在工程建设中进行地下水的水质评价时，下列成分及化学性质具有最重要的意义：

（1）地下水的钙镁离子浓度（硬度）　地下水的钙镁离子浓度是指水中 Ca^{2+}、Mg^{2+} 离子的含量。"硬度"是过去习惯沿用的名称，现已废除。现行法定名称为钙镁离子浓度（$c=Ca^{2+}+Mg^{2+}$）。根据钙镁离子浓度，可将地下水分为 5 类，见表 1-15。

表 1-15 地下水分类

水的类型	极软水	软水	微硬水	硬水	极硬水
钙镁离子浓度 (c)/（mg/L）	$c<1.5$	$c=1.5\sim3.0$	$c=3.0\sim6.0$	$c=6.0\sim9.0$	$c>9.0$

（2）地下水的侵蚀性　地下水的侵蚀性是指地下水中的一些化学成分与混凝土结构物中的某些化学物质发生化学反应，在混凝土内形成新的化合物，使混凝土体积膨胀、开裂破坏，或者溶解混凝土中的某些物质，使其结构破坏、强度降低的现象。

常见的地下水侵蚀作用有以下几种：

1）氧化、水化侵蚀。当地下水中含有较多氧气时，会对混凝土结构物中的钢筋等铁金属材料进行腐蚀。

$$4Fe+3O_2 = 2Fe_2O_3$$
$$Fe_2O_3+3H_2O = 2Fe(OH)_3（胶体状态）$$

2）酸性侵蚀。H^+ 的含量决定了地下水的酸碱反应和酸碱程度。一般以 pH 值表示 H^+ 的含量。pH 值乃是以 10 为底的 H^+ 浓度的负对数，即 $pH=-\lg[H^+]$。当 $pH=7$ 时，地下水为中性；$pH>7$ 时为碱性；$pH<7$ 时为酸性。当地下水呈酸性时，氢离子会对混凝土表面的碳酸钙硬层产生溶蚀：

$$CaCO_3+H^+ = Ca^{2+}+HCO_3^-$$

3）碳酸类侵蚀。CO_2 在地下水中可呈三种状态存在，即游离状态（气体）、重碳酸状态（HCO_3^-）、碳酸状态（CO_3^{2-}）。当水中富含 CO_2 时，会对混凝土中的氢氧化钙产生溶蚀：

$$Ca(OH)_2+CO_2 = CaCO_3\downarrow+H_2O$$
$$CaCO_3+CO_2+H_2O = Ca^{2+}+2HCO_3^-$$

这是一个可逆反应。当反应达到平衡时，水中的游离 CO_2 称为平衡 CO_2；当水中游离 CO_2 的含量大于平衡时，反应向右进行，此时 $CaCO_3$ 将被溶解而遭受侵蚀。这部分具有侵蚀性的 CO_2 称为侵蚀性 CO_2。但一般认为当水中侵蚀性 CO_2 含量小于 15mg/L 时，实际上无侵蚀性；而当水的暂时硬度小于 1.5 度，且含 HCO_3^- 时，或游离 CO_2 的含量小于 0.6mg/L 时（相当于大气中的含量），部分混凝土也会被侵蚀破坏。当水的暂时硬度>2.4 度，pH<6.7 时，石灰岩便被溶解。

4）硫酸类侵蚀。当地下水中含有 SO_4^{2-} 超过规定值，侵入到混凝土的裂缝中时，SO_4^{2-} 将与混凝土中的 Ca^{2+} 发生作用，生成 $CaSO_4$ 盐，再结晶成石膏（$CaSO_4\cdot 2H_2O$）。结晶时其体积膨胀 1~2 倍，可使混凝土（结构）破坏，这称为地下的硫酸盐侵蚀性（或结晶性侵蚀）。一般认为，当地下水中 SO_4^{2-} 的含量大于 300mg/L 时即具有硫酸盐侵蚀性。

5）镁盐侵蚀。富含 $MgCl_2$ 的地下水与混凝土接触时会和混凝土中的 $Ca(OH)_2$ 反应，生成 $Mg(OH)_2$ 和溶于水的 $CaCl_2$，使混凝土中的钙质流失，结构破坏，强度降低。

（3）矿化度　地下水中所含各种离子、分子或化合物的总量，称为总矿化度，以克/升（g/L）表示。它说明地下水中含盐量的多少，即水的矿化程度，简称矿化度。通常根据在 105~110℃时将水蒸发干后所得的干涸残余物质的质量来确定。根据总矿化度（M）的大小,可分为5类:淡水($M<1$g/L)、微咸水($M=1\sim3$g/L)、碱水($M=3\sim10$g/L)、盐水($M=10\sim50$g/L)和卤水($M>50$g/L)。

水的矿化度与水的化学成分有着密切的关系。淡水和微咸水常以Ca^{2+}、Mg^{2+}、HCO_3^-为主要成分,称为重碳酸盐型水;咸水常以Na^+、Ca^{2+}、SO_4^{2-}为主要成分,称为硫酸盐型水;盐水和卤水则以Na^+、Cl^-为主要成分,称为氯化物型水。一般饮用水的总矿化度不宜超过10g/L,灌溉用水的总矿化度不宜超过17g/L。

3. 地下水的化学成分分析表示方法

在工程地质勘察中一般均需采取地下水样,进行化学分析,以确定其是否具有侵蚀性。当拟利用地下水作为饮用水或技术用水时,则须进行专门的水质分析和评价。

水质分析分为简易分析和全分析两种。简易分析法精度较低,但可以快速地在现场试验求得;全分析法则需要在实验室进行,一般是在简易分析的基础上进行的。

水质分析成果主要用以下两种方法表示:

(1)离子毫克当量数表示法 以每升水中的当量数(毫克当量/L)表示水的化学成分,离子当量和毫克当量数用下式表示:

$$离子当量=离子量(原子量)/离子价$$

$$离子毫克当量数=离子的毫克数/离子当量$$

(2)库尔洛夫表示法 以数学分式的形式表示化学成分,用下式表示:

$$H^2SiOi_{0.7}^3 H^2S_{0.021} CO_{0.031}^2 M_{3.21} \frac{Cl_{84.76} SO_{4\ 14.74}^4}{Na_{71.63} Ca_{27.78}} t_{52}^0$$

在分子位置上表示各阴离子及其毫克当量的百分数,而在分母位置上表示各阳离子及其毫克当量的百分数,都是按其值的递减顺序排列。含量小于10%的则不表示。横线前表示矿化度(M)、气体成分和特殊成分(H_2S等)及含量。横线后为水温(t)。公式中的总矿化度、气体成分和特殊成分的单位均为g/L,水温的单位是℃。各离子的原子数标于上角,各种成分的含量一律标于成分符号的右下角。

利用此公式表示水的化学成分比较简明,能反映地下水的基本特征,并且可以直接确定地下水的化学类型。

三、地下水类型

(一)地下水的存在状态

岩土空隙中存在着各种形式的水,按其物理性质的不同,可以分为气态水、液态水和固态水。液态水再按其是否受固体颗粒吸引力影响分为结合水(吸着水、薄膜水)、毛管水和重力水。

认识地下水特征

1. 气态水

气态水以水蒸气形式存在于未被水饱和的岩土空隙中,它可以从水气压力大的地方向水气压力小的地方运移,当温度降低到露点时,气态水便凝结成液态水。

2. 液态水

(1)结合水

1)吸着水:土颗粒表面及岩石空隙壁面均带有电荷,水是偶极体,在静电引力作用下，岩土颗粒或隙壁表面可吸附水分子，形成一层极薄的水膜，称为吸着水。

2）薄膜水：在吸着水膜的外层，还能吸附着水分子而使水膜加厚，这部分水称为薄膜水。

（2）毛管水　毛管水是指充满于岩土毛管空隙中的水，也称为毛细水。

（3）重力水　岩石的空隙全部被水充满时，在重力作用下能自由运动的水，称为重力水。井中抽取的和泉眼流出的地下水，都是重力水，它是水文地质研究的主要对象。

3. 固态水

当岩土中温度低于0℃时，空隙中的液态水就结冰转化为固态水。因为水冻结时体积膨胀，所以冬季在许多地方会有冻胀现象。在东北北部和青藏高原等高寒地区，有一部分地下水多年保持固态，形成多年冻土区。

（二）地下水分类

由于地下水本身非常复杂而且其影响因素多种多样，所以地下水的分类方法很多，但归纳起来有两种分类法：一是按地下水的某一特征进行分类，如上节所述按钙镁离子浓度分类，及按矿化度分类等；二是综合考虑地下水的若干个特征进行分类，如表1-16所列按埋藏条件和含水层空隙性质的分类法，这是目前采用比较普遍的分类法。首先按埋藏条件可将地下水分为上层滞水、潜水、承压水（图1-52），另外根据含水层空隙性质又可分为孔隙水、裂隙水、岩溶水。

表 1-16　地下水分类

按埋藏条件分类	按含水层空隙性质分类		
	孔隙水	裂隙水	岩溶水
上层滞水	局部黏性土隔水层上季节性存在的重力水（上层滞水）	裂隙岩层浅部季节性存在的重力水及毛细水	裸露的岩溶化岩层上部岩溶通道中季节性存在的重力水
潜水	各类松散堆积物浅部的水	裸露于地表的各类裂隙岩层中的水	裸露于地表的岩溶化岩层中的水
承压水	山间盆地及平原松散堆积物深部的水，向斜构造的碎屑岩孔隙中的水	组成构造盆地、向斜构造或单斜断块的被掩覆的各类裂隙岩层中的水	组成构造盆地、向斜构造或单斜断块的被掩覆的岩溶化岩层中的水

（三）包气带水

埋藏在地面以下包气带中的水称为包气带水。包气带水可分为非重力水和重力水两种。非重力水主要指吸着水、薄膜水和毛细水，又称为土壤水。重力水则指包气带中局部隔水层上的水，又称为上层滞水。

1. 土壤水

土壤水是指埋藏在包气带土层中的水，主要以结合水和毛管水形式存在，靠大气降水的渗入、水气的凝结及潜水由下而上的毛细作用补给。大气降水或灌溉水向下渗入必须通过土壤层，这时渗入水的一部分保持在土壤层中，成为所谓的田间持水量，多余部分呈重力水下渗补给潜水。土壤水主要消耗于蒸发，水分变化相当剧烈，受大气条件的制约。当土壤层透水性很差，气候又潮湿多雨或地下水位接近地表时，易形成沼泽，称为沼泽水。当地下水面

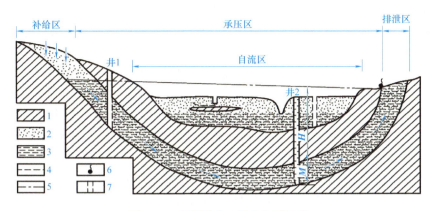

图 1-52 上层滞水、潜水和承压水

1—隔水层 2—透水层 3—饱水部分 4—潜水位 5—承压水侧压水位 6—上升泉 7—水井
H—承压水头 M—含水层厚度 井1—承压井 井2—自流井

埋藏不深，毛细水带可达到地表时，由于土壤水分强烈蒸发，盐分不断积累于土壤表层，形成土壤盐渍化。

2. 上层滞水

上层滞水是存在于包气带中，局部隔水层之上的重力水。上层滞水的特点是：分布范围有限，补给区与分布区一致；直接接受当地的大气降水或地表水补给，以蒸发或逐渐向下渗透的形式排泄；水量不大且随季节变化显著，雨季出现，旱季消失，极不稳定；水质变化也大，一般较易污染。上层滞水由于水量小且极不稳定，只能作为临时性的水源。

在建筑工程中，上层滞水的存在乃是不利的因素。基坑开挖工程中经常遇到这种水，这种水可能突然涌入基坑，妨碍施工，应注意排出；但由于水量不大，易于处理。

（四）潜水

1. 潜水的概念

饱水带中第一个稳定隔水层之上、具有自由水面的含水层中的重力水，称为潜水。潜水一般多贮存在第四纪松散沉积物中，也可形成于裂隙性或可溶性基岩中。其基本特点是与大气圈和地表水联系密切，积极参与水循环。

潜水的自由表面称为潜水面。潜水面是一个大体与地形一致的曲面。潜水面上任意一点的标高称为潜水位。潜水面到地表的铅直距离称为潜水埋藏深度。潜水面到隔水底板的铅直距离称为潜水含水层厚度。当大面积不透水底板向下凹陷，潜水面坡度近于零，潜水几乎静止不动时，称为潜水湖。潜水在重力作用下从高处向低处流动时，称为潜水流。在潜水流的渗透途径上，任意两点的水位差与该两点之间的水平距离之比，称为潜水流在该段的水力坡度。

2. 潜水的主要特征

1）潜水具有自由水面，为无压水。在重力作用下可以由水位高处向水位低处渗流，形成潜水径流。

2）潜水的分布区和补给区基本是一致的。在一般情况下，大气降水、地表水可通过包气带渗入直接补给潜水。

3)潜水的动态(如水位、水量、水温、水质等随时间的变化)随季节不同而有明显变化。如雨季降水多,潜水补给充沛,使潜水面上升,含水层厚度增大,水量增加,埋藏深度变浅,而在枯水季相反。

4)在潜水含水层之上因无连续隔水层覆盖,一般埋藏较浅,因此容易受到污染。

3. 潜水等水位线图

潜水面的形状可以用潜水等水位线图表示。潜水等水位线图就是潜水面的等高线图,如图1-53所示,其作图方法和地表地形等高线图作法相似,而且是在地形等高线图的基础上作出来的。由于潜水面是随时间变化的,在编图时必须在同一时间或较短时间内对测区内潜水水位进行观测,把每个观测点的地面位置准确地绘制在地形图上,并标注该点测得的潜水埋藏深度及算得的该点潜水水位标高,根据各测点的水位标高画出潜水等水位线图。可以把水井、泉等潜水出露点选作观测点,也可根据需要进行人工钻孔或挖试坑到潜水面,以保证测点有足够的数量和合理的分布。每张潜水等水位线图均应注明观测时间,不同时间可测得同一地表明该地区潜水面随时间变化的情况。

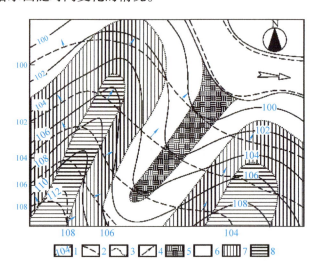

图1-53 潜水等水位线及埋藏深度图
1—地形等高线 2—等水位线 3—等埋深线 4—潜水流向 5—埋深为0m区(沼泽地)
6—埋深为0~2m区 7—埋深为2~4m区 8—埋深大于4m区

根据潜水等水位线图可以了解以下情况:

1)确定潜水的流向及水力坡度。垂直于等水位线且自高等水位线指向低等水位线的方向,即为流向。图1-53中箭头方向即为潜水流向。在流动方向上,取任意两点的水位高差,除以两点间在平面上的实际距离,即此两点间的平均水力坡度。

2)确定潜水与河水的相互关系。潜水与河水一般有如下三种关系:河岸两侧的等水位线与河流斜交,锐角都指向河流的上游,表明潜水补给河水(图1-54a),这种情况多见于河流的中、上游山区;等水位线与河流交的锐角在两岸都指向河流下游,表明河水补给两岸的潜水(图1-54b),这种情况多见于河流的下游;等水位线与河流斜交,表明一岸潜水补给河水,另一岸则相反(图1-54c),一般在山前地区的河流有这种情况。

3）确定潜水埋藏深度。潜水埋藏深度等于该点的地形高程与潜水位之差。根据各点的埋藏深度值，可绘出潜水等埋深线。

4）确定含水层厚度。当潜水等水位线图上有隔水层顶板等高线时，同一测点的潜水水位与隔水层顶板高程之差即为含水层厚度。

另一种方法是以剖面图的形式表示，即在地质剖面图的基础上，绘制出有关水文地质特征的资料（如潜水水位和含水层厚度等）。在水文地质剖面图上，潜水埋藏深度、含水层厚度、岩性及其变化、潜水面坡度、潜水与地表水的关系等都能清晰地表示出来。

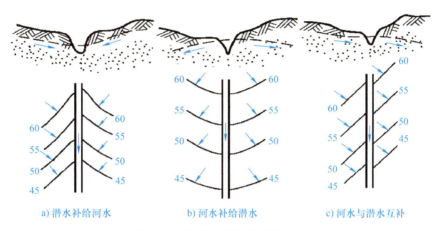

a) 潜水补给河水　　　b) 河水补给潜水　　　c) 河水与潜水互补

图 1-54　潜水与河水补给关系图

4. 潜水的补给、径流和排泄

潜水含水层自外界获得水量的过程称为补给。在补给过程中潜水的水质可随之发生相应的变化。潜水最普遍的和最大的补给源是大气降水渗入。地表水的补给常发生在河流下游或洪水期，地上河的补给也常发生在河流下游或洪水期，地上河的补给是经常性的。当潜水下部承压含水层的水位高于潜水水位时，下部含水层的水可以通过它们

认识地下水的渗流

之间的弱透水层或通道补给潜水，这种补给称为越流补给。在干旱气候区，凝结水则可成为潜水的重要补给源。需要时也可采用人工补给。

潜水由补给区流向排泄区的过程称为径流。影响潜水径流的因素主要是地形坡度、切割程度及含水层透水性。地面坡度大、地形切割强烈、含水层透水性强，径流条件就好，反之则差。

潜水含水层失去水量的过程称为排泄。排泄过程中潜水的水质也可随之发生变化。潜水排泄概括起来有两种方式：一是水平排泄，也称为水平交替；另一种是垂直排泄，也称为垂直交替。排泄方式不同，引起的后果也不一样。垂直排泄时，只排泄水分，不排泄水中的盐分，导致潜水水分消耗，含盐量增加，甚至改变水的化学组成。许多干旱盆地中心，形成高含盐量的咸水，即是垂直排泄的结果。水平排泄时，既消耗水分又消耗水中盐分，所以不会引起潜水化学组成的改变。

排泄与径流是密切相关的，一定的径流条件会产生与其相适应的排泄方式，如径流条件好的山区河流中游地区，潜水排泄以水平方式为主；径流条件不好的平原或河流下游，主要

是垂直排泄。人工开采潜水也是排泄。

潜水从补给到排泄是通过径流完成的。因此，潜水的补给、径流、排泄组成了潜水运动的全过程。潜水在运动过程中，其水质、水量都不同程度地得到更新置换，这种更新置换称为水交替。水交替的强弱取决于径流条件的强弱和补给量的多少。水交替随深度增加而减缓。

(五) 承压水

1. 承压水及其特征

充满于两个稳定隔水层之间，含水层中具有水头压力的地下水，称为承压水。隔水层顶、底板之间的距离为含水层厚度。承压性是承压水的一个重要特征，承压水如果受地质构造影响或钻孔穿透隔水层时，地下水就会受到水头压力而自动上升，甚至喷出地表形成自流水。

承压水的上部由于有连续隔水层的覆盖，大气降水和地表水不能直接补给整个含水层，只有在含水层直接出露的补给区，才能接受大气降水或地表水的补给，所以承压水的分布区和补给区是不一致的，一般补给区远小于分布区。

承压水由于具有水头压力，所以它的排泄可以由补给区流向地势较低处，或者由地势较低处向上流至排泄区，以泉的形式出露地表，或者通过补给该区的潜水或地表水而排泄。

承压水比较稳定，水量变化不大，主要原因是承压水受隔水层的覆盖，所以它受气候及其他水文因素的影响较小，故其水质较好。而潜水的水质变化较大，且易受污染，对潜水的水源更应注意卫生保护。

承压区中地下水承受静水压力，当钻孔打穿隔水顶板时所见的水位，称为初见水位。随后，地下水上升到含水层顶板以上某一高度稳定不变，这时的水位（即稳定水面的高程）叫承压水位或测压水位。承压水位如高出地面，则地下水可以溢出或喷出地表，如图1-52中井2位置，所以通常又称承压水为自流水。承压水位与隔水层顶板的距离称为水头，水头高出地面者称为正水头，低于地面者称为负水头。承压水与潜水相比具有以下特征：

1) 承压水具有静水压力，承压水面（实际并不存在）是一个势面（水压面的深度不能反映承压水的埋藏深度）。

2) 承压水的补给区和承压区不一致。

3) 承压水的水位、水量、水质及水温等，受气象水文因素的影响较小。

4) 承压含水层的厚度稳定不变，不受季节变化的影响。

5) 水质不易受污染。

基岩地区承压水的埋藏类型主要取决于地质构造，即在适宜的地质构造条件下，孔隙水、裂隙水和岩溶水均可形成承压水。最适宜形成承压水的地质构造，有向斜构造和单斜构造两类。

向斜储水构造又称为承压盆地，其规模差异很大，四川盆地是典型的承压盆地，小型的承压盆地一般面积只有几平方公里，它由明显的补给区、承压区和排泄区组成（图1-52和图1-55）。

单斜储水构造又称为承压斜地（图1-55），它的形成可以是由于含水层岩性发生相变或尖灭（图1-55b），也可以是由于含水层被断层所切（图1-55a）。

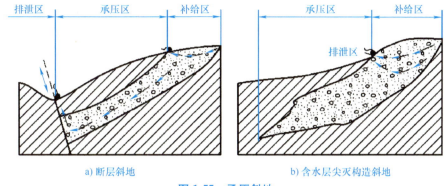

a) 断层斜地 b) 含水层尖灭构造斜地

图 1-55 承压斜地

2. 等水压线图

等水压线图就是承压水面的等高线图（图 1-56），这是根据相近时间测定的各井孔的承压水位资料绘制的。如果在图中同时绘出含水层顶板及底板等高线，这样就和潜水等水位线图一样，可以确定承压水的流向、计算水力坡度、确定承压水位和承压含水层的埋深、明确水头的大小以及含水层的厚度等。

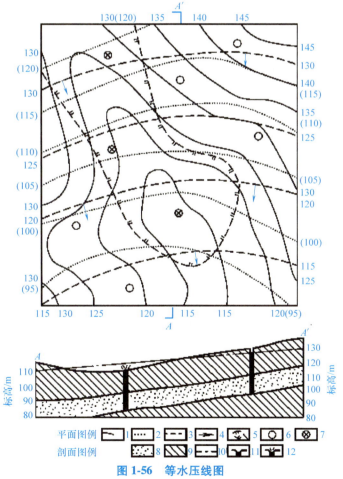

图 1-56 等水压线图

1—地形等高线 2—含水层顶板等高线 3—等水压线 4—地下水流向 5—承压水自溢区 6—钻孔
7—自喷钻孔 8—含水层 9—隔水层 10—承压水位线 11—钻孔 12—自钻孔

例如，根据图 1-56 可确定地面绝对高程、承压水位、含水层顶板绝对高程、含水层距地表深度（地面绝对高程减含水层顶板绝对高程）、稳定水位距地表深度（m）（地面绝对高程减承压水位）、水头（m）（承压水位减含水层顶板绝对高程）。

3. 承压水的补给、径流和排泄

承压水的补给方式一般有：当承压水补给区直接露出地表时，大气降水是主要的补给来源；当补给区位于河床或湖沼地带，地表水可以补给承压水；当补给区位于潜水含水层之下，潜水便直接排泄到承压含水层中。此外，在适宜的地形和地质构造条件下，承压水之间还可以互相补给。

承压水的排泄存在以下形式：承压含水层排泄区裸露地表时，以泉的形式排泄并可能补给地表水；承压水水位高于潜水水位时，排泄于潜水成为潜水补给源；也可以在地形或负地形条件下，形成向上或向下的排泄。

承压水的径流条件取决于地形、含水层透水性、地质构造及补给区与排泄区的承压水位差。承压含水层的富水性与承压含水层的分布范围、深度、厚度、空隙率、补给来源等因素密切相关。一般情况，分布广、埋藏浅、厚度大、空隙率高，水量就较丰富且稳定。

承压水径流条件的好坏及水交替强弱，决定了水质的优劣及其开发利用的价值。

（六）孔隙水

在孔隙含水层中储存和运动的地下水称为孔隙水。孔隙含水层多为松散沉积物，由于颗粒间孔隙分布均匀密集、相互连通，因此，其基本特征是分布均匀连续，多呈层状，同一含水层的孔隙水具有密切的水力联系，具有统一的地下水面。特定沉积环境中形成的成因类型不同的松散沉积物，受到不同的水动力条件控制，从而呈现岩性与地貌有规律的变化，决定着赋存于其中地下水的特征。

（七）裂隙水

埋藏于基岩裂隙中的地下水称为基岩裂隙水。岩石中裂隙的发育程度和力学性质影响着地下水的分布和富集。在裂隙发育地区，含水丰富；反之，含水甚少。所以在同一构造单元或同一地段内，富水性有很大变化，因而形成了裂隙水分布的不均一性。上述特征的存在，常使相距很近的钻孔，水量一方较另一方大数十倍，如福建漳州市，两钻孔相距仅 20m，水量一方较另一方大 65 倍。

裂隙水按其埋藏分布特征，可划分为面状裂隙水、层状裂隙水和脉状裂隙水。裂隙水的富集主要受不同岩性、不同力学性质的结构面、不同构造部位、不同地貌部位等地质因素的影响。

（八）岩溶水

储存和运动于可溶性岩石中的地下水称为岩溶水。岩溶水可以是潜水，也可以是承压水。

岩溶水与裂隙水的差别很大，其主要是由于它们的含水空间不同所造成的。岩溶水的特点主要表现在富水性在水平和垂直方向变化显著、水力联系各向异性、动态变化显著等。

四、地下水的运动规律

地下水在岩石空隙中的运动称为渗透。由于受到介质的阻滞，地下

地下水对工程的
不良影响

水的流动较地表水缓慢。地下水的运动有层流、紊流和混合流三种形式，除了在基岩宽大洞隙及卵砾石层的大孔隙中或在水力坡度很大的情况下（如抽水井附近）才会出现紊流运动外，一般均以层流为主要运动形式。层流产生连续水流，流线相互平行；紊流具有涡流性质，各流线有相互交错现象；混合流是层流和紊流同时出现的流动形式。

1. 达西线性渗透定律

1852—1856年间，法国水力学家达西（Henri Darcy）通过大量试验发现了地下水运动的线性渗透定律，故称为达西定律，其试验装置如图1-57所示。

在用粒径为0.1~3mm的砂做了大量试验后，获得如下结论：单位时间内通过筒中砂的水流量Q与渗透长度L成反比，而与圆筒的过水断面面积A、上下两个测压管的水头损失Δh成正比，即

$$Q = Ak(\Delta h/L) \tag{1-2}$$

式中 Q——渗透流量（m^3/d）；

A——过水断面面积（圆筒横断面面积）（m^2）；

Δh——水头损失（测压管的水头差）（m）；

L——渗透长度（m）；

k——渗透系数（m/d）。

令比值$\Delta h/L = J$，称为水力坡度，也就是渗透路程中单位长度上的水头损失。又因$v = Q/A$，则式（1-2）可写为

$$v = kJ \tag{1-3}$$

式（1-3）表明，渗透流速v与水力坡度的一次方成正比，故达西定律又称为线性渗透定律。当$J = 1$时，$v = k$，说明渗透系数值等于单位水头梯度时的渗透流速。

试验表明，不是所有地下水的层流运动都服从达西定律，只有当雷诺数$Re < 1$时才符合达西定律。在自然界中，由于绝大多数地下水流动比较缓慢，其雷诺数一般都小于1，因此达西定律是地下水运动的基本定律。

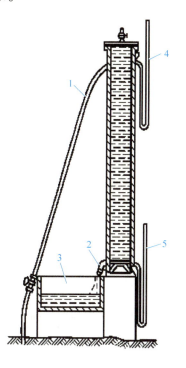

图1-57 达西试验装置
1、2—导管 3—量杯 4、5—测压管

2. 地下水的涌水量计算

水井是开采地下水的最基本形式之一，可称为集水建筑物。当水井穿过整个含水层达到隔水底板时，称为完整井；如果仅穿入含水层部分厚度，则称为非完整井。开采潜水含水层的井称为潜水井，开采承压含水层的井称为承压水井（或自流井）。当承压水井内水位降深很大，以致动水位下降到含水层顶板以下，造成井附近承压水转化为非承压水时，则称为承压潜水井。流向不同集水建筑物的水流形态是不同的，因此必须建立不同的计算公式。

1863年法国水力学家裘布依（J. Dupuit）首先应用线性渗透定律研究了均质含水层在等厚、广泛分布、隔水底板水平、天然的（抽水前）潜水面（也为水平）即地下水处于

稳定流的条件下，呈层流运动的缓变流流向完整井的流量方程式。

由抽水试验得知，抽水时潜水完整井周围潜水位逐渐下降，形成一个以井孔为中心的漏斗状潜水面，即所谓的降落漏斗，如图1-58所示。

潜水向水井的渗流，如图1-58所示，从平面上看，流向沿半径指向井轴，呈同心圆状。为此，围绕井轴取一过水断面，该断面距井的距离为x，该处过水断面的高度为y，这样，过水断面面积为$A=2\pi xy$，平面径向流的水力坡度为$J=\mathrm{d}y/\mathrm{d}x$。

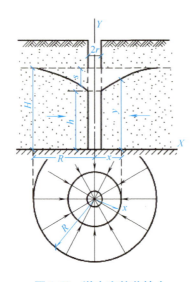

图1-58　潜水完整井抽水

当地下水流为层流时，服从线性渗透定律，该断面的过流量应为

$$Q=kAJ=k\times 2\pi xy(\mathrm{d}y/\mathrm{d}x)$$

分离变量并积分得：

$$Q(\mathrm{d}x/x)=2\pi ky\,\mathrm{d}y$$

$$Q=\pi k[(H^2-h^2)/(\ln R-\ln r)] \tag{1-4}$$

式中　Q——井的出水量（m^3/d）；

　　　k——渗透系数（m/d）；

　　　H——含水层厚度（m）；

　　　h——动水位（m）；

　　　r——井的半径（m）；

　　　R——影响半径（m）。

式(1-4)即为潜水完整井出水量公式，又称为裘布依公式。

学习检验评价单

认识地下水知识检验	姓名： 班级：	
	自评	师评
学习复习内容	掌握/未掌握	合格/不合格
研究地下水的化学性质有何重要意义		
潜水、承压水分别有什么样的特征		
潜水和承压水的补给、径流、排泄分别有何特点		
简述裂隙水的分布特征		
在岩溶分布区怎样寻找地下水		
写出达西定律的关系式并指出各符号的意义及达西定律的适用范围		
在厚度为 12.5m 的砂砾石潜水含水层进行完整井抽水试验，井径为 160mm，观测孔距抽水井 60m，当抽水井降深 2.5m 时，涌水量为 $600m^3/d$，此时观测井降深为 0.24m，计算含水层的渗透系数		
有一潜水完整井，含水粗砂层厚 14m，渗透系数为 10m/d，含水层下伏为黏土层，潜水埋藏深度为 2m，钻孔直径为 304mm，当抽水孔水位降深为 4m 时，经过一段时间抽水，达到稳定流，影响半径可采用 300m，试绘制剖面示意图并计算井的涌水量		

任务6　认识不良地质现象

知识目标

1）掌握崩塌形成原因、发生条件及对工程的影响和防治措施。
2）掌握滑坡形成原因、发生条件及对工程的影响和防治措施。
3）掌握泥石流形成原因、发生条件及对工程的影响和防治措施。
4）了解岩溶的形成原因、发生条件及对工程的影响和防治措施。
5）了解地震形成原因及对工程的影响和防治措施。
6）掌握地震震级与烈度的关系。

技能目标

1）会分析崩塌、滑坡、泥石流、岩溶的形成原因及发生条件。
2）会针对崩塌、滑坡、泥石流、岩溶对工程的影响，提出相应防治措施及建议。

素养目标

培养应用能力；培养踏实细致认真的工作态度和作风。

相关知识

不良地质现象包括崩塌、滑坡、泥石流、岩溶、地震等，其中崩塌、滑坡、泥石流又称为山区地质灾害。它们对工程有重要的影响，需要我们学习这部分知识。

一、崩塌

1. 崩塌的概念

斜坡岩土体中被陡倾的张性破裂面分割的块体突然脱离母体并以垂直运动为主，翻滚跳跃而下，这种现象和过程称为崩塌。崩塌是山区公路常见的一种突发性的病害现象，小的崩塌对行车安全及路基养护工作影响较大；大的崩塌不仅会破坏公路、桥梁，击毁行车，有时崩积物堵塞河道，引起路基水毁，严重影响着交通运营及安全，甚至会迫使放弃已建道路的使用。

认识崩塌

2. 崩塌的特点

突然脱离母体，主要发生在高陡边坡的坡肩部位，质点位移竖向大于水平，以垂直方向运动为主；其无依附面，飞跃而下，规律复杂，爆发突然。

3. 崩塌的形成条件

虽然崩塌一般发生比较突然，但都有一定的形成条件和发展过程。归纳起来，崩塌形成的基本条件主要有以下几个方面：

（1）地形条件　崩塌的形成与地形直接相关。崩塌一般发生在坡度大于60°～70°的陡坡或陡崖处。地形切割越强烈、高差越大，形成崩塌的可能性越大，并且破坏也越严重。

（2）坡体结构　坡本结构即岩层产状与坡面的关系，反向坡一般易形成陡坡，利于崩塌产生。

（3）岩土类型　崩塌一般发生在厚层坚硬脆性岩体中。坚硬岩体，抗风化能力较强，岩体中有规模大、间隔大的节理发育。当边坡由软硬相间的岩层组成时，因抗风化能力不同，软层受风化剥蚀而凹进，上覆硬层便悬空断裂而坠落；或因边坡底座岩石软弱，产生沉陷或蠕动变形，引起上覆岩体拉裂错动而造成崩塌等。

（4）地质构造　节理、断裂对斜坡岩体分割而易于形成分离岩体，形成崩塌。因此，构造节理和成岩节理对崩塌的形成影响很大。高陡边坡被平行坡面的裂隙深切，在重力作用下向外倾倒拉裂、折断而崩落。此外，大规模的崩塌经常发生在新构造运动强烈、地震频发的高山区。

地形条件、岩土类型和地质构造三个条件，统称为地质条件，它是形成崩塌的基本条件。

此外，风化作用、降雨、震动、采矿挖空等诱发崩塌的外界因素，均可造成或触发高陡边坡产生崩塌。

二、滑坡

滑坡是指斜坡上的岩土体在重力作用下沿一定的软弱结构面整体下滑的动力地质现象。滑动面坡角一般在 20°~40°之间，过陡将发生崩塌现象。滑坡的形成常是先经过一段蠕动变形阶段，而后在某些因素影响下（如暴雨、地下水渗透、地震等），发生急剧下滑，滑动后又逐渐转入新的稳定平衡状态。滑坡的危害性很大，如 1955 年 8 月 18 日，宝鸡卧龙寺车站，由于大雨地面裂缝扩大，2000 万 m^3 滑坡体向南滑动，使铁路线位移 110m。大规模滑坡的滑动，能使大坝和其他水工建筑物遭到破坏，所以在水利水电建设中必须对滑坡区进行详细勘察，研究其发生原因及发展规律，并提出合理有效的防治措施。另外，为减少滑坡所造成的损失，应做好预报工作。

（一）滑坡要素及滑坡的形态特征

（1）滑坡要素　滑坡一般具有以下几个要素（图 1-59）：

1）滑坡体。所有与原岩分离并向下滑动的土石体，称为滑坡体。

2）滑坡面与滑动带。滑坡体沿不动岩体下滑的分界面称为滑坡面（滑动面）。它常沿岩体软弱面而形成，沿滑坡面有时可见擦痕和磨光面。在滑坡面上下，由于滑坡体的滑动，使附近岩石揉皱而形成滑动带。在一个滑坡体内有时不只有一个滑坡面，但应注意找出最下面的滑坡面。

滑坡要素与形成条件

3）滑坡床。在滑坡面之下未发生滑动的稳定岩体称为滑坡床。

任一滑坡都具有上述三部分。滑坡体与滑坡床之间在平面上的分界线称为滑坡周界。

（2）滑坡的形态特征　滑坡的形态特征是认识滑坡的重要依据，包括以下几种：

1）滑坡台阶。由于滑坡体上下各段滑动速度不同，或几个滑坡面滑动时间不同，在滑坡体上可形成阶梯状地面，称为滑坡台阶。台阶面向斜坡方向倾斜，台面上树木也因倾斜而有"醉林"和"马刀树"之称。

2）滑坡壁（破裂壁）。滑坡体滑动后，与斜坡上方未滑动土石体之间的分界面，称为滑坡壁（坡角 60°~80°），其上常有擦痕。

3）滑坡洼地。在滑坡体与滑坡壁之间构成的月牙形洼地，称为滑坡洼地。

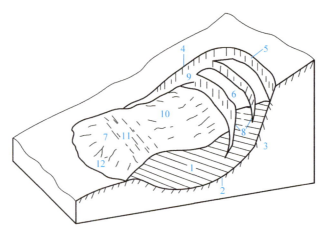

图 1-59 滑坡要素

1—滑坡体 2—滑坡面 3—滑坡床 4—滑坡周界 5—滑坡壁 6—滑坡台阶 7—滑坡鼓丘
8—拉张裂缝 9—滑坡洼地 10—羽毛状裂缝 11—鼓胀裂缝 12—扇状裂缝

4）滑坡舌和滑动鼓丘。滑坡舌是滑坡体前缘伸出部分，形如舌状。滑坡鼓丘是滑坡体前缘受阻而隆起的小丘。

此外，滑坡体滑动过程中，由于受力状况不同会产生不同性质的裂隙。

（二）滑坡的分类

滑坡按其组成物质、滑坡面与岩层层面的关系、滑坡体厚度、滑坡体的规模可分为下列几种类型：

1. 按滑坡的组成物质分类

按滑坡体的组成物质可分为黄土滑坡、黏土滑坡、堆积层滑坡和岩层滑坡。

滑坡类型与
防治措施

2. 按滑坡面与岩层层面的关系分类

按滑坡面与岩层层面的关系可分为均质滑坡、顺层滑坡和切层滑坡。

（1）均质滑坡　均质滑坡多发生在岩性均一的软弱岩层中，如强烈风化的岩浆岩体或土体中，其滑坡面常呈圆弧形。

（2）顺层滑坡　顺层滑坡是指沿岩层分界面滑动的滑坡。滑坡面多为层面、断裂面、薄的软弱夹层、坡积物与基岩的分界面等。顺层滑坡在岩质斜坡中最为常见，如意大利瓦依昂水库滑坡就是顺层滑坡。

（3）切层滑坡　切层滑坡是指滑坡面切过了不同岩层发生的滑坡。滑坡面多沿断层面、节理裂隙面形成。在剖面上滑坡面多呈直线或折线形。

3. 按滑坡体厚度分类

按滑坡体厚度可分为：①浅层滑坡，滑坡体厚度小于 6m；②中层滑坡，滑坡体厚度在 6~20m；③深层滑坡，滑坡体厚度大于 20m，这种滑坡规模较大，是典型的发育完全的滑坡地貌。

4. 按滑坡体的规模分类

按滑坡体的规模可分为：①小型滑坡，滑坡体积小于 3 万 m³；②中型滑坡，滑坡体积在 3 万~50 万 m³；③大型滑坡，滑坡体积在 50 万~300 万 m³；④巨型滑坡，滑坡体积大于 300 万 m³。

此外，按滑动年代可分为古滑坡、老滑坡（可复活重新滑动）、新滑坡、正在发展中的滑坡。按力学条件可分为牵引式滑坡和推移式滑坡。

（三）影响滑坡破坏的因素

自然界中，无论天然斜坡还是人工边坡都不是固定不变的，在各种自然因素和人为因素的作用下，斜坡是一直处于不断地发展和变化之中的。滑坡的形成和发展主要受地形地貌、地层岩性、地质构造、地下水和人为因素等影响。

1. 地形地貌条件

边坡的坡高、倾角和表面起伏形状对其稳定性有很大的影响。坡角越平缓、坡高越低，边坡体的稳定性越好。所以，开挖的边坡越高、越陡，稳定性越差。

2. 边坡体的岩性条件

天然边坡由各种各样的岩体或土体所组成。由于介质性质的不同，其抗剪切能力、抗风化能力和抗水冲刷、破坏能力也各不相同，抗滑动的稳定性自然各异。

3. 边坡体内部的结构构造

地质构造断层、节理和倾斜岩层的产状对滑坡的形成有非常重要的影响，有时是决定性因素，因为多数滑动面是沿有利于滑动的各种倾斜岩层面、节理面及破碎岩带形成的。

4. 水文地质条件

地表水及地下水的活动常是导致产生滑坡的重要因素。据有关资料显示，90%以上的边坡滑动都与水的作用有关。因为，地下水进入滑动体，到达滑动面，使滑动体质量增大，使滑动面抗剪强度降低，再加上对滑动体的静、动水压力，都成为诱发滑坡形成和发展的重要因素。

5. 气候和地震作用

气候条件变化会使岩石风化作用加剧，炎热干燥的气候会使土层开裂破坏，这些都会对边坡的稳定性造成影响。在地震过程中，受地层波的反复作用，边坡岩土体结构很容易遭受破坏，并造成边坡沿其中的一些裂隙、结构面或其他软弱面向下滑动。一般认为，地震烈度在 5 度以上时就可能诱发边坡滑动。

6. 人为因素影响

人为因素主要指人类工程活动不当引起滑坡，包括工程设计不合理和施工方法不当造成短期甚至十几年后发生滑坡的恶果。

三、泥石流

泥石流是山区沟谷中，由暴雨、冰雹、融水等水源激发的、含有大量泥沙石块的特殊洪流。其特征是突然爆发、流速快、流量大、物质容量大、破坏力强。在泥石流发育区，泥石流能对居民点、农作物、公路铁路及水利工程、矿山等构成严重威胁。

认识泥石流

1. 泥石流的形成条件

泥石流的形成与所在地区的自然条件和人类经济活动密切相关。泥石流的形成必须同时具备三个条件：地质条件、地形条件和气象水文条件。

（1）地质条件　地质条件决定了松散固体物质的来源，也为泥石流活动提供动能优势。泥石流发育地区是地质构造复杂，岩性软弱，风化强烈，褶皱、断裂发育，新构造运动强烈，地震频繁的地区。由于这些原因，导致岩层破碎、崩塌、滑坡等各种不良地质现象普遍发育，为泥石流的形成提供了丰富的固体物质条件。

（2）地形条件　泥石流流域的地形特征是高山谷深，地形陡峻，河床纵坡大。流域的形状便于松散物和水汇集。典型的泥石流流域从上游到下游可分为三个区：泥石流的形成区、流通区和堆积区，如图1-60所示。

1）上游形成区。上游形成区地形多为三面环山，一面出口的围椅状地形。周围山高坡陡，但地形开阔、山体光秃破碎，植被不良，这样的地形有利于集水集物。形成区堆积物的位置与形成泥石流的严重程度有关。一般的堆积物分布在形成区的中、下部位，具有良好的动力条件。如兰州地区的大红沟、红水沟等严重泥石流的谷，其大量松散堆积物均分布于形成区的中、下部位。

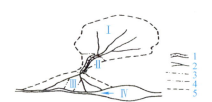

图1-60　典型泥石流流域
Ⅰ—形成区　Ⅱ—流通区　Ⅲ—堆积区
Ⅳ—泥石流堵塞河流形成的湖泊
1—峡谷　2—有水沟床　3—无水沟床
4—分区界线　5—流域界线

2）中游流通区。中游流通区地形多为狭窄陡深的峡谷，谷底纵坡大，便于泥石流的迅猛通过。

3）下游堆积区。下游堆积区地形多为开阔的山前平原或河谷阶地，能使泥石流停止流动并堆积固体物质。

（3）气象水文条件　水是泥石流的组成部分，又是泥石流的搬运介质。松散固体物质大量充水达到饱和或过饱和状态后，结构破坏，摩阻力降低，滑动力增大，从而产生流动。泥石流的形成是与短时间内突然性的大量流水密切相关。突然性的大量流水来自强度较大的暴雨，冰川、积雪的短期强烈消融，冰川湖、高山湖、水库等的突然溃决等。

（4）人类活动的影响　良好的植被，可以减弱剥蚀过程，延缓径流汇集，防止冲刷，保护坡面。在山区建设中，如果滥伐山林使山坡失去保护，将导致泥石流逐渐形成。此外，矿山剥土，工程弃渣处理不当，也可导致发生泥石流。

2. 泥石流分类

目前泥石流的分类方法尚不统一，主要是依据泥石流的固体物质组成、物质状态和流域特征等并结合防治措施的需要进行。

1）按泥石流的固体物质组成分为泥流、泥石流、水石流。
2）按泥石流的物质状态分为黏性泥石流和稀性泥石流。
3）按泥石流的流域特征分为标准型泥石流、河谷型泥石流、山坡型泥石流。

四、岩溶

岩溶又称为喀斯特，是地表水和地下水对可溶性岩石所进行的一种以化学溶蚀为主、机械剥蚀为辅的地质作用及其所产生的各种现象的总称，又称为岩溶地貌。喀斯特（Karst）原是南斯拉夫西北部沿海一带碳酸盐岩高原的地名，那里发育着各种碳酸盐岩地形。19世纪末，南斯拉夫学者J. Cvijic研究了喀斯特高原的奇特地貌，并把这种地貌叫作喀斯特。以后，就借用喀斯特这个地名来称呼碳酸盐岩地区一系列特殊的地貌过程和水文现象。其实，我国很早就记录了这一类型的地貌，《徐霞客游记》就十分详细阐述了喀斯特地貌在我国的分

岩溶地貌

布、类型、形成原因等。

岩溶在我国分布非常广泛。广西的桂林山水,云南昆明的路南石林,湖南张家界的黄龙洞,广东肇庆的七星岩,贵州的黄果树、织金洞,四川的九寨沟、黄龙,江西鄱阳湖口的石钟山、彭泽龙宫,浙江桐庐的瑶琳仙境,江苏宜兴的善卷洞、张公洞、灵谷洞等,皆闻名于世。这种奇异的景观都发育在碳酸盐岩地区。广西碳酸盐岩出露的面积占全区面积的60%,贵州和云南东南部碳酸盐岩分布的面积占该地区总面积的50%以上。整个西南石灰岩地区连成一片,面积共达55万 km^2;全国石灰岩分布面积约130万 km^2,约占全国总面积的13.5%。

由于岩溶地区有着独特的水文特征和地貌特征,因此在岩溶地区进行各种经济建设和生产活动都会遇到非岩溶地区所没有的问题。在岩溶地区,由于存在大量的地下空洞,进行水库修建时要注意防止渗漏问题,在开凿隧道和建设矿井时要注意涌水、排水问题,在建造铁路、桥梁和厂房时要注意地基的塌陷问题。

(一) 岩溶发育条件

岩溶发育必须具备下列4个基本条件:可溶岩层的存在,可溶岩必须是透水的,具有侵蚀能力的水及水是流动的。

(1) 岩石的可溶性　岩石的可溶性主要取决于岩石的成分和结构。从岩石成分来看,可溶性岩石基本上分为3类:碳酸盐岩(石灰岩、白云岩等),硫酸盐类岩石(石膏、芒硝等),卤盐类岩石(岩盐等)。这3类岩石中,以卤盐类岩石的溶解度最大,其次为硫酸盐类岩石,溶解度最小的是碳酸盐岩。但由于碳酸盐类岩石分布最广,尽管它们溶蚀速度慢,经长期溶蚀,在漫长的地质年代中也将产生十分显著的结果。

(2) 岩石的透水性　岩石的透水性取决于岩体的裂隙性、孔隙度及孔隙的连通情况。特别是裂隙性对岩体的透水性起着主要的作用,裂隙越发育,岩石的透水性越好,溶蚀作用越强烈,岩溶就越发育。

(3) 水的溶蚀力　水的溶蚀力主要取决于水中侵蚀性 CO_2 的含量。纯水的溶蚀力是微弱的,只有当水中含有 CO_2 时,才有较强的溶蚀作用,将 $CaCO_3$ 溶解,把不能溶解的残余物质留下,或呈悬浮状态带走。

在含 CO_2 的水中, CO_2 与 H_2O 化合成碳酸,碳酸又离解为 H^+ 与 HCO_3^- 离子。水中 CO_2 含量越高, H^+ 也越高,而 H^+ 是很活跃的离子。当含多量 H^+ 的水对石灰岩作用时, H^+ 就会与 $CaCO_3$ 中的 CO_3^{2-} 结合成 HCO_3^-,分离出 Ca^{2+},而使 $CaCO_3$ 溶解于水。

(4) 水的流动性　水的流动性取决于岩体中水的循环条件,它与地下水的补给、渗流及排泄直接相关。如果地下水的补给和排泄条件通畅,就能不断地将溶解物质带走,同时又能不断补充新的具有侵蚀性的水,岩溶发育速度就快;反之,若地下水流动缓慢或处于静止状态,则岩溶发育迟缓或处于停滞阶段。

除上述基本条件外,气候、地质构造、新构造运动、植被、地形等因素对岩溶发育也有不同的影响。其中,以气候和地质构造的影响最明显。

(二) 岩溶地貌

岩溶地貌类型很多,与公路工程有密切关系的岩溶形态类型见表1-17,喀斯特地貌景观如图1-61所示。

表 1-17 岩溶形态类型表

岩溶地貌	岩溶形态	
地表岩溶	溶沟、石芽、石林、峰丛、峰林、孤峰、干谷、盲谷、溶蚀洼地、坡立谷、溶蚀平原、岩溶湖、天生桥	
地下岩溶	垂直岩溶形态	溶蚀漏斗、落水洞及竖井
	水平岩溶形态	溶洞、暗河、地下湖、溶隙、溶孔
	岩溶堆积物	石钟乳、石笋、石柱、石花、石葡萄、残积红土

图 1-61 喀斯特地貌景观示意图

1—溶沟 2—石芽 3—溶斗 4—溶洼 5—落水洞 6—溶洞 7—溶柱 8—天生桥 9—地下河及伏流
10—地下湖（暗湖） 11—石钟乳 12—石笋 13—石柱 14—隔水层 15—河成阶地
Ⅰ—岩溶剥蚀面 Ⅱ—强烈剥蚀面上发育溶沟、溶芽和溶斗 Ⅲ—石林丘陵
Ⅳ—洼地、谷地发育带 Ⅴ—溶蚀平原（溶原）

1. 地表岩溶地貌

（1）溶沟和石芽 雨水在可溶岩表面沿着层面或裂隙流动时，形成一些沟槽，其深度由几厘米到几米，或者更大些，浅的叫溶沟，深的叫溶槽。沟槽之间的凸起的石脊，叫作石芽。

（2）峰林 峰林是由落水洞、溶斗及洼地等负向地貌不断扩大，地下溶洞与暗河的顶部岩层不断塌陷，使得巨厚的石灰岩块体被切割成为分离散立的山峰。它平地拔起，形似丛林，故称为峰林。

(3) 溶蚀漏斗　溶蚀漏斗是地面凹地汇集雨水，沿节理垂直下渗，并溶蚀扩展成漏斗状的洼地。其直径一般几米至几十米，底部常有落水洞与地下溶洞相通。

(4) 竖井和落水洞　竖井实际上是一种塌陷漏斗，在平面轮廓上呈方形、长条状或不规则圆形。长条状是沿一组节理发育的，方形或圆形则是沿两组节理发育的。竖井井壁陡峭，近乎直立。

落水洞是地表水流入地下的进口。其大小不一，形态各异。竖井和漏斗的形成主要是溶蚀作用与塌陷作用，而落水洞的形成则除溶蚀作用外还有机械侵蚀作用，特别是当大量地面水通过落水洞转为地下河的情况下，侵蚀作用非常强烈。

(5) 溶蚀洼地　溶蚀洼地为岩溶地区规模较大的封闭或半封闭的洼地，一般认为是由溶蚀漏斗扩大或相邻溶蚀漏斗合并而成。其平面形态为圆形或椭圆形，面积约数平方公里至数十平方公里。大的洼地叫溶蚀谷或坡立谷。洼地四周为陡壁，底部呈浅凹形或略有起伏，其上覆盖着厚度不等的黏土或碎石，并发育落水洞与溶蚀漏斗，成为大量吸收地表水流的通道。当通道被堵塞而积水时，便形成溶蚀湖。

(6) 坡立谷和溶蚀平原　坡立谷是一种大型的封闭洼地，宽数百米至数公里，长数百米至数十公里，四周山坡陡峻，谷底宽平，覆盖溶蚀残余的黏性土，有时还有河流冲积层。坡立谷进一步发展，即形成宽广开阔的溶蚀平原。

(7) 盲谷与干谷　盲谷是一端封闭的河谷。河流前端常遇石灰岩陡壁阻挡，石灰岩陡壁脚下常发育落水洞，遂使地表水流转为地下暗河。这种向前没有通路的河谷，称为盲谷。干谷是岩溶地区的旧河谷。由于地壳上升，原地面河水沿落水洞或溶蚀漏斗转入地下，遗留在地表干涸的河谷，称为干谷。

2. 地下岩溶地貌

(1) 溶洞　溶洞是指地下水流沿可溶岩的层面、断层面、节理面等进行溶蚀及侵蚀，形成近于水平或斜倾的大型空洞。洞的规模可以很大，长度可达几百米至几公里。洞的形态也是多种多样。洞内常发育有石笋、石钟乳和石柱等洞穴堆积。溶有重碳酸钙的岩溶水，当温度压力改变时，可逸出 CO_2，产生 $CaCO_3$ 沉淀，形成石灰华。由洞顶渗水形成的垂悬于洞顶的石灰华沉积，叫作石钟乳；渗水滴至洞底，形成自下向上生长的沉积，叫作石笋；当两者相连时，称为石柱。沿洞壁漫溢形成的形似垂帘的堆积物，称为石幔。

(2) 伏流与暗河　伏流与暗河通称为"地下河系"，是岩溶地区的主要水源。地面河水潜入地下，流经一段距离之后，又流出地表，这种有入口又有出口的地下潜行的河段，称为伏流。它常发育于地壳上升区。暗河是指由地下水汇集而成的地下河道，它有一定范围的地下汇水流域。因此，暗河有明显出口，而无明显入口。高温多雨的热带及亚热带气候区，最有利于暗河的形成。

五、地震

地震是地壳运动的一种表现，是由于某种原因引起地壳岩层发生断裂、塌陷以及火山爆发而产生的震动，并以弹性波的形式传递到地表的现象。地震灾害是地震作用于人类社会而产生的一种社会事件。

全球每年大约发生500万次地震，但能感觉到的仅有5万次，约占总次数的1%。其中能造成破坏的约有1000次，而7级以上的大地震只有十几次。

地震震级与烈度

（一）地震及地震波

1. 基本概念

地下发生地震的地方，叫震源。震源正对着的地面，叫震中。震中至震源的垂直距离，叫震源深度。震源、震中、震源深度的关系如图 1-62 所示，按震源深度将地震分为浅源地震（0~70km）、中源地震（70~300km）和深源地震（300~700km）。

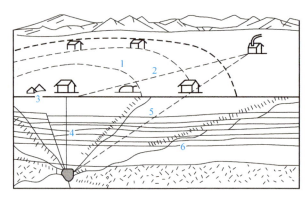

图 1-62 震源、震中、震源深度的关系

1—等震线 2—震中距 3—震中 4—震源深度 5—震源距 6—地震波

2. 地震波

地壳可视为一个弹性体，地震发生时，震源释放的能量以弹性波的形式向四处传播，这种弹性波就是地震波。

一个地区在一定时期内，往往出现由弱—强—弱的一系列地震，称为地震序列。地震波传播是按序列进行的，即在一定的时间内，发生在同一地质构造带上，或震源体上的地震，在同一个地震序列中，地震释放能量最大的一次或几次地震称为主震。在主震前，有时会发生连续地震，称为前震；在主震发生后，仍继续发生的较小的连续地震，称为余震。当然也有的地震是一次性的孤立地震，其前震和余震都很小。

3. 成因分类

地震成因类型归纳起来有构造地震、火山地震、塌陷地震和诱发地震 4 种类型。

（1）构造地震 由于地质构造的作用造成地下岩层断裂或错动而引起的地震称为构造地震。这类地震为数最多，约占全球天然地震的 90% 以上；其破坏力也最强，几乎所有的强烈地震均属于构造地震。

（2）火山地震 由于火山喷发或岩浆活动产生的地震称为火山地震。这类地震约占全球天然地震的 7%。此类地震波及的地区多局限于火山附近数十里的范围，地震震级一般不大，造成的灾害相对较小。

（3）塌陷地震 由于洞穴坍塌、地层陷落等引起的地震称为塌陷地震。这种地震能量小，震级小，发生次数也很少，仅占地震总数的 3%。

（4）诱发地震 在构造应力原来处于相对平衡的地区，由于外界力量破坏地壳应力平衡状态而引起的地震称为诱发地震。属于这种类型的地震有水库诱发地震、深井注水地震、爆破引起的地震，此类地震数量小、危害小。

(二)震级与烈度

地震震级与地震烈度是衡量地震大小的两个不同的概念。若把地震比作炸弹,则震级相当于这个炸弹的炸药量,而烈度就相当于这个炸弹的杀伤力。

1. 地震震级

地震震级(M)是衡量地震本身大小的尺度,由地震所释放出来的能量大小来决定。一次地震只有一个震级。震级大小可用地震仪测出。通过整理历史地震资料,美国地震学家李希特(C. F. Richter)于1935年提出李氏震级分类表(表1-18)。

表1-18 震级 M 和震源发出的总能量 E 之间的关系

震级	能量/J	震级	能量/J
1	$2.0×10^5$	6	$6.3×10^{18}$
2	$6.3×10^7$	7	$2.0×10^{15}$
3	$2.0×10^9$	8	$6.3×10^{16}$
4	$6.3×10^{10}$	9	$3.55×10^{17}$
5	$2.0×10^{12}$	10	$3.4×10^{18}$

震级 M 和震源发出的总能量 E 之间的关系为

$$\lg E = 11.8 + 1.5M \tag{1-5}$$

其中,$M<1$,称为超微震;$M=1\sim3$,称为微震;$M=3\sim5$,称为弱震;$M=5\sim7$,称为强震;$M>7$,称为大震。

震级不仅取决于地震能量,同时也受震源深度、震中距、地震波传播介质的性质等因素的制约。一次地震只有一个震级,但在不同地点,烈度大小是不一样的。一般地说,震源深度和震中距越小,地震烈度越大;在震源深度和震中距相同的条件下,坚硬基岩的场地(地基)烈度较之松软土烈度要小些。因此,烈度是不能与震级混淆的。

2. 地震烈度

地震烈度是指地震发生时某一地区的地面和各种建筑物遭受地震影响的破坏程度。它是衡量地震所引起的地面震动强烈程度的尺子。对于同一次地震,震级只有一个,而烈度却可以随地区不同而异。在工程设计上,多采用烈度等级,而不采用震级。

地震烈度的大小,不仅与震级的大小有关,而且与震源深度、震中距以及地质体的条件等因素有关。对某一次地震来说,震级是固定的,但不同地区的破坏烈度可以不同。这是因为地震发生后,地震波传播从震源向外扩散,一般首先到达最近点震中(强震时破坏最严重的地区称为极震区),然后沿地表向外扩散,震中距加大,烈度逐渐减小。

在一般情况下,震中烈度与震级、震源深度的关系见表1-19。

表1-19 震中烈度与震级、震源深度的对应关系

震级	震源深度/km				
	5	10	15	20	25
5	8	7	6.5	6	5.5
6	9.5	8.5	8	7.5	7

(续)

震级	震源深度/km				
	5	10	15	20	25
7	11	10	9.5	9	8.5
8	12	11.5	11	10.5	10

地震烈度是根据地震时人的感觉、建筑物破坏、器物振动以及自然表象等宏观标志判定的。通过对各类标志的对比分析来划分烈度，并按由小到大的数码顺序排列，就构成了烈度表。

在工程勘察、设计中，经常采用的地震烈度有基本烈度和设计烈度两种。此外，还要考虑场地因素对地震烈度的影响。

地震基本烈度是指一定时间和一定地区范围内一般场地条件下可能遭遇的最大烈度，是一个地区的平均烈度。基本烈度的鉴定，一般是对一个大区甚至在全国范围内普遍进行评定，得到大区的或全国的地震基本烈度区划图，作为工程抗震标准。

根据建筑物的重要性、抗震性、经济性，针对不同建筑物将基本烈度予以调整，作为抗震设防的依据，这种烈度叫设计烈度。

场地烈度：根据场地条件不同而进一步划分，对基本烈度修正。

原则上一般建筑用基本烈度，重要建筑适当提高。设计部门很少用场地烈度。根据我国经验，7度、8度、9度区要设防。

（三）地震分布

地震并非均匀分布在地球各部分，而是集中于某些特定的条带，称为地震带。世界范围的地震带主要集中在以下3个地震带：

（1）环太平洋地震带 沿太平洋板块边界上的岛弧—海沟带分布，全球80%浅源地震，90%的中源地震，几乎全部的深源地震都发生在这一地震带。

（2）喜马拉雅—地中海地震带（又称为阿尔卑斯—喜马拉雅—印尼地震带） 沿欧亚、非洲、印度洋板块接合带分布，以浅源地震为主。

（3）大洋中脊和大陆裂谷地震带 以浅源地震为主，数量少、震级小于6级。

上述三大地震带均处于板块构造的边缘。由于地幔物质对流，运载着深浮其上的刚性极块运移，因而造成了板块增生带、板块消减带和转换断层三个发震构造带。

我国除台湾东部、西藏南部和吉林东部发生深源地震外，其余地区的地震均属于大陆板块内部地震，即位于板内活动断层带及其附近，以浅源为主，震级有大有小。

我国强震空间分布及地震带划分以东经105°为界，西部地震广泛分布，东部地震相对稀少且震级均未达到8级。在上述两地震区域内强震分布也是极不均匀的，东部分布于华北及东南沿海一带，西部分布面积大，但塔里木、准噶尔和鄂尔多斯盆地等地震分布较为零星。

有的研究者根据地震活动的强度和频率大致将地震区域分为三种情况：

（1）地震活动强烈地区 有台湾、西藏、四川西部、云南西部、新疆、甘肃、青海、宁夏，发生地震次数占地震总数的80%。

（2）地震活动中等地区 有河北、陕西（关中）、山西、山东、辽宁（南部）、延吉、安徽（中部）、福建、广西、广东（沿海地区），发生地震震级可达 7~8 级，发生频率为 15%。

（3）地震活动较弱地区 有江苏、浙江、江西、湖南、湖北、河南、贵州、四川（东部）、黑龙江、吉林、内蒙古的大部分地区，发生地震震级在 6 级左右。

从西部看，地震以喜马拉雅南缘、青藏高原南部最强，向北减弱，但天山南北地震有所增强。地震发震深度西部为 40~70km，东部为 20km，东南沿海仅为 10km。

学习检验评价单

认识不良地质现象知识检验	姓名：	
	班级：	
	自评	师评
学习复习内容	掌握/未掌握	合格/不合格
什么是地质灾害		
什么叫崩塌？崩塌的形成条件		
何谓滑坡？滑坡要素有哪些		
滑坡地貌的（形态）特征有哪些？其形成条件如何		
崩塌与滑坡有何区别		
何谓泥石流？泥石流的形成条件是什么		
何谓岩溶（喀斯特）		
岩溶作用的发生有哪些基本条件		
常见的岩溶形态有哪些		
试述岩溶发育的基本规律。为什么有这些规律		
地震波的类型及特征是什么		
地震的震级和烈度有何不同		
地震震级与烈度的关系如何		
简述世界地震的分布及我国地震的分布		

学习情境 2
工程地质知识的应用

任务 1　认识岩石的工程性质

知识目标

1）掌握岩石的物理、水理和力学性质。
2）了解岩石的工程地质性质。

技能目标

会对岩石的工程地质性质进行评述。

素养目标

培养应用能力；培养踏实细致认真的工作态度和作风。

小贴士

2018年4月24日，习近平总书记登上三峡大坝并讲到"国家要强大，民族要复兴，必须要靠我们自己砥砺奋进、不懈奋斗！"。三峡大坝创造了众多世界之最，但建设过程也十分的艰辛。建国初期，我国面临着技术封锁和资金匮乏的困难，一代代中国水利人前仆后继，在种种困境中自主创新，创造了中国人自己的技术。

三峡大坝选址在三斗坪，三斗坪距湖北省宜昌市区 40km，这里河谷开阔，基岩为坚硬完整的花岗岩，具有修建混凝土高坝的优越的地形、地质和施工条件，被瑞士一位著名水电专家称为"上帝送给中国人的礼物"。

【学后谨记】　除了三峡大坝，我国还有很多超级工程，如青藏铁路、南水北调工程、京沪高铁、港珠澳大桥等，这些无一不是国人的骄傲，工程人的骄傲！作为未来的工程建设者，我们打好工程地质相关知识应用的基础，要不断积累、不断提升，为建设强国奉献自己的力量。

相关知识

岩石工程性质包括物质成分（颗粒本身的性质）、结构（颗粒之间的联结）、构造（成生环境及改造、建造）、物理性质、水理性质、力学性质等。岩石的物质成分、结构、构造方面的性质前面已经学习过，下面主要学习岩石的主要物理性质、岩石的水理性质、岩石的力学性质以及岩石的工程分类、分级。

一、岩石的物理性质

岩石的物理性质是岩石的基本工程性质，主要是指岩石的密度、相对密度、孔隙率、含水率、吸水性。

1. 岩石的密度

岩石的密度（ρ，g/cm³）是试件质量（m，g）与试件体积（V，cm³）的比值，即

$$\rho=\frac{m}{V} \tag{2-1}$$

式中　ρ——岩石的密度（g/cm³）；

　　　m——岩石的总质量（g）；

　　　V——岩石的总体积（cm³）。

岩石的密度试验可采用量积法、水中称量法或蜡封法。

工程上常用岩石容重或重度（γ，kN/m³），其数值等于密度与重力加速度 g 的乘积。

2. 岩石的相对密度

岩石的相对密度是岩石固相物质的质量（m_s，g）与同体积（V_s，cm³）水在4℃时的比值，其在数值上等于固体岩石的单位体积的质量，为无因次的量。

$$D=\frac{m_s}{V_s \rho_w}=\frac{m_s}{V_s} \tag{2-2}$$

式中　D——岩石的相对密度（无因次）；

　　　m_s——固体岩石的质量（g），指不包含气体和水在内的干燥岩石的质量；

　　　V_s——固体岩石的体积（cm³），指不包括孔隙在内的岩石的实体体积；

　　　ρ_w——4℃时水的密度（g/cm³）。

3. 岩石的孔隙率

岩石的孔隙率是指岩石中孔隙的体积与岩石总体积的比值，常以百分数表示，即

$$n=\frac{V_n}{V}\times 100\% \tag{2-3}$$

式中　n——岩石的孔隙率（%）；

　　　V_n——岩石中孔隙的体积（cm³）；

　　　V——岩石的总体积（cm³）。

4. 岩石的含水率

岩石的含水率（w，%）是试件在105~110℃下烘干至恒量时所失去的水的质量（m_0-m_s，g）与试件干质量（m_s，g）的比值，以百分数表示。

$$w=\frac{m_0-m_s}{m_s} \tag{2-4}$$

式中　w——岩石的含水率（%）；

　　　m_0-m_s——失去的水的质量（g）；

m_s——干燥岩石的质量（g）。

5. 岩石的吸水性

岩石在一定的条件下吸收水分的性能称为岩石的吸水性。表征岩石吸水性的指标有吸水率、饱和吸水率和饱水系数。

二、岩石的水理性质

岩石的水理性质是指岩石与水作用时所表现的性质，包括透水性、溶解性、软化性、抗冻性、膨胀性、崩解性等。

1. 透水性

岩石能被水透过的性能称为岩石的透水性。岩石透水性的大小主要取决于岩石中裂隙、孔隙及孔洞的大小和连通情况。

2. 溶解性

溶解性是指岩石溶解于水的能力，常用溶解度或溶解速度来表示。

3. 软化性

岩石浸水后强度降低的性能称为岩石的软化性，常用软化系数来表示。软化系数（K_d）是指岩石在饱水状态下的极限抗压强度与干燥状态下的极限抗压强度的比。

$$K_d = \frac{f_{r饱水}}{f_{r干燥}} \tag{2-5}$$

式中　K_d——岩石软化系数；

　　　$f_{r饱水}$——岩石在饱水状态下的极限抗压强度（kPa）；

　　　$f_{r干燥}$——岩石在干燥状态下的极限抗压强度（kPa）。

软化系数越小，表示岩石在水作用下的强度和稳定性越差。未受风化作用的岩浆岩和某些变质岩，软化系数大都接近于1，是弱软化的岩石，其抗水、抗风化和抗冻性强；软化系数小于0.75的岩石，认为是强软化的岩石，工程性质比较差。

4. 抗冻性

岩石抵抗冻融破坏的性能称为岩石的抗冻性。岩石的抗冻性有不同的表示方法，一般用岩石在抗冻试验前后抗压强度的降低率来表示。

5. 膨胀性

膨胀性是指某些由黏土矿物组成的岩石浸水后，因黏土矿物具有较强的亲水性，致使岩石中颗粒间的水膜增厚或者水渗入矿物晶体内部，从而引起岩石的体积或长度膨胀。

6. 崩解性

崩解性是指由于吸水膨胀作用，致使岩石内部出现非均匀分布的应力，加之有的胶结物被溶解掉，因而造成岩石中颗粒及其集合体分散。

三、岩石的力学性质

岩石的力学性质是指岩石在各种静力、动力作用下表现的性质，主要包括强度和变形。

（一）强度指标

按外力作用方式不同，将岩石强度分为抗拉强度、抗压强度和抗剪强度。岩石的破坏主要有压碎、拉断和剪断等形式。

1. 抗拉强度

岩石在单轴拉伸荷载作用下达到破坏时所能承受的最大拉应力称为岩石的单轴抗拉强度，简称抗拉强度，即

$$\sigma_t = \frac{P_t}{A} \tag{2-6}$$

式中　σ_t——岩石抗拉强度（kPa）；

　　　P_t——岩石受拉破坏时总压力（kN）；

　　　A——岩石受拉面积（m²）。

2. 抗压强度

岩石在单轴压缩荷载作用下达到破坏前所能承受的最大压应力称为岩石的单轴抗压强度，或称为非限制性抗压强度，简称抗压强度，即

$$f_\tau = \frac{P_F}{A} \tag{2-7}$$

式中　f_τ——岩石抗压强度（kPa）；

　　　P_F——岩石受压破坏时总压力（kN）；

　　　A——岩石受压面积（m²）。

3. 抗剪强度

抗剪强度（τ）是指岩石抵抗剪切破坏的能力。抗剪强度指标是黏聚力 c 和内摩擦角 φ。内摩擦角的正切（$\tan\varphi$）即为摩擦系数（f）。它又可分为抗剪断强度、摩擦强度和抗切强度。

1）抗剪断强度。抗剪断强度是指试样在一定的垂直压应力（τ）的作用下，被剪断时的最大剪应力，剪断前试样上没有破裂面，即

$$\tau = \sigma\tan\varphi + c \tag{2-8}$$

式中　τ——岩石抗剪断强度（kPa）；

　　　σ——破裂面上的法向应力（kPa）；

　　　c——岩石的黏聚力（kPa）；

　　　φ——岩石的内摩擦角（°）；

　　　$\tan\varphi$——岩石的摩擦系数。

2）摩擦强度。受荷作用条件同前，但试件的剪切破裂面是预先制好的分裂开来的面，或是已剪断的试样，恢复原位后重新进行剪切，即

$$\tau = \sigma\tan\varphi \tag{2-9}$$

摩擦强度远远低于抗剪断强度。

3）抗切强度。抗切强度是指垂直压应力（σ）为零时，无裂隙岩石的最大剪应力，即

$$\tau = c \tag{2-10}$$

岩石的抗压强度最高，抗剪强度居中，抗拉强度最小。

（二）变形指标

岩石的变形指标主要有弹性模量、变形模量和泊松比。

1. 弹性模量

弹性模量是指应力与弹性应变的比值，即

$$E = \frac{\sigma}{\xi_e} \tag{2-11}$$

式中　E——弹性模量（MPa）；

σ——正应力（MPa）；

ξ_e——弹性正应变。

2. 变形模量

变形模量是指应力与总应变的比值，即

$$E_0 = \frac{\sigma}{\xi_e + \xi_p} = \frac{\sigma}{\xi} \tag{2-12}$$

式中　E_0——变形模量（MPa）；

ξ_p——塑性正应变。

3. 泊松比

泊松比是指岩石在轴向压力的作用下的横向应变和纵向应变的比值，即

$$\mu = \frac{\xi_x}{\xi_y} \tag{2-13}$$

式中　μ——泊松比；

ξ_x——横向应变；

ξ_y——纵向应变。

岩石的泊松比一般在 0.2~0.4 之间。

四、影响岩石工程性质的因素

影响岩石工程性质的因素可归纳为两个方面：一是岩石自身的内在条件所决定的内因；二是来自岩石的外部客观因素影响的外因，即风化、水的作用等。

1. 岩石自身的内在条件

组成岩石的矿物成分对岩石的工程性质有直接影响。一般说来，组成岩石的矿物硬度高，则岩石的强度较高；岩石的相对密度大，则岩石的强度高。组成岩石的矿物颜色深浅也影响岩石的强度。岩石的结构对岩石强度影响较大，一般岩浆岩、沉积岩中的矿物间为结晶联结，结合力强，工程性质较好；而沉积岩中碎屑岩为胶结联结，其强度主要取决于碎屑成分、胶结物的成分及胶结类型等。岩石的构造也影响岩石性质，如岩石中矿物成分分布的极不均匀性，常使强度低、易风化的矿物富集，影响岩石的强度变化。

2. 岩石外部的客观因素

（1）岩石风化　岩石在太阳热能、大气、水分和生物等各种风化应力作用下，不断发生物理和化学变化的过程，称为岩石风化。这种促使岩石破碎甚至分解的地质作用，称为风化作用。

（2）水的影响　岩石浸水饱和后，其强度会降低，这是岩石软化性的表现。如石灰岩和砂岩被水饱和后，其极限抗压强度会降低 25%~45%。降低程度在很大程度上取决于岩石的孔隙度，当其他条件相同时，孔隙度大的岩石，被水饱和后其强度降低的幅度也大。

桃花溪断裂及跌水现象
 水流地质作用与剪切裂隙
 花岗岩风化及边坡挡土墙防护
 岩石风化及根劈现象

五、岩石的工程分类、分级

1. 岩石按强度分类

在工程上，根据岩石饱和单轴极限抗压强度，岩石可分为以下3类：

（1）硬质岩石　饱和单轴极限抗压强度大于30MPa，如石英砂岩、花岗岩、闪长岩、石英岩等，此类岩石可作为建筑石材。

（2）软质岩石　饱和单轴极限抗压强度在5~30MPa，如千枚岩、片岩、钙质页岩、泥质砂岩等。这类岩石不仅强度低，而且抗水性也差，在水的长期作用下，其内部的联结力会逐渐降低，甚至消失。

（3）极软岩石　饱和单轴极限抗压强度小于5MPa，如泥质页岩、黏土岩、泥灰岩等。

2. 岩石按工程分级

（1）软石　各种松软岩石、盐岩、胶结不紧的砾岩、节理较多的石灰岩、泥灰岩、砂岩、泥质页岩等。

（2）次坚石　软玄武岩、硅质页岩、硅质砂岩、白云岩、石灰岩、坚实的泥灰岩等。

（3）坚石　硬玄武岩、坚实的粗粒花岗岩、闪长岩、石英岩、正长岩等。

学习检验评价单

认识岩石的工程性质知识检验	姓名：	
	班级：	
	自评	师评
学习复习内容	掌握/未掌握	合格/不合格
什么叫岩石？岩石都是由矿物组成的吗？建材上称呼的花岗石、石灰石、大理石是岩石还是矿物？如果是岩，为什么叫石？岩与石有什么区别		
试分析组成岩石的矿物成分，对岩石工程性质的影响		
试述花岗岩、玄武岩、石灰岩、砂岩、页岩、片岩、片麻岩、大理岩的主要工程地质性质		

任务 2　工程地质勘察

知识目标
1) 了解工程地质勘察各个勘察阶段的任务和要求。
2) 掌握工程地质勘察的基本方法。

技能目标
学会工程地质勘察的方法和技术要求。

素养目标
培养将知识转化为应用的实践精神；培养踏实细致认真的工作态度和作风。

相关知识

工程地质勘察的目的、任务是查明建筑物地区的工程地质条件和工程地质问题，只有通过工程地质勘察才能查明工程地质条件和工程地质问题，为完成工程地质勘察报告编写提供材料。

一、工程地质勘察的任务与阶段的划分

（一）工程地质勘察的目的和任务

工程地质勘察的目的是根据国民经济建设的需要，查明与工程建设有关的地质条件，研究影响建筑物稳定的各种地质现象的性质、分布及其发展规律，预测可能出现的工程地质问题，为工程规划合理、建筑物设计经济、施工及运用安全，提供地质资料。

工程地质勘察的主要任务如下：

1) 查明建筑地区的工程地质条件，以便合理选择建筑物，如路线或隧洞的位置，并提出建筑物的布置方案、类型、结构和施工方法的建议。

2) 查明影响建筑物地基岩体稳定等方面的工程地质问题，并为解决这些问题提供所需要的地质资料。

3) 预测建筑物施工与使用过程中，由于工程活动的影响或自然因素的改变而可能产生的新的工程地质问题，并提出改善不良工程地质条件的建议。

4) 查明工程建设所需的各种天然建筑材料的产地、储量、质量和开采运输条件。

上述任务要通过工程地质测绘、工程地质勘探、工程地质试验（室内和野外）和长期观测等勘察方法来完成。

（二）工程地质勘察阶段的划分

工程地质勘察是为工程建设的优化设计和工程施工服务的，必须与设计、施工紧密配合。工程地质勘察按工程开发的工作程序，可划分为可行性研究、初步工程地质勘察、详细工程地质勘察三个阶段。各阶段工作之间要先后衔接，工作范围由面到点逐步深入，工作内容由一般到具体，精度由粗到细。

根据工程规模的大小和重要性以及建筑物地区地质条件的复杂程度，以上三个勘察阶段可以进行简化，但是先勘察后设计再施工的基本程序不能变。在具体工作中，上述各阶段勘察工作一般分为准备、野外现场勘察和室内资料整理三个阶段。

二、工程地质勘察方法

工程地质勘察的方法主要有工程地质测绘、工程地质勘探、试验与长期观测等几种。随着现代科学技术的进步，许多新技术也在工程地质勘察工作中得到发展和应用。

工程地质勘察方法01

（一）工程地质测绘

工程地质测绘就是通过野外路线观察和定点描述，将岩层分界线、断层、滑坡、崩塌、溶洞、地下暗河、井、泉等各种地质条件和现象，按一定比例尺填绘在适当的地形图上，并做出初步评价，为布置勘探、试验和长期观测工作指出方向。

一般测绘开始时，应在踏勘基础上，选作几条有代表性的地层实测剖面，以便了解测区内岩层的岩性、厚度、接触关系及地质时代，建立正常层序，为测绘填图工作提供标准和依据。工程地质测绘一般采用路线测绘法、地质点测绘法、野外实测地质剖面法等。

工程地质勘察方法02

1. 路线测绘法

（1）路线穿越法 即沿着与岩层走向垂直的方向，每隔一定距离布置一条路线，沿路线和地质观察点（简称地质点）进行地质观测和描述，然后把各路线上标测的地质界线相连，即编制出地质平面图，如图2-1所示。这种方法适用于地质条件不太复杂或小比例尺测图地区。

（2）界线追索法 即沿地层界线或断层延伸方向进行追索测绘。界线追索法工作量大，但成果较准确，通常在地层沿走向变化大且断裂构造比较发育的地区采用。

2. 地质点测绘法

地质测绘时的观察点称为地质点。地质点，测绘法即在测区内按方格网布置地质观察点，依次逐点进行观测描述，然后通过分析实测资料连接各地质界线，构成地质草图。此法工作量大，但精度高，一般适用于地质界线复杂或大比例尺地质测绘时采用。

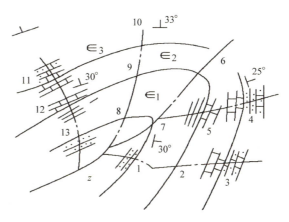

图2-1 路线穿越法布置
1~13—不同地层

观察点应布置在地质界线或地质现象上，因测绘的目的不同而异，有基岩、构造、第四纪地貌、水文地质点等。在地质观察点上应把所有地质现象认真仔细描述。描述内容包括地层岩性、地质构造、第四纪地貌、物理地质现象、水文地质条件等。另外，对那些与工程建筑有关的地质问题，要突出重点详细描述。

地质观察点实际位置，用罗盘仪或用经纬仪测量，并标定在地形图上。

3. 野外实测地质剖面法

在地质测绘工作的初期，为了认识与确定测区内岩层性质、层序、分层标志和界线，以提供测绘填图作为划分岩层的依据和标准，往往在测绘范围内，选择岩层露头良好、层序清晰、构造简单的路线作实测地质剖面，如图2-2所示。

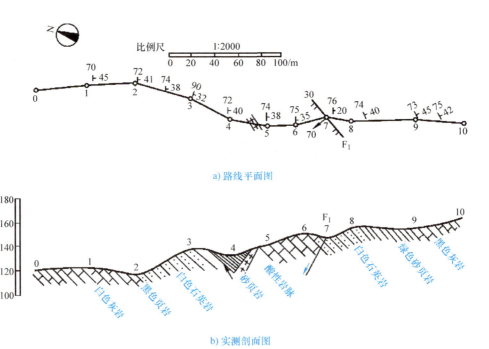

图 2-2 实测地质剖面图
1、2、3…—观测点

（二）工程地质勘探

为进一步查明、验证地表以下的工程地质问题，并获得有关地质资料，需要在地质测绘的基础上进行必要的勘探工作。勘探工作主要有山地工作、钻探和物探等三种类型。

1. 山地工作

山地工作是指对山地的开挖工作。常利用坑、槽、竖井、斜井及平洞等工程来查明地下地质条件的一种勘探方法（图2-3）。为了充分发挥山地工作，必须详细观察记录，并绘制出展视图。

2. 钻探

钻探（图2-4）是用人力或动力机械带动钻机，以旋转或冲击方式切割或凿碎岩石，形成一个直径较小而深度较大的圆形钻孔。它是目前应用最广泛的一种勘探手段，它可以揭露地下深处的地质现象，查明建筑物地基的地层岩性、地质构造；采取岩芯、水样（近几年来，采用大口径1~2m的钻探设备，其特点是可以取出较大的岩芯，人可以直接下井观察地

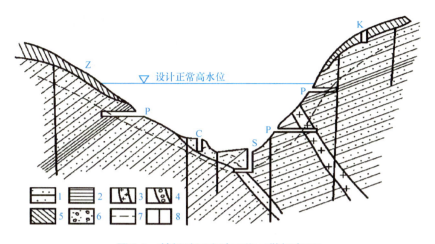

图 2-3　某桥址区山地工作（勘探布置）
1—砂岩　2—页岩　3—花岗岩脉　4—断层带　5—坡积层　6—冲积层　7—风化层界线　8—钻孔
P—平洞　S—竖井　K—探井　Z—探槽　C—浅井

质现象）；在钻孔内进行工程地质、水文地质、灌浆等试验工作。由于岩石的坚硬完整程度、钻孔深度和钻探的目的不同，需要选用不同类型的钻机。工程地质勘探中常用的钻探方法有冲击钻探、回转钻探、冲击回转钻探和振动钻探四种。

图 2-4　钻探

在钻进过程中，要及时做好观测、取样和编录工作。通过观测地下水的初见水位、稳定水位及钻进中的漏水量等，了解含水层、隔水层的位置和厚度。通过对取出岩芯的观察描述和岩芯采取率的统计，记录井壁掉块、卡钻（说明岩石破碎情况）和掉钻（说明遇到溶洞或大裂隙）情况，确定岩石风化程度、完整程度。

因此，钻探是靠提取岩芯来了解深部地质条件的，因而要保证有一定的岩芯采取率。

所谓岩芯采取率，是指本回次所取上来的岩芯总长度与进尺的百分比，该值主要反映了钻进技术的水平。为了解孔下岩体的完整情况，有时还要统计岩芯获得率及计算岩石的质量

指标 RQD 值。岩芯获得率是指比较完整岩芯的长度与进尺的百分比，那些不能拼成岩芯柱的碎屑物质不计在内。岩石质量指标 RQD 值，最早是由美国的伊利诺斯大学迪尔（Deere，1964）提出来的，目前在世界各国已得到了广泛应用。RQD（Rock Quality Designation）是根据修正的岩芯采取率决定的，即只计算长度大于10cm 的岩芯，其表达式为

$$RQD = (L_p/L) \times 100\% \tag{2-14}$$

式中　L_p——长度大于10cm 的岩芯总长（m）；

　　　L——钻孔进尺长度（m）。

工程实践证明，RQD 是一种比岩芯采取率更灵敏，更能反映岩体特性的指标，可按 RQD 值的大小判别岩体的质量。岩石质量指标（RQD）的计算和分级如图2-5所示。

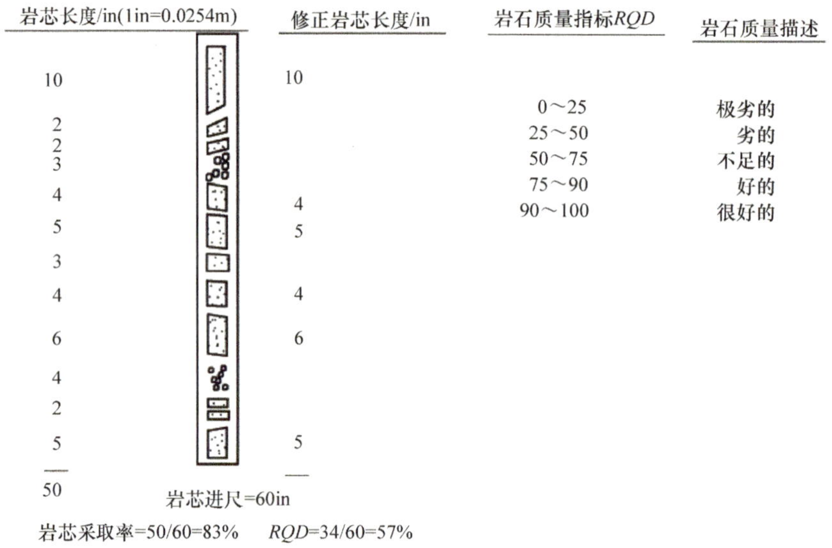

图 2-5　岩石质量指标（RQD）的计算和分级

最后根据编录资料和试验成果，编制成钻孔柱状图（图2-6）及工程地质立体投影图（图2-7）。

钻孔柱状图，图中应标出地质年代、岩土层埋藏深度、岩土层厚度、岩土层底部绝对标高、岩土的描述、柱状图、地下水位、测量日期、岩土取样位置等内容，其比例尺一般为 1∶500～1∶100。

3. 地球物理勘探

地球物理勘探简称物探，它是通过研究和观测各种地球物理场的变化来探测地层岩性、地质构造等地质条件。各种地球物理场有电场、重力场、磁场、弹性波的应力场、辐射场等。由于组成地壳的不同岩层介质往往在密度、弹性、导电性、磁性、放射性及导热性等方面存在差异，这些差异将引起相应的地球物理场的相应变化。通过量测这些物理场的分布和变化特征，结合已知地质资料进行分析研究，就可以达到推断地质性状的目的。物探方法具有速度快、效率高、成本低、搬运轻便等特点，应用较广泛。

但是物探是一种间接的勘探手段，特别当地质体的物理性质差异不太大时，其成果较粗略，故应与其他勘探手段配合使用，效果会更好。

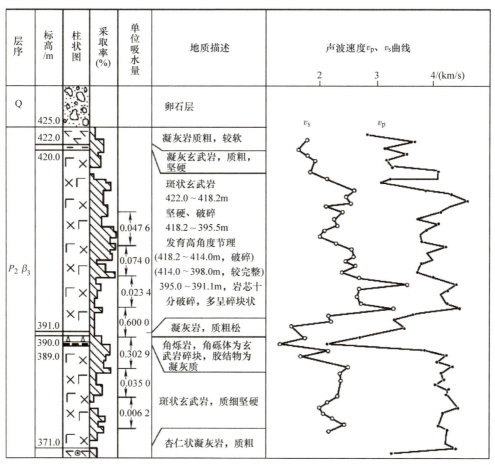

图 2-6　××工程 48 号钻孔综合柱状图

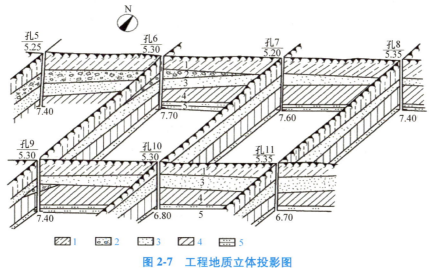

图 2-7　工程地质立体投影图

1—粉土层　2—含砾砂层　3—细砂层　4—黏土层　5—粉砂层

1) 常用的物探方法有电法勘探、地震勘探、声波探测、磁法勘探、触探、测井等。在工程地质勘察中常用的是电法勘探和地震勘探。

2) 物探的应用。作为钻探的先行手段，了解隐蔽的地质界线、界面或异常点；作为钻探的辅助手段，自钻孔之间增加地球物理勘察点，为钻探成果的内插、外推提供依据；作为原位测试手段，测定岩土体的波速、动弹性模量、特征周期、土对金属的腐蚀等参数。

（三）试验及长期观测

1. 试验

在工程地质勘察中，试验工作十分重要，它是取得工程设计所需要的各种计算指标的重要手段。试验工作分为室内试验和野外试验两种。室内试验是用仪器对采取的样品进行试验、分析，取得所需的数据。野外试验是在现场天然条件下进行的，也叫原位试验。室内试验的试样较小，代表天然条件下的地质情况有一定的限制。野外试验是在勘察现场进行，更符合实际，代表性强、可靠性较大。也有的试验是在室内无法进行的，如静、动力触探，抽水及压水试验，灌浆试验等。这类试验耗费人力物力较多，设备和试验技术也较复杂，所以，一般是两种方法配合使用。

工程地质试验工作的种类包括：①岩土物理力学性质试验和地基强度试验（载荷试验、触探试验、钻孔旁压试验、十字板剪力试验、原位剪切试验等）；②水文地质试验（钻孔抽水试验、压水试验、渗水试验、岩溶连通试验、地下水实际流速和流向测定试验等）；③地基工程地质处理试验（桩基承载力试验、灌浆试验等）。

2. 长期观测

由于某些地质条件和现象，具有随时间变化的特性，因此需要布置长期观测工作。长期观测工作是工程地质勘察的一项重要工作，并从规划阶段就开始，贯穿以后各勘察阶段。有的观测项目，在工程完工以后仍需继续进行观测。

观测工作之所以重要，是因为工程地质和水文地质条件的变化及其对公路建筑物的影响，不是在短期内就能反映出来的。例如，物理地质现象的发生和发展、地下水位的变化、水质和水量的动态规律，都需要进行多年的季节性观测，才能了解其一般规律，才能利用观测资料预测其发展的趋势和危害，以便采取防治措施，保证建筑物的安全和正常使用。地质观测项目主要有以下几个：

1) 与工程有密切关系的物理地质作用或现象的观测，如滑坡、雪崩、泥石流的观测，河流冲刷与堆积、岩石风化速度的观测等。

2) 工程地质现象的观测，如人工边坡、地基沉降变形、地下洞室变形等项目的观测。

3) 地下水动态观测，如地下水水位、化学成分、水量变化及孔隙水压力的观测等。

长期观测点的位置，应能有效地将变化的不均匀性和方向性表示出来，观测线应布置在地质条件变化程度差异最大的方向上。为观测滑坡的发展，主观测线应沿滑动方向布置。在布点时，必须合理选择作为比较用的基准点。观测时间的间隔及整个观测时间的长短，视需要和观测内容及变化的特点来决定，一般应遵照"均布控制、加密重点"的原则。

在观测过程中，应不断积累资料，并及时进行整理，用文字或图表形式表示出来。在有条件的地方，可以设置自动或半自动观测记录装置。

学习检验评价单

工程地质勘察知识检验	姓名：	
	班级：	
	自评	师评
学习复习内容	掌握/未掌握	合格/不合格
工程地质勘察的目的与任务是什么		
工程地质勘察的划分及各勘察阶段的特点如何		
工程地质勘察方法有哪些？它们各解决哪些问题		
工程地质测绘的主要方法有哪些		
工程地质钻探可以解决哪些问题		
岩芯采取率及岩芯获得率如何统计？RQD 值如何确定？有何实际意义		
什么是物探？常用的物探方法有哪些？工程地质勘察工作只进行物探可以吗？为什么		

任务3 识读地质图

知识目标
1) 了解地质图及类型。
2) 了解地质条件在地质图上的表示方法及特征。
3) 掌握地质图阅读和分析方法。

技能目标
1) 学会分析地质条件在地质图上的表示特征。
2) 学会阅读地质图。

素养目标
培养应用能力;培养踏实细致认真的工作态度和作风。

相关知识

一、地质图的种类和基本内容

用规定的符号、线条和色彩来反映一个地区各种地质现象、地质条件和地质发展历史的图件,叫作地质图。它是依据野外探明和搜集的各种地质勘测资料,按一定比例投影在地形底图上编制而成的,是地质勘察工作的主要成果之一。地质图的基本内容一般是通过统一规定的图例符号来表示。工程建设中的规划、设计和施工阶段,都需要以地质勘测资料为依据,而地质图是直接利用和使用方便的主要图表资料。因此,初步学会编制、分析、阅读地质图是很重要的。

1. 地质图的种类

地质图的种类繁多,因其在经济建设中应用目的的不同,其内容也各有所侧重。在工程建设中,常用的地质图有以下几种:

(1) 普通地质图 以一定比例尺的地形图为底图,反映一个地区的地形、地层岩性、地质构造、地壳运动及地质发展历史的基本图件,称为普通地质图,简称地质图。在一张普通地质图上,除了地质平面图(主图)外,一般还有一个或两个地质剖面图和综合地层柱状图,普通地质图是编制其他专门性地质图的基本图件。

1) 平面图。平面图是反映地表地质条件的图,是地质图的主体部分。它一般是通过野外地质勘测工作直接填绘到地形图上编制出来的。平面图中应标记出图名、图例、比例尺、编制单位和编制日期等。

2) 剖面图。剖面图是反映地表以下某一断面地质条件的图。它可以通过野外测绘或勘探工作编制,或在室内根据地质平面图来编制,即在平面图上,选择一至数条有代表性方向的图切剖面,以表示岩层、褶皱、断层的空间形态及产状和地貌特征。编制时应注意其水平比例尺与平面图的要相同,垂直(高程)比例尺可比平面图的适当大些。

3) 柱状图。柱状图又称为综合地层柱状剖面图，主要综合反映一个地区各地质年代的地层特征、厚度、岩性变化及接触关系等。为了较准确地表示出各时代不同岩层的厚度，柱状图的比例尺通常要比剖面图的还要大一些。

地质平面图全面地反映了一个地区的地质条件，是最基本的图件。地质剖面图是配合平面图，反映一些重要部位的地质条件，它对地层层序和地质构造现象的反映比平面图更直观更清晰，所以一般平面图都附有剖面图。

(2) 地貌及第四纪地质图　以一定比例尺的地形图为底图，主要反映一个地区的第四纪沉积层的成因类型、岩性及其形成时代、地貌单元的类型和形态特征的一种专门性地质图（用来表示某一项地质条件或服务于某一专门的国民经济项目的地质图称为专门性地质图，如专门表示地下水条件的水文地质图；服务于各种工程建设的工程地质图），称为地貌及第四纪地质图。在建筑物地区的河流两岸及河谷地段，测绘编制地貌及第四纪地质图是必要的。

(3) 水文地质图　以一定比例尺的地形图为底图，反映一个地区总的水文地质条件或某一个水文地质条件及地下水的形成、分布规律的地质图，称为水文地质图。

(4) 工程地质图　工程地质图是根据工程地质条件而编制的，是在相应比例尺的地形图上表示各种工程地质勘察工作成果的图件。为某些工程建设的需要而编制的称为专门性问题工程地质图。

(5) 天然建筑材料图　反映天然建筑材料的产地、分布与储量的图件。

2. 地质图的基本内容

一幅正规的地质图上应有图名、图例、比例尺、编制单位和编制日期、校核人员等。有些地质图，在图的左侧还附有综合地层柱状图，图的下方附地质剖面图。

(1) 图名　一般以图区内主要城镇、居民点或主要山岭、河流等命名，用以说明图幅所在的地区和图的类型，如六盘山地形地质图、南京市水文地质图等。

(2) 比例尺　地形图上表示的地形、地物的长度与实地的地形、地物长度的比值，称为比例尺。

比例尺通常用分数来表示。其分子均为1，分母 M 为实物缩小的整倍数值。如 1∶1000，即 1/1000，表示地物长度缩短为千分之一后，即为图纸上相应地物的长度。这种以分数形式表示的比例尺通常称为数字比例尺。在地图上除写有数字比例尺之外，一般还有用线段表示的比例尺，即图示比例尺。

一般地质图比例尺的大小是由工程的类型、规模、设计阶段和地质条件的复杂程度确定的。按工作的详细程度或工作阶段的不同，地质图可分为大比例尺（1∶25000～1∶1000）地质图、中比例尺（1∶100000～1∶50000）地质图、小比例尺（1∶1000000～1∶200000）地质图。工程建设地区的地质图，一般是大比例尺地质图。

(3) 图例　图例主要说明地质图中所用线条符号和颜色的含义，凡地质图上出现的地质符号，都按规定的符号、颜色、式样逐一按顺序列出来，组成图例。图例通常被放在图框外右侧或下部，也可放在图框内足够安排图例的空白处。其排列顺序是从上到下、从左到右按沉积地层层序（由新到老）、岩浆岩（由新到老、由酸性到基性）、变质岩、地质构造及其他地质现象顺序排列。所有的岩性图例、地质符号、地层代号及颜色都有统一规定。

(4) 责任栏（图签）　图框外的右下方为责任栏，说明地质图的编制单位、编审人员、成图日期及资料来源等,便于查找。

二、地质情况在地质图上的表现

地质图所反映的地质内容,如地层岩性、岩层产状、岩层接触关系、褶皱、断层及其他地质现象等,是通过不同的线条符号和色彩表示在一幅相应比例尺的地形底图上的。主要的几种地质条件在图上的表示方法如下。

1. 地层岩性的表示

地层岩性在地质图上是通过地层分界线、地层年代代号、岩性符号和颜色,配合图例说明来表示的。地层分界线在地质图上可能呈现各种形状,归纳起来有以下几种:

(1) 第四纪松散沉积层和基岩的分界线 形状较不规则,但有一定规律,大多在河谷斜坡、盆地边缘、平原与山区交界处,大致沿着山麓等高线延伸在冲沟发育、厚度较大的松散沉积层分布地区,基岩则常在冲沟的底部出露。

(2) 岩浆岩侵入体的界线 形状最不规则,也无规律可循,须根据情况进行实地测绘。

(3) 层状岩层的界线 在地质图上出现最多,其规律性较强,形状主要取决于岩层的产状和地形之间的关系。

1) 水平岩层。水平岩层的地层界线与地形等高线平行或重合,呈封闭的曲线。

2) 直立岩层。直立岩层的地层界线不受地形的影响,呈直线沿岩层的走向延伸,并与地形等高线直交。

3) 倾斜岩层。倾斜岩层的地层界线与地形等高线斜交,呈 V 字形弯曲的曲线状,如图 2-8 所示。地层界线的弯曲程度与岩层倾角和地形起伏有关。一般岩层倾角越小,V 字形越紧闭;倾角越大,V 字形越开阔。

2. 褶曲

褶皱在地质图上主要通过地层的分布规律、年代新老关系和岩层产状综合表示出来。为了突出褶皱轴部的位置及褶皱的形态类型,常在褶皱核部地层的中央,用下列符号加重表示:"———" 表示背斜;"———" 表示向斜。

3. 断层

断层在地质图上也是通过地层分布的规律和特征,结合规定的符号来表示的。在断层出露的位置,用下列红线符号加重表示断层的性质和类型。

1) "———" 代表正断层,其中长线表示断层出露位置和断层线延伸的方向,带箭头的短线表示断层面倾向,数字为断层面倾角,不带箭头的短线所在的一侧为断层的下降盘。

2) "———" 代表逆断层,其中不带箭头的双短线所在的一侧为断层的下降盘,其他符号同上。

3) "———" 代表平移断层,其中箭头表示两盘相对滑动的方向,其他符号同上。

4. 岩层接触关系

(1) 层状岩层间的接触关系

1) 整合接触。在地质图上表现为两套地层的界线大体平行,较新地层只与一个较老地

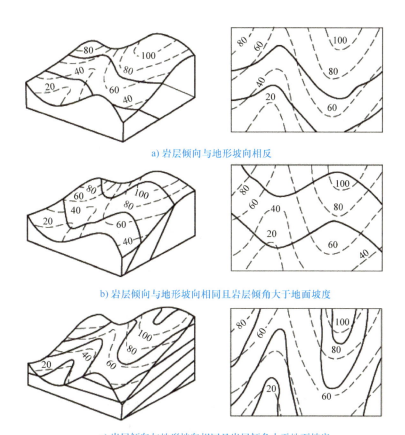

a) 岩层倾向与地形坡向相反

b) 岩层倾向与地形坡向相同且岩层倾角大于地面坡度

c) 岩层倾向与地形坡向相同且岩层倾角小于地面坡度

图 2-8　倾斜岩层在地质图上的表现

层相邻接触，而且地层年代连续，用实线"——"表示。

2）平行不整合接触。平行不整合接触也称为假整合接触，在地质图上表现为两套地层的界线大体平行，较新地层也只与一个较老地层相邻接触，但地层年代不连续，用虚线"— — —"表示。

3）角度不整合接触。角度不整合接触也称为不整合接触，在地质图上表现为两套地层的界线不平行，呈角度交截，一种较新地层同多种较老地层相邻接触，产状不同，地层年代不连续，用波浪线"〰〰〰"表示。

(2) 岩浆岩侵入体与围岩的接触关系

1）沉积接触。在地质图上表现为岩浆岩的界线被沉积岩界线截断。

2）侵入接触。在地质图上表现为沉积岩的界线被岩浆岩界线截断。

三、地质图的识读

掌握了上述地质图的基本知识后，即可进行地质图的阅读和分析，了解工程建筑地区的区域地层岩性分布和地质构造特征，分析其有利与不利的地质条件，以及对建筑物的影响，具有很重要的实际意义。

阅读地质图的方法：

(1) 先看图和比例尺　以了解地质图所表示的内容，图幅的位置，地点范围及其精度。如比例尺是 1∶5000，即图上 1cm 相当于实地距离 50m。

(2) 阅读图例　了解图中有哪些地质时代的岩层及其新老关系；并熟悉图例的颜色及符号，在附有地层柱状图时，可与图例配合阅读，综合地层柱状图较完整、清楚地表示地层的新老次序、分布程度、岩性特征及接触关系。

(3) 分析地形地貌　通过地形等高线或河流水系的分布特点，了解本区的地形起伏、相对高差、山川形势、地貌特征等，并结合分析第四纪地层的分布。

(4) 分析地层　阅读地层的分布、新老关系、产状及其与地形的关系，分析不同地质年代的分布规律、岩性特征及新老接触关系，了解区域地层的基本特点。

分析不整合接触时，要注意上下两套岩层的产状是否大体一致，分析是平行不整合还是角度不整合，然后根据不整合面上部的最老岩层和下伏的最新岩层，确定不整合形成的年代。

(5) 阅读地质构造　图上如有几种不同类型的地质构造时，可以先分析各年代地层的接触关系，再分析褶皱，然后分析断层。即了解图上有无褶皱以及褶皱类型、轴部、翼部的位置；有无断层以及断层性质、分布及断层两侧地层的特征，分析本地区地质构造形态的基本特征。

分析褶皱时，可以根据褶皱轴部及两翼岩层的新老关系，分析是背斜还是向斜。根据轴面及两翼岩层的产状，可将直立、倾斜、倒转和平卧等不同形态类型的褶皱加以区别。根据未受褶皱影响的最老岩层和受到褶皱影响的最新岩层，判断褶皱形成的年代。

根据两盘岩层的新老关系和岩层露头的变化情况，分析哪一盘是上升盘，哪一盘是下降盘，确定断层的性质和类型；判断断层形成的年代，早于覆盖在断层之上的是最老岩层，晚于被错断的是最新岩层。

(6) 综合分析　综合分析各种地质现象之间的关系、规律性及其地质发展简史。

(7) 分析评价　在上述阅读分析的基础上，对图幅范围内的区域地层岩性条件和地质构造特征，可结合工程建设的要求，进行初步分析评价。

四、案例

根据上述读图原则，现以宁陆河地区地质图为例，识读宁陆河地区地质图（图 2-9、图 2-10）。

（一）比例尺

该地质图比例尺为 1∶25000，即图上 1cm 相当于实际距离 250m。

（二）地形地貌

本区东部为红石岭，西南为扁担峰，高程均在 700m 以上；图幅北部为二龙山，南部为白云山，中部地势较低，宁陆河自西北流向本区最低处东南部宁陆河谷，全区最高点的二龙山（高程 800m 多）与最低点的河谷（高程 300m 多）最大相对高差约 500m。区内地形地貌特征主要受地层岩性、地质构造的控制，一般在页岩及断层带分布地带多形成河谷低地，而在石英砂岩、石灰岩及地质年代较新的白垩系粉细砂岩分布地带则形成高山。山脉延伸与地层走向一致，大体作南北向延伸，宁陆河沿断层带发育。

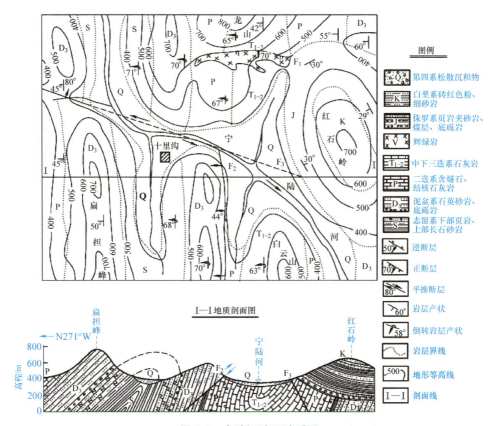

图 2-9　宁陆河地区地质图

（三）地层岩性

本区出露地层包括志留系（S）、泥盆系上统（D_3）、二叠系（P）、中下三叠系（T_{1-2}）、侏罗系（J）、白垩系（K）及第四系（Q）。其中泥盆系上统主要分布在西部扁担峰一带，侏罗系与白垩系分布在东部红石岭周围，第四系主要沿河谷发育。

从图 2-10 中可以看出，本区泥盆系上统与志留系地层间虽然岩层产状一致，但其间缺失泥盆系中下统沉积，且上泥盆系底部有底砾岩存在，说明两者之间为平行不整合接触。二叠系与泥盆系地层之间，缺失石炭系，所以也为平行不整合接触。图中的侏罗系与泥盆系上统、二叠系及三叠系中下统三个地质年代较老的岩层接触，且产状不一致，所以为角度不整合接触。第四系与老岩层之间也为角度不整合接触。其余地层均为整合接触。

北部出露的辉绿岩是沿 F_1 张性断裂呈岩墙状侵入到二叠系及三叠系石灰岩中，因此辉绿岩与二叠系、三叠系地层为侵入接触，而与侏罗系间则为沉积接触。所以辉绿岩的形成时代，应在上中三叠系以后，侏罗系以前。

（四）地质构造

1. 褶皱构造

该地区有三个褶皱构造，即十里沟褶皱、白云山褶皱和红石岭褶皱。

十里沟褶皱的轴部在十里沟附近，轴向大致作南北向延伸，轴部出露地层为志留系页岩及长石砂岩，上部广泛有第四纪松散沉积物覆盖，两翼对称分布的是泥盆系上统及二叠系、

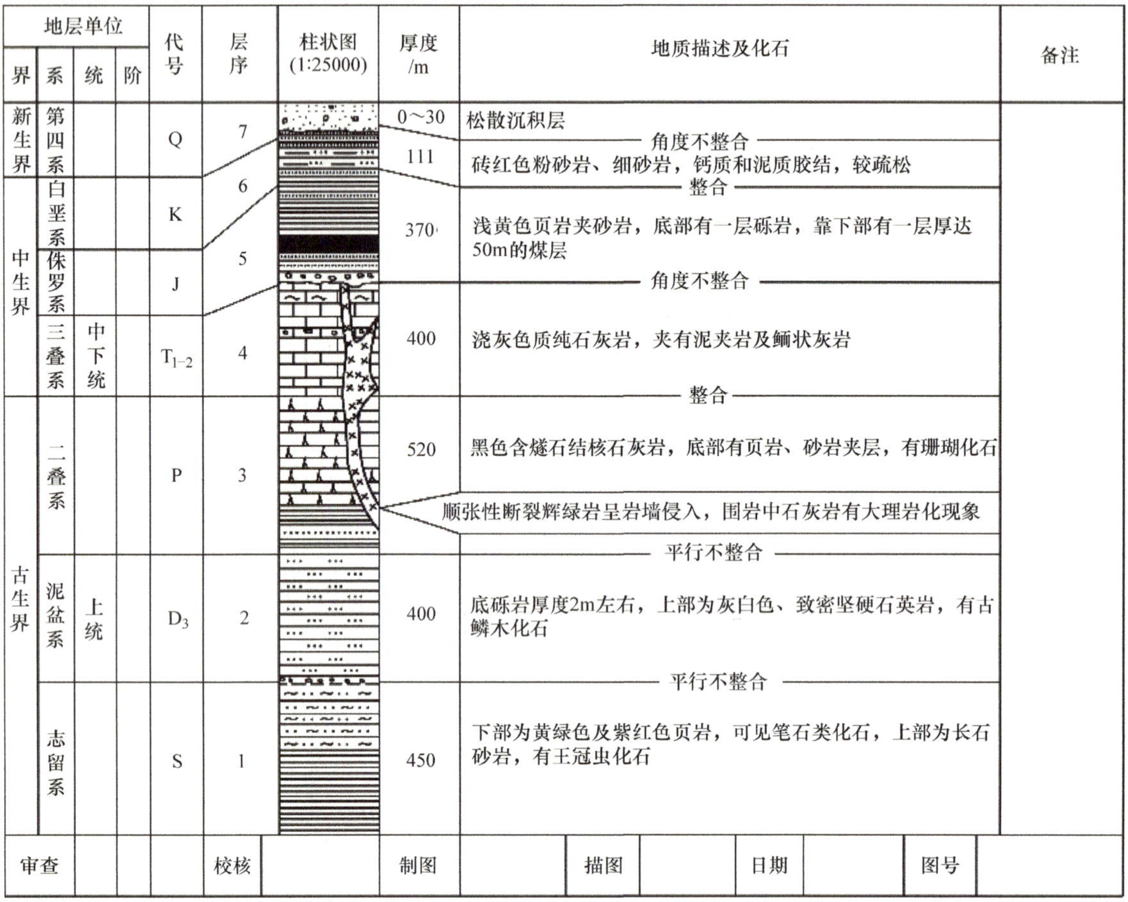

地层单位			代号	层序	柱状图 (1:25000)	厚度/m	地质描述及化石	备注
界	系	统 阶						
新生界	第四系		Q	7		0～30	松散沉积层	
							—— 角度不整合 ——	
中生界	白垩系		K	6		111	砖红色粉砂岩、细砂岩，钙质和泥质胶结，较疏松	
							—— 整合 ——	
	侏罗系		J	5		370	浅黄色页岩夹砂岩，底部有一层砾岩，靠下部有一层厚达50m的煤层	
							—— 角度不整合 ——	
	三叠系	中下统	T_{1-2}	4		400	浅灰色质纯石灰岩，夹有泥夹岩及鲕状灰岩	
							—— 整合 ——	
古生界	二叠系		P	3		520	黑色含燧石结核石灰岩，底部有页岩、砂岩夹层，有珊瑚化石	
							顺张性断裂辉绿岩呈岩墙侵入，围岩中石灰岩有大理岩化现象	
							—— 平行不整合 ——	
	泥盆系	上统	D_3	2		400	底砾岩厚度2m左右，上部为灰白色、致密坚硬石英岩，有古鳞木化石	
							—— 平行不整合 ——	
	志留系		S	1		450	下部为黄绿色及紫红色页岩，可见笔石类化石，上部为长石砂岩，有王冠虫化石	
审查			校核		制图		描图 　　　日期	图号

图 2-10　宁陆河地区综合地层柱状图

三叠系中下统地层，但西翼只见到泥盆系上统和部分二叠系地层，三叠系已出图幅。两翼岩层均向西倾，西翼倾角较缓，为 45°～50°，东翼倾角较陡，为 63°～71°。所以十里沟褶皱为一倒转背斜。十里沟倒转背斜构造，因受 F_3 断裂构造的影响，其轴部已向北偏移至宁陆河南北向河谷地段。

白云山褶皱的轴部在白云山至二龙山附近，轴向接近南北。褶皱轴部由三叠系中下统石灰岩组成，由轴部向翼部，地层依次为二叠系、泥盆系上统、志留系，其中西翼为十里沟倒转背斜东翼，倾角稍陡，东翼志留系地层已出图外，而二叠系与泥盆系上统因受上覆不整合的侏罗系与白垩系地层的影响，只在图幅的东北角和东南角出露，倾角较缓。两翼岩层均向西倾斜，是一个倾角不大的倒转向斜。

红石岭褶皱位于上述倒转向斜之东，大体呈北西—南东向延伸，由白垩系、侏罗系地层组成，褶皱舒缓，两翼岩层相向倾斜，倾角约 30°，为一直立对称向斜褶曲。

2. 断裂构造

本区较大断层有三条，其中 F_1 断层大致呈东西向延伸，断层面倾向为南，倾角约 70°，沿断层有辉绿岩体侵入，断层南盘（上盘）相对下降，北盘（下盘）相对上升，岩层分界线有向西移动现象,为一正断层。由于向斜轴部紧闭,断层位移幅度小,所以 F_1 断层引起的轴部地层宽窄变化并不明显。

F_2 断层大致呈南北向延伸,断层面倾向为西,倾角 44°,由断层两盘出露地层时代可以看出,西盘属上升盘,东盘属下降盘,故断层为一压性逆掩断层,该断层与倒转背斜轴向基本一致,由于断层影响,使下盘二叠系地层明显变窄。

F_3 断层大体呈北西—南东向延伸,为区内规模最大的一条断层。断层倾角近于直角,又从断层两侧志留系与泥盆系上统地层界线可以看出,东北盘地层界线明显向西错动,西南盘相对向东南错动,故为一扭性平移断层。

(五) 地质发展简史

本区地质发展历史的分析如下:从区内地层、岩性、地层接触关系及地质构造等地质特征分析,本区经受多次构造运动,其中以发生在 T_{1-2} 之后、J 之前的一次构造运动规模最大(相当于印支运动),从而使全区褶皱隆起,升出海面。由于受构造运动所产生的水平挤压力的影响,褶皱形态较为复杂,形成了一系列的倒转褶曲及断层,并沿断层有岩浆侵入活动。

从 D_3 与 S 之间、P 与 D_3 之间存在的假整合接触关系来看,本区这个时期地壳运动主要表现为升降运动;T 末期地壳又复下降,沉积了 J 与 K 陆相沉积;K 之后本区受构造运动的影响,使 J、K 地层形成较为舒缓的褶皱。

学习检验评价单

识读地质图知识检验	姓名: 班级:	
	自评	师评
学习复习内容	掌握/未掌握	合格/不合格
什么叫地质图		
地质图有哪些主要类型		
如何在地质图上区分向斜构造与背斜构造		
为什么说在地质图上老的岩层包着新的岩层就是向斜构造,反之是背斜构造		
如何鉴别地质图上的曲线是断层线还是层面		
如何在地质图上确定断层的类型		
各种岩层的接触关系在平面图上是如何反映的		
怎样阅读分析地质图		

任务4　编制工程地质勘察报告

知识目标

1）学会阅读工程地质勘察成果"工程地质勘察报告内容"。
2）了解工程地质报告附件图表。

技能目标

掌握阅读工程地质勘察报告方法、步骤的基本技能。

素养目标

培养应用能力；培养踏实细致认真的工作态度和作风。

相关知识

工程地质勘察最终成果是以"工程地质勘察报告书"的形式提交的。工程地质勘察报告是工程地质勘察的正式成果，它将现场勘察得到的工程地质资料进行统计、归纳和分析，编制成图件、表格，并对场地工程地质条件和问题做出系统的分析和评价，以正确全面地反映场地的工程地质条件和提供地基土物理力学设计指标，供建设单位、设计单位和施工单位使用，并作为存档文件长期保存。

一、工程地质勘察报告书

工程地质勘察报告的内容，包含了直接或间接得到的各种工程地质资料；还包含了勘察单位对这些资料的检查校对、分析整理和归纳总结过程、有关场地工程地质条件的评价结论及相关分析评价依据。报告以简要明确的文字和图表两种形式编写而成，具体内容除应满足《岩土工程勘察规范》（GB 50021—2001）（2009年版）的相关内容外，还和勘察阶段、勘

工程地质勘察报告

察任务要求和场地及工程的特点等有关。因此，工程地质勘察报告内容应根据任务要求、勘察阶段、地质条件、工程特点等具体情况确定，在内容结构上一般分为绪论、通论、专论和结论4个部分，每个部分的内容虽各有侧重，但各部分是紧密联系着的。

（1）绪论　绪论部分主要是简述勘察区的自然地理概况（工程地理位置、流域水系、水文、气象等）、工程概况、工程建筑物特性（工程规模、结构形式等）、工程主要指标、工程布置方案及在国民经济建设中的重要性以及设计阶段勘察目的、要求和任务、方法、时间和所应完成的工程项目及工作量等。

（2）通论　通论的内容是阐明工作地区的场地位置、地形地貌、地质构造、不良地质现象及地震设防烈度等，工程地质条件和所处区域的地质地理环境，以明确各种自然因素（如大地构造、地势、气候等）对该区工程地质条件的意义。因此，通论一般可分为区域自然地理概述和区域地质、地貌、水文地质概述以及建筑地区工程地质条件概述等章节。各章节的内容应当既能阐明区域性及地区性工程地质条件的特征及其变化规律，又必须紧密联系

工程目的，不要泛泛而论。在规划阶段的工程地质勘察中，通论部分占有重要地位，在以后的阶段中其比重越来越小。

(3) 专论　专论一般是工程地质勘察报告书的中心内容，因为它既是结论的依据，又是绪论内容选择的标准。专论的内容包括场地的岩土类型、地层分布、岩土结构构造或风化程度、场地土的均匀性、岩土的物理力学性质、地基承载力以及变形和动力等其他设计计算参数或指标；地下水的埋藏条件、分布变化规律、含水层的性质类型、其他水文地质参数、场地土或地下水的腐蚀性以及地层的冻结深度等。专论是对建设中可能遇到的工程地质问题进行分析论证，并回答设计方面提出的地质问题，对建筑地区做出定性的或定量的工程地质评价，作为选定建筑物地址、结构形式和规模的地质依据，并在明确不利的地质条件的基础上考虑合适的处理措施。专论部分的内容与勘察阶段的关系特别密切，勘察阶段不同，专论涉及的深度和定量评价的精度也有差别。专论还应明确指出遗留的问题和进一步勘察工作的方向。

(4) 结论　结论的内容包括建筑场地及地基的综合工程地质评价以及场地的稳定性和适宜性等结论。针对工程建设中可能出现和存在的问题提出措施和施工建议。结论是在专论的基础上对各种具体问题做出的简要明确的回答。结论态度要明朗、措词要简练、评价要具体，问题解决得不彻底的可以如实说明，但不要含糊其词、模棱两可。

除综合性岩土工程勘察报告外，也可根据任务要求，提交单项报告，主要有：岩土工程测试报告，岩土工程检验或监测报告，岩土工程事故调查与分析报告，岩土利用、整治或改造方案报告，专门岩土工程问题的技术咨询报告等。

工程地质勘察是分阶段进行的，当每一个阶段的勘察工作结束后，应根据各阶段勘察设计任务书中的要求，结合工程特点和建筑物场区的工程地质条件，及时编写出各阶段的工程地质勘察报告。另外，工程地质勘察报告书必须与工程地质图一致，互相照应、互为补充，共同达到为工程服务的目的。

二、工程地质图表

工程地质勘察报告应附必要的图表，这些图表是根据各勘察设计阶段的测绘、勘探和试验所得资料，进行分析整理编制而成的。常用的图表有以下几种：

1. 综合工程地质平面图

综合工程地质平面图简称工程地质图，在图中表示与工程有关的各种地质条件，如建筑地区地层岩性、地质构造、地形地貌、水文地质条件、自然地质现象以及勘探和试验成果。它是评价工程建筑地区工程地质条件的主要依据。

2. 勘探点平面布置图

勘探点平面布置图是在地形图上标明工程建筑物、各勘探点（包括探井、探槽、钻孔等）、各现场原位测试点以及勘探剖面线的位置，并注明各勘探点、原位测试点的坐标及高程。

3. 地层综合柱状图

反映场地（或分区）的地层变化情况，在图上标明层厚、地质年代，并对岩土的特征和性质进行概括的描绘，有时还附有各岩土层的物理力学性质指标。

4. 工程地质剖面图

工程地质剖面图是根据地质剖面勘探资料和试验成果编制而成的图件，是工程选址相关工作中广泛使用的图件。以地质剖面图为基础，反映地层岩性、地质构造、地貌、水文地质条件、自然地质现象、各分层岩土的物理力学性质指标等。工程地质剖面图可作为选择和论证工程建筑场地、拟定设计方案、进行工程地质问题评价、确定工程建筑地基基础处理措施和施工方案的依据。

由于勘探线的布置常与主要地貌单元或地质构造轴线相垂直或与建筑物轴线相垂直，因此工程地质剖面图能最有效地揭示场地地质条件。

5. 洞、井、坑、槽的展视图

洞、井、坑、槽的展视图是洞、井、坑、槽等山地勘探工作编录的原始图件，是绘制各类图件和评价与工程有关的工程地质问题的基本资料。

6. 工程地质附表

工程地质附表主要是岩土试验成果表、地基土物理力学指标统计表等。在岩土试验成果表中，常列出现场原位测试（包括载荷试验、标准贯入试验、十字板剪切试验、静力触探试验等）和室内岩土试验（全部岩土试样的各种物理力学指标和状态指标、地基土承载力等）的原始数据。地基土物理力学指标统计表是根据室内外岩土试验原始数据，按土层进行统计汇总而成。工程地质附表的数据是工程设计和施工的重要依据。

7. 其他专门图件

对于特殊地质条件及专门性工程，根据各自的特殊需要，绘制相应的专门图件等。

有关各勘察设计阶段工程地质勘察报告的编写提纲和各种图表的内容要求及具体规定，详见有关公路工程地质勘察资料内业整理规程。

三、案例——某建设工程项目工程地质勘察报告

（一）工程概况（绪论）

拟建工程位于河南省郑州市西北部黄河南岸，荥阳市东北约7km的广武镇前袁洞村西南，有简易公路相通，交通方便。工程初步设计阶段地质勘察主要项目包括工程地质测绘、工程地质勘探、工程及水文地质试验、水化学分析等。

（二）区域地质条件（通论）

1. 地形地貌

勘察区位于邙山岭南侧的山前倾斜平原，为黄土状土地区。其具有黄土地貌特征，冲沟发育，沟壁直立，地形相对破碎。索河为季节性河流，河谷呈"U"形，其中河床宽10~30m。河漫滩多分布于河床左侧，经人工造田后地形相对平缓。河流阶地不发育，仅沿河两岸零星分布有一级阶地。

2. 地层岩性

根据工程场区勘探深度范围内所揭露的地层，按岩性可划分为7个土体单元，由新到老为：第①层全新统上段轻粉质壤土，第②层全新统下段砾质轻粉质壤土，第③层上更新统上段黄土状轻粉质壤土，第④层上更新统上段黄土状中粉质壤土，第⑤层上更新统上段黄土状轻粉质壤土，第⑥层上更新统下段黄土状重粉质壤土，第⑦层中更新统粉质黏土。最大揭露厚度为9.40m。

3. 地质构造与地震

勘察区属中朝准地台华北断坳处的开封—济源凹陷带，新构造分区属豫皖断块区中北部，处于次稳定区域，主体构造线方向为北西向或近东西向。本区的构造活动特征是：第三纪时断裂活动较强烈，地壳以沉降为主；第四纪以来，构造活动以下降为主，无明显断裂活动；全新世时期以明显的上升为主，地质构造简单，地壳稳定条件较好。据野外观察及钻孔资料，测区内未发现新构造活动形迹。按1990年国家地震局颁发的中国地震烈度区划图（1/400万）和《南水北调中线工程震中分布及沿线地震烈度图》勘察区地震基本烈度为Ⅶ度。

4. 水文地质条件

勘察区地下水属松散土类孔隙潜水，在勘探深度内水位以下无强透水的富水地层，其含水层为黄土状中粉质壤土、黄土状轻粉质壤土及黄土状重粉质壤土，地下水赋存于土层的孔隙中，下部第⑦层粉质黏土为隔水底板。该区地下水主要接受大气降水及河水补给，以地下水径流的方式向下游排泄。在勘探深度范围内，未见强透水层。由室内渗透试验及野外注水试验结果表明，本区除第①层轻粉质壤土及第⑤层黄土状轻粉质壤土具中等透水性，第⑦层粉质黏土属微透水外，其余均为弱透水层。本次勘察在工程区共采取地下水水样6组和河水水样3组。水质分析成果表明：区内地下水和河水为"HCO_3^-—SO_4^-—Ca^{2+}—Mg^{2+}"型水，矿化度为0.564~0.938g/L，属淡水；pH值为7.2~7.4，呈中性；总硬度为23.85~24.57H°，属硬水；侵蚀性CO_2为0~2.2mg/L，对混凝土无侵蚀性。

5. 物理地质现象

在勘察区范围内有崩滑体5处，其中规模较大、分布于建筑物附近的为西沟滑坡体，距渡槽中心线20m，崩塌体体积为7500m³，呈扇形分布，对建筑物稳定性有一定影响。陷穴有6处，其中较近两处，其平面多呈椭圆状，对建筑物稳定产生一定的影响。

（三）建筑物工程地质条件及评价（专论）

1. 建筑物工程地质条件

（1）地质结构　根据工程区地形地貌及地层岩性的分布特征，沿渡槽轴线分为左、右岸段及河谷段（图2-11）。

1）左、右岸段。自上而下为：第③层上更新统上段黄土状轻粉质壤土；第④层上更新统上段黄土状中粉质壤土；第⑤层上更新统上段黄土状轻粉质壤土；第⑥层上更新统下段黄土状重粉质壤土；第⑦层中更新统粉质黏土，最大揭露厚度为9.5m。以上各层分布稳定。

2）河谷段。由上向下依次为：第①层全新统上段轻粉质壤土，土质不均，在孔NB083-4孔处有薄层中砂透镜体；第②层全新统下段砾质轻粉质壤土，分布不稳定，仅沿现河床分布，宽度约83m，该层底部多含卵砾石，含量12%~32%；第③层上更新统上段黄土状轻粉质壤土，在河床附近被侵蚀；以下地层为④、⑤、⑥、⑦层，其空间展布情况与两岸段相同。

（2）岩土物理力学性质

1）土体物理力学特征。根据工程场区勘探深度范围内所揭露的地层，按地层岩性可划分为7个土体单元。为研究各土层物理力学性质，取得设计所需的物理力学参数，除取样进行室内试验外，还进行了标准贯入试验。

2）各土体物理力学指标建议值。根据室内试验、原位测试成果以及按照有关规范提出

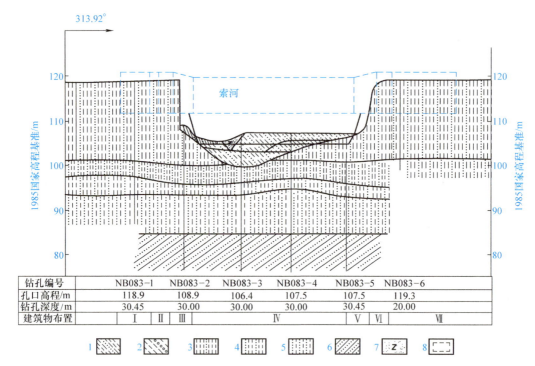

图 2-11 索河渡槽工程地质剖面

1—轻粉质壤土 2—砾质轻粉质壤土 3—黄土状轻粉质壤土 4—黄土状中粉质壤土
5—黄土状重粉质壤土 6—粉质黏土 7—中砂 8—建筑物轮廓线
Ⅰ—进口渐变段 Ⅱ—进口闸室段 Ⅲ—出口闸渡过连接段 Ⅳ—槽身段
Ⅴ—出口闸渡过连接段 Ⅵ—出口闸室段 Ⅶ—出口渐变段

承载力标准值,结合工程类比、综合分析、论证,工程场区建筑物地基主要持力层承载力标准值的选择分析如下:第①层为轻粉质壤土,按物理性指标确定的承载力标准值 f_k = 160kPa,标贯试验 10 次,范围值 4~7 击,平均 5 击,承载力标准值 f_k = 145kPa。第②层为砾质轻粉质壤土,按物理性指标确定的承载力标准值 f_k = 160kPa,标贯试验 8 次,范围值 4~7 击,平均 5 击,承载力标准值 f_k = 145kPa。第③层为黄土状轻粉质壤土,其上部 4.0m,具有中等湿陷性,4.0m 以下不具湿陷性,而建筑物基础均置于非湿陷土层中,按一般黏性土指标查得 f_k = 165kPa,标贯试验 96 次,范围值 4~15 击,离散性比较大,平均值 11 击,确定的承载力标准值 f_k = 280kPa。

以上各层均处于地下水位以上,含水率偏低,一旦有水渗入,其强度将会降低,考虑渠道运行时可能局部渗漏,下部土层的含水率比现状要高,土体承载力要减小,但不能完全饱和,故地基承载力应比现状低而比饱和状态高。结合工程经验类比,承载力标准值建议:第①层轻粉质壤土 f_k = 145kPa,第②层砾质轻粉质壤土 f_k = 145kPa,第③层黄土状轻粉质壤土 f_k = 160kPa。

第④层黄土状中粉质壤土由物理性指标确定的承载力标准值 f_k = 260kPa,标贯试验 31 次,范围值 5~9 击,平均值 7 击,确定的承载力标准值 f_k = 190kPa。由于该层多处于地下水位以上,按水位附近的标贯值结合经验,建议该层承载力标准值 f_k = 165kPa。第⑤层黄土状轻粉质壤土按一般黏性土确定的承载力标准值 f_k = 210kPa,标贯试验 34 次,范围值 4~9 击,平均值 7 击，确定的承载力标准值 f_k = 190kPa。标贯击数离散性较大，说明土质均匀性差，按标贯一般值结合经验综合考虑，建议该层承载力标准值 f_k = 165kPa。第⑥层黄土状重粉质壤土按一般黏性土，其承载力标准值 f_k = 190kPa，标贯试验 57 次，范围值 5～12 击，平均 9 击，根据《工程地质手册》查表得 f_k = 235kPa，综合考虑，建议该层承载力标准值 f_k = 190kPa。第⑦层粉质黏土按黏性土确定的承载力标准值 f_k = 210kPa，标贯试验 32 次，范围值 7～15 击，平均 11 击，根据《工程地质手册》查表得 f_k = 280kPa，综合考虑，建议该层承载力标准值 f_k = 210kPa。

2. 主要工程地质问题

（1）黄土状土的湿陷问题　索河两岸广泛分布的第③层黄土状轻粉质壤土，厚约 17.4m。勘探时，在该层布探坑 6 个，挖取方块样做湿陷性试验。根据当时的现行标准《湿陷性黄土地区建筑规范》(GB 50025)，该层土上部 4.0m 的湿陷系数为 0.0206～0.0267，具中等湿陷性。4.0m 以下，不具湿陷性，计算总湿陷量 ΔS = 7.0cm，场地类型属非自重轻微湿陷场地。渡槽进出口渐变段、闸室段、闸渡连接段、退水闸、急流槽、消力池及海漫段处的湿陷土层均要挖除，湿陷问题对基础影响不大。

（2）冲刷问题　退水闸中的急流槽、消力池及海漫基础置于第③层黄土状轻粉质壤土中，该层土为黏性土，抗冲刷能力差。在水位落差达 9.1m 的情况下，势必产生严重的冲刷问题，影响建筑物的稳定性，设计时应采取防护措施。

3. 建筑物工程地质评价

根据建筑物的布置，分别对进出口渐变段、闸室段、进出口闸渡连接段、槽身段、退水闸进行评价。

（1）进出口渐变段　该段位于索河两岸，地质结构由第③层黄土状轻粉质壤土、第④层黄土状中粉质壤土、第⑤层黄土状轻粉质壤土、第⑥层黄土状重粉质壤土、第⑦层粉质黏土组成。设计渠水位为 120.23～120.52m，渠底板高程为 112.346～112.463m，水深 8.0m，挖深约 6.8m，填方高度约 2.6m，基础置于第③层黄土状轻粉质壤土湿陷土层之下，承载力标准值为 160kPa。渠坡部分位于湿陷土层，设计时应予以考虑，开挖深度约 6.6m，建议边坡采用 1∶0.75。

（2）闸室段　地质结构由第③层黄土状轻粉质壤土、第④层黄土状中粉质壤土、第⑤层黄土状轻粉质壤土、第⑥层黄土状重粉质壤土、第⑦层粉质黏土组成。设计要求基底应力为 180～220kPa。基础置于第③层湿陷土层之下，其承载力标准值为 160kPa。承载力设计值按标准值和基础宽度、基础埋深进行计算，根据计算结果，确定地基是否需进行处理。

（3）进出口闸渡连接段　位于两岸与河槽结合部位，两岸为挖方，基础应置于第③层黄土状轻粉质壤土之上，其承载力标准值为 160kPa。承载力设计值可按标准值和基础宽度、基础埋深进行计算，以确定地基是否需进行处理。开挖边坡采用 1∶0.75。

（4）槽身段　该段横跨索河河槽，地质结构由第①层轻粉质壤土、第②层砾质轻粉质壤土、第③层黄土状轻粉质壤土、第④层黄土状中粉质壤土、第⑤层黄土状轻粉质壤土、第⑥层黄土状重粉质壤土、第⑦层粉质黏土组成。基础底面高程为 104.89m，要求基底应力为 150～190kPa。基础置于第①层轻粉质壤土及第③层黄土状轻粉质壤土湿陷土层之下，从剖面图上分析，河槽段地面高程最低为 105.0～106.2m，基础砌置深度太浅，承载力标准值分别为 145kPa 和 160kPa，均不能满足设计应力要求，建议加深基础深度，并对地基适当加固处理。

(5) 退水闸 退水闸包括进口、闸室、急流槽、消力池、海漫、防冲槽，地质结构由第③层黄土状轻粉质壤土、第④层黄土状中粉质壤土、第⑤层黄土状轻粉质壤土、第⑥层黄土状重粉质壤土、第⑦层粉质黏土组成。地面高程为119.20~119.91m，设计基底高程为104.51~112.55m，要求基底应力为150~180kPa，基础置于第③层湿陷土层之下，承载力标准值为160kPa，地基埋深约6.0m，设计时宜根据基础埋深、宽度及承载力标准进行计算，以确定地基是否需要进行处理。两岸渠堤填方高度为1~4m，开挖边坡宜采用1:0.75。

(四) 结论

1) 勘察结果表明，场区地层主要为第四系冲积及风积黄土状壤土和粉质黏土，地层分布稳定，厚度大于30m，总体来看，场区工程地质条件较好，但第四系上部黄土状土具有湿陷性，强度略低。

2) 通过地质勘察查明了索河渡槽及退水闸基础的土体特征、工程地质条件及各持力层土体的物理力学性质，其物理力学指标建议值（表2-1）可作为设计和施工使用。

3) 工程场区位于黄河冲积平原，河谷宽浅，交通便利，有利于建筑物的布置和施工。

4) 工程区基本地震烈度为Ⅶ度。

5) 区内地下水对混凝土无侵蚀性，地表水因人工污染，有硫酸盐型弱腐蚀性，建议选用抗硫酸盐水泥。

6) 区内出露的第③层黄土状轻粉质壤土上部4.0m，具中等湿陷性，渠坡多位于该湿陷土层，设计时应予以考虑。开挖深度为6~7m，建议边坡采用1:0.75。

7) 渡槽进出口闸室、退水闸基础置于第③层黄土状轻粉质壤土上，其承载力标准值不能满足基底应力要求，若经基础宽度和深度修正后，仍不能满足设计要求，需对地基进行加固处理。渡槽槽身段基础位于第①层轻粉质壤土和第③层黄土状轻粉质壤土上，基础埋深较浅，其承载力标准值也不能满足设计基底应力要求，建议增加基础设置深度，并对地基进行加固处理。

表2-1 物理力学指标建议值

土体单元编号	①	②	③	④	⑤	⑥	⑦
地层时代	全新统上段	全新统下段	上更新统上段	上更新统上段	上更新统上段	上更新统下段	中更新统
土类名称	轻粉质壤土	砾质轻粉质壤土	黄土状轻粉质壤土	黄土状中粉质壤土	黄土状轻粉质壤土	黄土状重粉质壤土	粉质黏土
底板高程/m	103.7~108.9	100.2~101.1	100.7~102.6	96.2~98.1	94.3~96.1	85	—
层厚/m	0.6~4.9	2.8~4.9	6.2~16.8	3.6~4.7	2.1~4.2	3.2~9.9	9.2
天然含水率 W (%)	16.8	21.8	15.1	23.1	26.8	26.3	26.4
天然干密度 r_d/(g/cm³)	1.58	1.68	1.57	1.61	1.55	1.57	1.57
相对密度 G_s	2.71	2.70	2.70	2.71	2.71	2.72	2.71
天然孔隙比 e	0.792	0.641	0.727	0.681	0.736	0.727	0.742

（续）

液限 W_L（%）	29.3	28.9	28.5	32.1	31.0	40.8	40.7
塑限 W_P（%）	15.4	14.8	15.8	17.0	17.2	19.4	20.5
塑性指数 I_P	13.9	14.1	12.7	15.1	13.8	21.4	20.2
液性指数 I_L	0.14	0.50	−0.14	0.37	0.63	0.32	0.29
黏聚力 c/kPa	8	8	11	13	9	19	27
摩擦角 φ/(°)	27.4	27.4	26.5	24.3	28.1	21	17
压缩系数 $a_{1\text{-}2}$/MPa^{-1}	0.19	0.23	0.12	0.21	0.21	0.16	0.15
压缩模量 E_s/MPa	7	7	13	8	7	11	14
渗透系数 K/(cm/s)	4.51×10^{-4}	0.311×10^{-4}	0.347×10^{-4}	0.11×10^{-4}	9.84×10^{-4}	0.387×10^{-4}	0.02×10^{-4}
湿陷系数 δ_s	0.039		0.0204				
标贯击数 N（击）	5	5	11	7	7	9	11
承载力标准值 f_k/kPa	145	145	160	165	165	190	210

学习检验评价单

编制工程地质勘察报告知识检验	姓名：	
	班级：	
	自评	师评
学习复习内容	掌握/未掌握	合格/不合格
工程地质勘察报告书包括哪些内容		
怎样利用工程地质勘察报告进行工程设计		
工程地质图表有哪些？每种图表包括哪些内容		

学习情境 3
工程地质问题与地质病害防治

任务 1　工程地质问题

知识目标

1) 了解根据地质病害的特征选择合适的防治措施。
2) 掌握桥位选择的工程地质条件。
3) 掌握桥墩台地基稳定与冲刷问题。
4) 掌握岩体边坡稳定性评价方法。
5) 掌握洞室围岩稳定性分析方法。

技能目标

1) 会根据地质病害的特征选择合适的防治措施。
2) 学会桥位选择、洞室围岩稳定所考虑的工程地质条件。
3) 学会岩体边坡稳定性评价方法。

素养目标

培养应用能力；培养踏实细致认真的工作态度和作风。

相关知识

一、岩体边坡稳定性问题

岩体边坡稳定性是指在一定的时间内、一定的自然条件和人为因素的影响下，岩体不产生破坏性的剪切滑动、塑性变形或张裂破坏。

天然边坡或人工开挖边坡的稳定性评价，是公路工程建设中的重要问题之一。

公路附近边坡的变形与失稳，河流岸坡的崩塌与滑动，施工场地或居民区边坡的破坏，都会造成极其严重的后果。据部分公路路岸稳定状态的调查，发现几乎所有的山区和丘陵区公路，都曾发生过路岸坍滑现象，只是数量和规模不同而已。众多的工程实例都说明，边坡稳定性的研究是一个非常突出的工程地质问题。

边坡岩体变形破坏的基本形式有崩塌、滑坡、剥落、蠕变和松弛张裂等几种类型。大规模的边坡破坏，通常是上述几种形式的组合。

（一）边坡稳定性的评价方法

边坡稳定性评价，有定性分析、模型试验及定量计算等方法。目前常用的定性评价方法有成因历史分析法和工程地质类比法；定量评价方法有刚体极限平衡法、应力应变分析法、图解法及寻求边坡破坏概率的随机评价方法等。

1. 成因历史分析法

成因历史分析法主要是针对影响边坡稳定性的各种因素，进行综合分析研究，对边坡稳定性做出定性的判断。这种方法不仅能判断边坡稳定现状和预测未来发展变化趋势，而且为工程地质类比法提供对比依据以及为力学计算法确定边界条件和选定计算参数提供依据。影响边坡稳定性的因素主要有以下几种：

（1）地貌条件　一般来说，坡度越陡、坡高越高，边坡越不稳定，因此深切的峡谷、陡峭的岸坡易于发生变形破坏。另外，平面上呈凹形的边坡比凸形边坡稳定性好。边坡周围有无冲沟深切、地形是否完整等也直接影响边坡的稳定性。

（2）岩石性质　坚硬完整的岩石可以维持高陡的边坡，而软弱的黏土质岩石的稳定坡角则只有 20°~30°。沉积岩、千枚岩及部分片岩的层理和片理，对边坡的稳定性常起控制作用。沉积岩中碎屑的胶结物成分，对边坡的稳定坡角也有影响。由块状结晶岩组成的边坡，稳定性较好，不易发生滑坡，变形破坏形式常以张裂、崩塌为主。

（3）岩体结构　岩质边坡的稳定性，虽然和岩石性质有关，但主要取决于结构面的类型、产状、性质、规律及其组合情况。

整体或块状结构类型的边坡，其稳定性较好；层状结构的边坡，其稳定性主要取决于层面的产状；碎裂结构和散体结构的边坡稳定性差，易于产生圆弧式的滑动。

层状结构边坡或被软弱结构面切割的边坡，层面及其他软弱结构面的走向与坡面走向夹角越大越稳定；二者倾向相反时，一般对边坡稳定有利；二者同倾向时有下述三种情况：边坡角大于结构面倾角时，对边坡稳定不利；边坡角小于结构面倾角时，边坡是稳定的；边坡角等于结构面倾角时，边坡也是稳定的。

（4）地质构造　在褶皱、断裂发育地区，岩层倾角较陡，节理、断层纵横交错，都是产生崩塌、滑坡的有利因素。在新构造运动强烈上升区，由于侵蚀切割，往往形成高山峡谷地形，边坡岩体中广泛产生变形和破坏现象。

（5）水的作用　一般崩塌和滑坡均发生在连续降雨之后，尤其是暴雨，对触发边坡破坏是一个重要的因素。水对边坡的作用可从水对岩土的软化与泥化作用、水的冲刷作用、静水压力与动水压力等几方面加以考虑。

1）边坡岩土体中的泥质或土质岩层，在干燥时强度较高，但经水浸泡后，其含水率增大，使之软化、泥化、抗剪强度降低，从而引起边坡破坏。

2）静水压力。由于雨水渗入，河水位上涨或水库蓄水等种种原因，地下水位抬高，可使边坡内不透水的软弱层受到静水压力的垂直作用，削弱了软弱面上滑体重力所产生的法向力，从而降低其抗滑力，导致边坡失稳。岸坡崩塌也多在雨季，与张开裂隙充水并增大了静水压力密切相关。水库运营期间，当水库水位骤降，而边坡岩土体中地下水位下降滞后于水库水位时，会形成较大的静水压力，从而使库岸易遭破坏。

3）动水压力。地下水由边坡岩土体中外泄，由于有一定的水力梯度，会形成动水压力,从而沿渗流方向增大坡体的下滑力,对边坡的稳定性是不利的。

此外,地下水的溶蚀和潜蚀作用,能使岩土体的结构联系削弱,降低其抗滑力,对岸坡的稳定性也有一定影响。

(6) 地震 地震是造成边坡破坏的重要触发因素,许多大型崩塌或滑坡的发生与地震密切相关。地震引起岩体的振动等于使岩体承受一种附加的动荷载,在此荷载作用下,岩体稳定性下降,使岩体沿软弱面的锁合被松动,抗剪强度降低或完全丧失结构强度(如砂基液化等)。地震造成的破坏强度取决于地震烈度的大小,并与岩性、层理、断裂的分布和密度以及边坡坡面方位和岩层的含水率等有关。

此外,风化作用使岩石破碎;人工开挖,特别是破坏坡脚的开挖、矿山采空、人工爆破震动;在坡顶修建建筑物及加重等因素,均可促使边坡变形的发展或边坡破坏。

2. 工程地质类比法

工程地质类比法是将所要研究的边坡与类似的已经研究过的边坡相比,以便将已研究的经验应用到新的边坡中。这些经验包括边坡剖面形态、变形破坏形式及机理、防护与处理措施等。类比要遵循相似的原则,地质条件和形态完全不同的边坡不能类比。在边坡工程地质条件相似的情况下,其中的稳定边坡便可作为确定稳定坡角的依据。

我国在公路、铁路、矿山等建设中,已经有了大量的边坡工程实践经验,要注意收集和应用。

3. 刚体极限平衡法

刚体极限平衡法主要用于滑动破坏的校核计算,其原理与坝基抗滑稳定计算相似。计算时假定滑体为均质刚性体,对边界条件简化后,采用静力学的刚体极限平衡原理计算抗滑稳定系数。

如图3-1所示,当只计岩体的质量时,边坡岩体稳定性系数 K 为

$$K=\frac{G\cos\alpha\tan\varphi+cL}{G\cdot\sin\alpha}=\frac{\tan\varphi}{\tan\alpha}+\frac{cL}{G\sin\alpha} \quad (3-1)$$

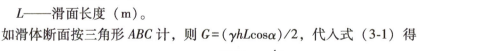

图 3-1 边坡计算剖面图

式中 G——单宽滑体质量(t);
   φ——滑面摩擦角(°);
   c——滑面黏聚力(t/m²);
   α——滑面倾角(°);
   L——滑面长度(m)。

如滑体断面按三角形 ABC 计,则 $G=(\gamma hL\cos\alpha)/2$,代入式(3-1)得

$$K=\frac{\tan\varphi}{\tan\alpha}+\frac{4c}{\gamma h\sin2\alpha} \quad (3-2)$$

式中 h——滑体厚度(m);
   γ——岩体容重(t/m³)。

从式(3-2)可知,单滑面滑动体的稳定系数与滑面长度 L 及坡面倾角 β 无关,而是随着滑面 c、φ 值的增加而加大,随滑面倾角 α 及滑体厚度 h 增加而减小。

（二）岩体抗滑稳定计算中主要参数的选择

从式（3-2）中可以看出，在抗滑稳定性计算中，抗剪强度指标（φ、c）值的大小，对岩体稳定性影响极大。如给定岩体安全系数 K_c（根据各种因素确定的允许安全系数）的情况下，若计算中选用的 φ、c 值较岩体的实际值偏小，则会造成工程上的浪费；反之，则可能会出现严重后果。

目前国内对抗剪强度指标的选择与确定，一般用以下三种方法：

1. 经验数据法

岩石的抗剪试验是比较复杂的，尤其是野外现场试验，需要大量人力、物力和较长的时间。对于一些中、小型工程，在没有条件进行试验的情况下，常在充分研究工程地质条件的基础上，参考已有工程的经验数据，确定 φ、c 值。

2. 工程地质类比法

工程地质类比法依据岩体工程地质条件，并参考条件相似且运转良好的已建工程的经验数据，确定 φ、c 值。该法实质上也是经验数据法，但由于条件相似，则更接近实际情况，适用于中、小型边坡工程。

3. 试验法

试验法是通过室内与现场试验求得抗剪强度指标 φ、c 值。对于大、中型公路工程，φ、c 值原则上以原位抗剪（断）试验或室内中型抗剪（断）试验成果为主要依据，当夹泥厚度较大时，一般以室内试验资料为依据。

总之，在实际工作中，计算参数的选定是较复杂的问题，往往需要工程地质人员与试验人员、设计人员共同研究协商并综合考虑各种影响因素而确定。例如，湖南双牌山公路岩体抗剪强度，现场原位试验测得摩擦系数 $f=0.38$，根据试验时剪切变形和破坏情况、裂隙发育及充填胶结情况以及地应力等地质情况，进行调整和修正，提出地质建议值 $f=0.42$。

二、路基工程地质问题

路基是公路的重要组成部分，它主要承受车辆的动力荷载和其上部建筑的重力。坚固、稳定的路基是公路安全运行的保障。

道路路线工程地质勘测

路基包括路堑、路堤和半路堤半路堑式等。在平原地区修建路基比较简单，工程地质问题较少，但在丘陵区，尤其是地形起伏较大的山区修建公路时，路基工程量较大，往往需要通过高填或深挖才能满足线路最大纵向坡度的要求。因此，路基的主要工程地质问题包括路基基底稳定性问题、路基边坡稳定性问题、道路冻害问题和天然建筑材料问题等。

1. 路基基底稳定性问题

路基基底稳定性多发生于填方路堤地段，其主要表现形式为塌陷、滑移和挤出。

路基基底土的变形性质和变形量的大小主要取决于基底土的力学性质、基底面的倾斜程度、软弱结构面或软弱夹层的性质与产状等。此外，水文地质条件也是促使基底不稳定的因素，它往往使基底发生巨大的塑性变形而造成路基的破坏。如路基底下有软弱的泥质夹层，当其倾向与坡向一致时，若在其下方开挖取土或在上方填土加重，都会引起路堤整体滑移；当高填路堤通过河漫滩或阶地时，若基底下分布有饱水厚层淤泥，在高填路堤的压力下，往往使基底产生挤出变形。路基基底若为不良土，应进行路基处理或架桥通过或改线绕避等。

也有的由于基底下岩溶洞穴的塌陷而引起路堤严重变形，如成昆线南段就有路堤塌陷的实例。

路基基底若为软土、湿陷性黄土、多年冻土、岩溶空洞和地下矿山采空区等分布区域时，常会出现路基沉陷变形；而在盐渍土和膨胀土分布地区的路基则出现不均匀膨胀变形。

2. 路基边坡稳定性问题

路基边坡包括天然边坡、傍山线路的半填半挖路基边坡以及深路堑的人工边坡等。在重力作用、河流的冲刷或工程的影响下，路基边坡要发生不同形式的变形与破坏。其破坏形式主要表现为滑坡和崩塌。当施工开挖使其滑动面临空时，易引起处于休止阶段的古滑坡重新活动，造成滑坡灾害。滑坡对路基的危害程度主要取决于滑坡的性质、规模，滑体中含水情况以及滑动面的倾斜程度。

3. 道路冻害问题

道路冻害包括冬季路基土体因冻结作用而引起路面冻胀，以及春季因融化作用而使路基翻浆，无论哪一种结果都会使路基产生变形破坏，甚至形成显著的不均匀冻胀和路基土强度发生极大改变，危害道路的安全和正常使用。如青藏公路格尔木至拉萨段位于青藏高原腹地，穿越500多km的多年冻土分布区，自20世纪70年代以来，出现了大范围较严重的路基、路面沉陷，病害主要集中出现在不稳定和较不稳定冻土带。另外，路基下的冰丘、冰锥和季节活动层的冻融作用往往会使路基鼓胀，引起路基、路面的开裂与变形；当冰丘、冰锥融化后，路基又发生不均匀沉陷。东北大、小兴安岭多年冻土地区的道路受冰丘、冰锥的影响，鼓胀和沉陷变形较为明显；青藏公路则以路基、路面开裂较为严重。

多年冻土路基处于特殊的自然环境状态，年均气温低于0℃，多年冻土地层结构从地表向下依次为：随季节变化而处于冻结和融化状态的季节活动层、保持常年冻结的多年冻土层、常年融化层。多年冻土层的顶面称为多年冻土上限，底面则称为下限。天然状态下，在下限以下存在厚度不等的冰层或含土冰层。

影响道路冻胀的主要因素是：负气候的高低，冻结期的长短，路基土层性质和含水情况，土体的成因类型及其层状结构，水文地质条件，地形特征和植被情况等。一般来讲，气温、地温越低，地表植被越好，冻土稳定性越好；因为水的热容量较大，所以含冰量越大，冻土稳定性越好。

防止道路冻害的措施有：提高路基标高；把粉黏粒含量较高的冻胀性土换为粗的砂砾石抗冻胀性土；铺设毛细割断层，以断绝补给水源；采用纵横盲沟和竖井，排除地表水，降低地下水位，减少路基土的含水情况；修筑隔热层，防止冻结向路基深处发展等。

另外，针对多年冻土特性和道路病害，多年冻土地区路基设计采用"保护、一般保护和不保护"三种原则。保护原则也称为被动原则，是采用工程措施严格控制多年冻土不发生变化；一般保护是采取工程措施控制冻土变形速率和变形总量；不保护也称为主动原则，是采取措施加速冻土融化或清除冻土以及不采取任何工程保护措施的原则。保护原则适用于重要和对变形敏感的工程结构物，且冻土为稳定或较稳定型；一般保护原则适用于变形影响不敏感的工程，适用地冻土类型为较稳定型；不保护原则一般适用于不稳定冻土。

4. 天然建筑材料问题

路基工程需要天然建筑材料的种类较多，包括道砟、土料、片石、砂和碎石等。它不仅在数量上需要量较大，而且要求各种建材产地沿线两侧零散分布。这些建材品质的好坏和运输距离的远近，直接影响工程的质量和造价，有时还会影响路线的布局。

三、桥梁工程地质问题

桥梁是公路工程建筑的重要组成部分。线路跨越河流、沟谷或道路，需要架设桥梁，桥梁也是线路通过地质灾害频繁发生地区的主要工程。

在公路工程地质勘测中，由于对桥址周围工程地质特征了解不足，在桥梁施工、运营时，遇到不少问题。如有的将墩、台设在滑坡上，基坑开挖时引起滑坡复活，而使已建成的墩、台错位；有的墩、台建在岩溶洞穴上，致使墩、台倾斜无法使用。因此，查明建筑物场址周围的工程地质条件，确保建筑物的安全、正常使用很重要，对于桥梁而言，桥位选择、桥梁基坑稳定性和正确选定桥基承载力，是确保桥梁安全的三个重要方面。

（一）桥位选择的工程地质问题

桥梁位置的选择应该综合考虑线路方向、选线设计技术要求、城乡建设、交通水利设施的要求和地形、地质条件等多方面因素。一般来讲，中、小桥位置由线路条件决定，特大桥或大桥则往往先选好桥位，然后再统一考虑线路条件。大桥和特大桥位的选定，除综合考虑政治、经济等因素外，还必须十分重视桥位地段的地址、地貌特征和河流水文特征。

1. 一般工程地质地区的桥位选择

桥位应选择在岸坡稳定、地基条件良好、无不良地质现象的地段；应尽可能避开大断裂带，尤其不可在未胶结的断层破碎带和具有活动可能的断裂带上造桥。从河流的情况来看，最理想的桥位应选择在水流集中、河床稳定、河道顺直、坡降均匀、河谷较窄的地段，桥梁的轴线与河流方向垂直。

2. 特殊地质地区的桥位选择

特殊地质地区桥位选择，除应满足一般地区桥位选择要求外，还应满足以下各项的有关要求：

（1）泥石流地区的桥位选择

1）在强泥石流地区，桥位应采取绕避方案。

2）当路线必须通过泥石流地区时，桥位应选在沟床稳定的流通区的直线段上，且桥轴线应与主流正交；不应选在沟床纵坡由陡变缓、断面突然收缩或扩散以及弯道的转折处。

3）在泥石流地区，严禁开挖设桥，也不得改沟并桥。

4）当路线通过泥石流堆积扇时，桥位宜避开扇腰、扇顶部位，宜选在扇缘尾部，路线应沿等高线走线，桥梁宜分散设置。如堆积扇受大河水流切割时，桥位选择应考虑切割发展，留有一定的余地。

5）当路线通过泥石流堆积扇群时，桥位宜选在各沟出山口处或横切各扇缘尾部。

（2）岩溶地区桥位选择

1）桥位选择应避开岩溶发育地段；若难于避开，需在岩溶发育地段设桥时，则应选在岩层比较完整、洞穴顶板厚度尺寸足够处。

2）当路线跨越岩溶地区的构造破碎带时，桥位应避开构造破碎带；当无法避开时，应使桥位垂直或以较大的斜交角通过。

3）当不能绕避岩溶区时，桥位应避开大洞室和大竖井部位。

4）桥位不宜设在可溶岩层与非可溶岩层的接触带，而宜设在非可溶岩层上。

5）路线跨越岩溶丘陵区的峰间谷地时，桥位不宜选在漏斗、落水溶洞、岩溶泉、地下通道及地下河出露处。如必须通过时，应探明岩溶的位置和水文条件，采取相应的工程措施。

6）岩溶塌陷区的桥位选择。桥位应选在工业与民用取水点所形成的地下水位下降漏斗范围以外；桥位应选在覆盖层较厚、土层稳固、洞穴和地下水位稳定处；如塌陷范围小，可用单孔跨越；地下河范围内不宜设桥，也不宜靠近设桥。

（3）滑坡地区桥位选择

1）桥位应绕避大型滑坡地带。

2）当路线必须通过滑坡地区时，桥位应选在边坡、沟床稳定而对桥梁无危害的地段。

3）通过桥位区工程地质条件的综合分析，预测施工及建桥后岩土体可能发生的变化及其对桥梁稳定性的影响，并做出评价。

（4）沼泽地区桥位选择　桥位应选在两岸地势较高的地点，桥头引道应尽量避免通过。淤泥、软土、古河道等不良地质地段；如无法避开时，应选在基岩或硬土埋藏浅、软弱地层厚度薄的地段。

（5）黄土地区桥位选择

1）桥位宜选择在沟岸较低、冲沟较窄、抗冲性强而比较稳定的地段；桥位处应有利于处理沟底冲刷和沟岸防护。

2）桥位不宜选在黄土陷穴、溶洞和易于崩解、潜蚀、顶冲以及发育不稳定的地段。

（二）桥梁水毁成因与防治

1. 桥梁水毁成因

桥梁水毁成因主要是桥梁排洪能力不足，养护不到位，桥梁墩台基础埋深不够，桥梁调治与防护设施不完善，河道变迁的影响，河道内漂浮物造成桥梁水毁等。

2. 桥梁水毁防治

桥梁水毁防治应遵循"预防为主，防治结合，防重于抢"的原则。加强对新建桥梁的水毁预防工作，加强对现有桥梁的防治工作，依靠科学进步，进行水毁治理。防治措施包括正确进行桥位选择及桥孔设计，确定合理的墩台结构形式及其埋置深度，完善桥梁的调治与防护工程，桥梁水毁的预防性养护与治理，生物防护与工程防护相结合等。

四、地下工程地质问题

隧道是公路工程中与地质条件关系最密切的工程建筑物。它的优点是线路短、裁弯取直、减少开挖和填方工程量、抗震及国防安全性高。

隧道位于地下，四周被各种围岩包围，处于各种不同的地质构造部位，可能遇到各种地质问题。围岩的稳定性与岩体的地质条件、应力状态、洞室形状及规模、施工方法等因素有关。

（一）隧洞选线的工程地质条件

在进行公路规划、设计时，隧道位置的确定是先决问题之一。隧道位置的选择，除取决于工程目的要求外，还需要考虑区域稳定、山体稳定及地形、岩性、地质构造、地下水、地应力等因素的影响。按地形条件拟定隧道及接线方案，然后再进行深入的地质调查，综合各方面因素，最后选定隧道洞身的位置。

1. 地形条件

隧洞选线时应充分利用地形，方便施工。隧道进出口地段要求最好利用深切的河谷，使隧洞出现明段，便于分段施工，且选基岩出露比较完整或坡积层较薄，地形边坡应下陡上缓，并尽量垂直地形等高线（交角不宜小于30°）。洞口岩层最好倾向山里以保证洞口边坡的安全。在地形陡的高边坡开挖洞口时，应不削坡或少削坡即进洞，必要时可做人工洞口先行进洞，以保证边坡的稳定性。有压隧洞上覆岩体应大于20%～50%的压力水头，无压隧洞也不宜小于3倍洞的跨度。

洞口要避开滑坡、崩塌、冲沟、泥石流等不良地质现象发育地段，避开山麓残积、坡积、洪积物等第四纪松散沉积物。隧洞进出口不宜选在排水困难的低洼处，也不应选在傍河山嘴及谷口等易受流水冲刷的地段，洞口高程要高于百年一遇洪水位。

2. 岩性条件

岩性是影响围岩稳定的基本因素之一。一般来说，坚硬完整的硬质岩，围岩的稳定性较好，能适应各种断面形状的地下洞室；而软质岩如黏土岩类、破碎及风化岩体，则强度低、抗水性差，围岩往往是不稳定的。

此外，岩层的组合特征对围岩的稳定性也有重要影响。一般软硬互层或含软弱夹层的岩体，稳定性差。层状岩体的层次越多，单层厚度越薄，稳定性越差。均质厚层及块状岩体稳定性好。

岩体结构

3. 地质构造

地质构造是控制岩体的完整性及渗漏条件的重要因素。选址时应尽量避开地质构造复杂的地区，否则会给工程带来困难。

（1）褶皱的影响　褶皱剧烈地区，一般断裂也发育，特别是褶皱核部岩石的完整性最差，如图3-2所示。向斜核部，辐射状张裂隙将岩石切割成上窄下宽的楔形块体，洞室开挖后顶部易于掉块坍塌，产生较大的压力。另外，向斜核部还经常有地下水，对围岩稳定与施工不利。背斜核部比向斜稍好，虽也有辐射状张裂隙，但其切割的岩块上宽下窄，较为稳定。但应注意，挤压强烈的褶皱，不论背斜或向斜，核部岩石均较破碎，稳定性差。因此，地下洞室不要沿褶皱核部布置，应选择在陡倾角的翼部为佳，如图3-3所示。

图3-2　隧道沿褶曲轴通过

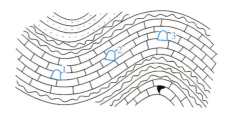

图3-3　褶曲构造与隧道位置选择
1、3—不利　2—较好

（2）断裂的影响　断层破碎带及断层交汇区，稳定性极差，地下掘进如遇较大规模的断层，几乎都要产生塌方甚至冒顶。因此，在隧道定向勘测中，对活动性断层或宽度较大的断层破碎地段，切忌与断层构造线平行，或小交角布线，应尽量远离或绕避。若必须穿越时，则应使隧道中线与断层构造线呈直交或近乎直交穿越，以减小对隧道工程的影响范围，如图 3-4 所示。

隧道穿越走向逆断层时，应查清上盘岩体含水层的层位及其厚度，以防掘进中隧道内涌水给工程造成危害。隧道内涌水极易引起洞内塌方，支撑受压折断，坑道变形，衬砌严重开裂、渗水、漏水等。

（3）岩层产状的影响

1）洞室轴线与岩层走向垂直。这种情况，围岩的稳定性较好，特别是对边墙稳定有利。

图 3-4　断层引起的围岩压力变化

1—减少　2、3—增加

2）洞室轴线与岩层走向平行。在水平或缓倾岩层中（倾角小于 10°），应尽量使洞室位于硬质厚层均质岩层中，若切穿不同岩性时，应选择坚硬岩层作为顶板，不能使软弱岩层展布于洞顶。软弱夹层或软岩位于洞室两侧或底部时，也不利，如图 3-5 所示。

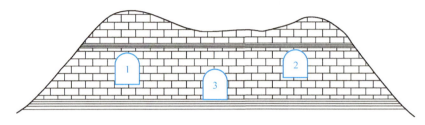

图 3-5　在水平或缓倾岩层中的隧洞

1—位于坚硬岩层中　2—顶板有软弱夹层　3—底板为软弱黏土岩

在倾斜岩层中布置洞室，一般是不利的。当洞身通过软硬相间或破碎的倾斜岩层时，顺倾向一侧的围岩易于变形或滑动，造成很大的偏压，逆倾向一侧的围岩侧压力小，有利于稳定，如图 3-6 所示。因此，在倾斜岩层中最好将洞室选在均一完整坚硬的岩石中。此外，在单斜构造地区岩层倾角的大小和岩性对隧道的稳定性有极大的影响。若倾角平缓，岩质坚硬，则较稳定；若倾角大，夹有软弱层，且有地下水活动，则地层侧压力较大。如在塑强的黏性土中，可能引起隧道边墙的坍塌和顺层滑动。

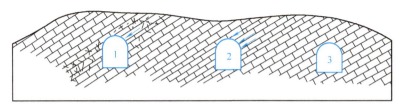

图 3-6　倾斜岩层中隧洞的偏压

1—破碎岩层造成的偏压　2—软弱夹层造成的偏压　3—坚硬岩层

4. 地下水

地下工程施工中的塌方或冒顶事故，常常和地下水的活动有关。地下水对岩体的不良影响主要是对围岩或衬砌产生静水压力、动水压力及溶解软化作用，降低围岩的稳定性，同时还可能给施工造成很大困难。

5. 不良地质现象

洞室选线时要注意沿线可能影响洞室稳定和施工安全的其他不良地质条件，如地热异常、有害气体和岩爆等。

（二）围岩应力的重分布

洞室开挖，周边岩体卸荷而形成应力重分布，把洞室周边应力重分布范围内的岩体称为围岩。围岩稳定性即保证洞室安全和正常使用条件下，允许围岩变形、破坏的限度。

认识围岩压力

1. 应力重新分布的一般特征

隧道开挖前，岩体内任意点上的应力都是平衡的。洞室开挖后，原来的应力平衡状态被破坏，围岩内的应力就要重新分布（图3-7），直到建立新的平衡为止。

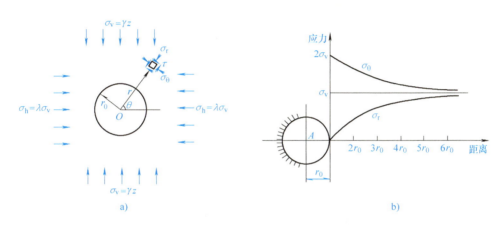

图 3-7　圆形洞室围岩应力状态

围岩应力重分布与岩体的初始应力状态及洞室断面的形状及岩体特性等因素有关。在简单情况下，假定岩体为弹性介质，对于侧压力系数（水平应力与垂直应力的比值）$\lambda=1$ 的圆形洞室，围岩中任意一点的应力，可用下式计算：

$$\sigma_r = \sigma[1-(r^2/R^2)] \tag{3-3}$$

$$\sigma_\theta = \sigma[1+(r^2/R^2)] \tag{3-4}$$

式中　σ——初始应力；

　　　σ_r——径向应力；

　　　σ_θ——切向应力；

　　　r——洞室半径；

　　　R——围岩中某点至洞室中心的距离。

从式（3-3）和式（3-4）可知，隧洞开挖后应力重分布的主要特征是径向应力（σ_r）向洞壁方向逐渐减小，至洞壁处为零；而切向应力（σ_θ）在洞壁增大，如在 A 点它比开挖前要大2倍（图3-7）。应力重分布的影响范围，一般为隧洞半径的5~6倍，在此范围之外，岩体仍处于原始应力状态。通常所说的围岩，就是指受应力重分布影响的那一部分岩体。

2. 围岩的松动圈和承载圈

洞室开挖后围岩的稳定性取决于二次应力与围岩强度之间的关系。由于应力重分布，引起洞周产生应力集中现象，当周边应力小于岩体的强度极限（脆性岩石）或屈服极限（塑性岩石）时，洞室围岩稳定；否则，周边岩石首先破坏或出现大的塑性变形，并向深部扩展到一定的范围形成松动圈（图3-8）。在松动圈形成的过程中，原来洞室周边集中的高应力逐渐向松动圈外转移，形成新的应力升高区，该区岩体挤压得紧密，宛如一圈天然加固的岩体，故称为承载圈，此圈之外为初始应力区（图3-8）。

岩体边坡变形破坏

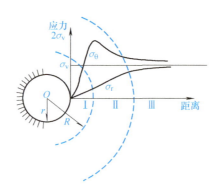

图 3-8 围岩松动圈和承载圈
Ⅰ—松动圈　Ⅱ—承载圈　Ⅲ—原始应力区

应当指出，如果岩体非常软弱或处于塑性状态，则洞室开挖后，由于塑性松动圈的不断扩展，自然承载圈很难形成。在这种情况下，岩体始终处于不稳定状态，开挖洞室十分困难。如果岩体坚硬完整，则洞周围岩始终处于弹性状态，围岩稳定不形成松动圈。

在生产实践中，确定洞室围岩松动圈的范围是非常重要的。因为松动圈一旦形成，围岩就会坍塌或向洞内产生大的塑性变形（如洞顶坍塌、侧壁滑塌形成冒顶及洞底鼓胀隆起等），要维持围岩稳定就要进行支撑或衬砌。

围岩岩体的变形和破坏的形式和特点，除与岩体内的初始应力状态和洞形有关外，主要取决于围岩的岩性和结构。

【提示】在地下洞室设计中，如何确定山岩压力、围岩的弹性抗力及外水压力等数值，是涉及洞室稳定及如何进行支撑衬砌的重要问题。关于上述各种参数确定的基本理论和计算方法，可参考岩石力学等课程。

（三）保障围岩稳定性的措施

为了保证隧道施工的安全和正常运行，应该针对岩体的不同条件，采取相应的施工方法和一定的工程技术措施，提高围岩的稳定条件。目前，保障围岩稳定性的措施主要围绕三个方面：一是制定合理的施工方案，保护围岩；二是制定合理的支护方法，加固围岩；三是采用合理先进的施工方法，减少对围岩的扰动和破坏，保护其原有的稳定性。加固围岩的方法主要有支撑、锚杆支护、衬砌、喷锚联合加固等。

地下洞室围岩稳定性分析

学习检验评价单

工程地质问题知识检验	姓名：	
	班级：	
	自评	师评
学习复习内容	掌握/未掌握	合格/不合格
公路选线时需要考虑哪些工程地质条件		
路基可能存在哪些工程地质问题？在哪些不良地质条件影响下会发生这些工程地质问题		
简述影响边坡稳定性的因素		
岩体边坡稳定性分析方法有哪些		
桥梁的工程地质问题主要有哪些		
选择桥址时需要考虑哪些工程地质条件		
桥梁水毁防治措施有哪些		
隧道的主要工程地质问题有哪些		
隧道位置选择需要考虑哪些工程地质条件		
简述洞室围岩应力重分布的规律		
隧洞松动圈的大小与地质条件的关系如何		
某洞室围岩由松散岩石组成，测得其湿抗压强度为850kPa，内摩擦角为40.5°，容重$\gamma=27\mathrm{kN/m^3}$，此洞室为边长10m的正方形洞室，试求侧壁稳定及侧壁不稳定两种情况下的山岩压力，如果进行支护，应按哪种设计支护强度		

任务 2　常见地质病害的防治

知识目标

1）掌握山区地质灾害崩塌、滑坡、泥石流的特征。
2）了解泥石流防治措施。
3）掌握岩溶区工程地质问题。
4）了解地震灾害预防措施。

技能目标

1）学会识别山区地质灾害崩塌、滑坡、泥石流的特征。
2）学会识别岩溶区工程地质问题。

素养目标

培养应用能力；培养踏实细致认真的工作态度和作风。

相关知识

地质灾害是指在自然或者人为因素的作用下形成的，对人类生命财产、环境造成破坏和损失的地质作用（现象），如崩塌、滑坡、泥石流、地裂缝等。就成因而论，主要由自然变异导致的地质灾害称为自然地质灾害；主要由人为作用诱发的地质灾害则称为人为地质灾害。就地质体变化的速度而言，地质灾害可分为突发性地质灾害与缓变性地质灾害两大类，前者如崩塌、滑坡、泥石流、地震等，后者如岩溶、地裂缝、地面塌陷。

一、崩塌防治

1. 防治原则

崩塌是道路的主要病害（特别是山区公路），它的发生常常突然而猛烈，治理比较困难，而且十分复杂，所以一般应采取以防为主的原则。

在选线时，应根据斜坡的具体条件，认真分析发生崩塌的可能性及其规模。对有可能发生大、中型崩塌的地段，应尽量避开。若完全避开有困难，可调整路线位置，离开崩塌影响范围一定距离，尽量减少防治工程；或考虑其他通过方案（如隧道、明洞等），以确保行车安全。对可能发生小型崩塌或落石的地段，应视地形条件，进行经济比较，确定绕避还是设置防护工程。

在设计和施工中，避免使用不合理的高陡边坡，避免大挖大切，以维持山体平衡稳定。

在岩体松散或构造破碎地段，不宜使用大爆破施工，避免因工程技术上的失误而引起崩塌。

2. 勘察调查要点

要有效地防治崩塌，必须首先进行详细的调查研究，掌握崩塌形成的基本条件及其影响因素，根据不同的情况，采取相应的措施。调查崩塌时要注意以下几个方面：

1) 查明斜坡的地形条件——坡度、高度、外形等。
2) 查明斜坡的岩性和构造条件——岩土的类型、风化程度、主要构造面的发育情况。
3) 查明地下水对斜坡稳定性的影响。
4) 查明当地地震烈度。

3. 防治措施

（1）排水　在一般道路有水活动的地段，可布置排水构筑物，以进行拦截疏导，防止水流渗入岩土体而加剧斜坡的失稳。排出地面水，可修建排水沟、截水沟；排出地下水，可修建纵、横盲沟等。

（2）刷坡清除　对山坡或边坡坡面的崩塌岩块可采用全部清除的方法；若斜坡上岩石破碎，则应放缓边坡并加防护措施。

（3）坡面加固　边坡或自然坡面比较平整、岩石表面风化易形成小块岩石呈零星坠落时，宜进行灌浆、勾缝等坡面防护，以阻止风化发展，防止零星坠落。对易引起崩塌的高边坡，宜采用边坡加固工程，必要地段修建挡墙、边坡锚杆、多级护墙和护面。

（4）拦截防御　在岩体严重破碎、经常发生落石的路段，宜采用柔性防护系统或拦石墙与落石槽等拦截构造物。拦石墙与落石槽宜配合使用，设置位置可根据地形合理布置，落石槽的槽深和底宽通过现场调查或试验确定。拦石墙墙背应设缓冲层，并按公路挡土墙设计，墙背压力应考虑崩塌冲击荷载的影响。

（5）支顶工程　对在边坡上局部悬空的岩石，但是岩体仍较完整，有可能成为危岩石时，可视具体情况采用浆砌片石支顶、钢筋混凝土立柱、支撑等支挡结构物加固。

（6）遮挡工程　当崩塌体较大、发生频繁且距离路线较近但设拦截构造物有困难时，可采用明洞、棚洞等遮挡构造物处理。

二、滑坡防治

1. 防治原则

滑坡的防治，贯彻"以防为主，整治为辅"的原则。在选择防治措施前一定要查清滑坡的地形、地质和水文地质条件，认真研究和确定滑坡的性质及其所处的发展阶段，了解产生滑坡的原因，结合工程建筑的重要程度、施工条件及其他情况进行综合考虑。

由于大型滑坡的整治工程量大，技术上也很复杂，因此，在测设时应尽可能采用绕避方案。若建成后路基不稳定，是治理还是绕避需要周密分析其经济和安全两方面的得失。

对于中、小型滑坡的地段，一般情况下不必绕避，但是应注意调整路线平面位置以求得工程量小、施工方便、经济合理的路线方案。

路线通过古滑坡时，应对滑坡体的结构、性质、规模、成因等做详细勘察后，再对路线的平、纵、横做合理布设；对施工中开挖、切坡、弃方、填土等都要进行通盘考虑，稍有不慎即可能引起滑坡的复活。

2. 勘察调查要点

为了有效地防治滑坡，首先必须对滑坡进行详细的工程地质勘察，查明滑坡形成的条件及原因，滑坡的性质、稳定程度及其对公路工程的危害性，并提供防治滑坡的措施与有关的计算参数。为此，需要对滑坡进行勘测、勘探和试验工作，有时还需要进行滑坡位移的监测工作。

3. 防治措施

整治滑坡的工程措施很多，归纳起来可分为消除或减轻水的危害；减重和反压；修筑支挡工程；改善滑动带土石性质等。

（1）消除或减轻水的危害

1）排出地表水是整治滑坡中不可缺少的辅助措施，并应该是最先采取且应长期运用的措施。其目的在于拦截、旁引滑坡外的地表水，避免地表水流入滑坡区；或将滑坡范围内的雨水或泉水尽快排出，阻止雨水、泉水进入滑坡体内。主要工程措施有：在滑坡体周围修截水沟；滑坡体上设置树枝状排水系统汇集旁引坡面径流于滑坡体外排出；整平地表，填塞裂缝和夯实松动地面；筑隔渗层，减少地表水下渗并使其尽快汇入排水沟内，防止沟渠渗漏和溢流于沟外。

边坡滑坡崩塌整治工程01

2）对于地下水，可疏而不可堵。其主要工程措施有：截水盲沟用于拦截和旁引滑坡外围的地下水；支撑盲沟兼具排水和支撑作用；仰斜孔群用近于水平的钻孔把地下水引出。此外还有盲洞、渗管、渗井、垂直钻孔等排出滑体内地下水的工程措施。

边坡滑坡崩塌整治工程02

3）为了防止河水、库水对滑坡体坡脚的冲刷，可采用的主要工程措施有：护坡、护岸、护堤，在滑坡前缘抛石、铺设石笼等防护工程或导流构造物。

（2）减重和反压　减重一般适用于滑坡床为上陡下缓、滑坡后壁及两侧有稳定的岩土体，不致因减重而引起滑坡向上和向两侧发展造成后患的情况。在滑坡的抗滑段和滑坡体外前缘堆填土石加重，能增大抗滑力而稳定滑坡。

（3）修筑支挡工程　因失去支撑而引起滑动的滑坡，或滑坡床陡、滑动可能较快的滑坡，采用修筑支挡工程的办法，可增加滑坡的重力平衡条件，使滑体迅速恢复稳定。支挡建筑物有抗滑桩、抗滑挡墙、锚杆和锚固桩等。

（4）改善滑动带土石性质　一般采用焙烧法（>800℃）、压浆及化学加固等物理化学方法对滑坡进行整治。

由于滑坡成因复杂、影响因素多，因此常常需要上述几种方法同时使用、综合治理，方能达到目的。

三、泥石流防治

泥石流对公路的危害是多方面的，主要通过堵塞、淤埋、冲刷和撞击等方式对路基、桥涵、隧道及其附属构造物产生直接危害；同时也经常由于堆积物压缩和堵塞河道，使水位壅升、淹没上游沿河路基，或迫使主河槽的流向发生变化而冲刷对岸路基，造成间接水毁。

1. 防治原则

选线是泥石流地区公路设计的首要环节。选线恰当，则可避免或减少泥石流危害；选线不当，则可导致或增加泥石流危害。路线平面及纵面的布置，基本上决定了泥石流防治可能采取的措施。所以，防治泥石流首先要从选线考虑。

高等级公路最好避开泥石流地区。当无法避开时，也应按避重就轻的原则，尽量避开规模大、危害严重、治理困难的泥石流沟，而走危害较轻的一岸或在两岸迂回穿插，如图3-9方案4所示。如果过河绕避困难或不适合时，也可在沟底以隧道或明洞穿过，如图3-9方案1所示。

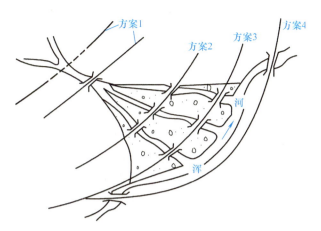

图 3-9 公路跨越泥石流沟位置方案选择
方案 1—靠山做隧道方案或以桥通过沟口　方案 2—通过堆积区　方案 3—沿堆积区外缘通过　方案 4—跨河绕避

当大河的河谷很开阔，洪积扇未到达河边时，可将公路线路选在洪积扇淤积范围之外通过，如图 3-9 方案 3 所示。这时路线线形一般比较舒顺，纵坡也比较平缓，但可能存在以下问题：洪积扇逐年向下延伸淤埋路基；大河摆动，使路基遭受水毁。

路线跨越泥石流沟时，首先应考虑从流通区或沟床比较稳定、冲淤变化不大的堆积扇顶部用桥跨越。但应注意这里的泥石流搬运力及冲击力最强，还应注意这里有无转化为堆积区的趋势。因此，要预留足够的桥下排洪净空。

如泥石流的流量不大，在全面考虑的基础上，路线也可以在堆积扇中部以桥隧或过水路面的方式通过，如图 3-9 方案 2 所示。采用桥隧时，应充分考虑两端路基的安全措施。这种方案往往很难克服排导沟的逐年淤积问题。

通过散流发育并有相当固定沟槽的宽大堆积扇时，宜按天然沟床分散设桥，不宜改沟归并。如堆积扇比较窄小，散流不明显，则可集中设桥，一桥跨过。

2. 防治措施

对泥石流病害，应首先进行调查，通过访问、测绘、观测等获得第一手资料，掌握其活动规律后，再按预防为主、以避为宜、以治为辅，防、避、治相结合的方针采取有针对性的措施。泥石流的治理要因势利导，顺其自然，就地论治，因害设防和就地取材，充分发挥排、挡、固防治技术特殊作用的有效联合。

（1）水土保持工程　在形成区内，封山育林、植树造林、平整山坡、修筑梯田；修筑排水系统及山坡防护工程等均属水土保持工程。水土保持虽是根治泥石流的一种方法，但需要一定的自然条件，受益时间也比较长，一般应与其他措施配合进行。

（2）拦挡工程　在中游流通段，用以控制泥石流的固体物质和地表径流，用于改变沟床坡降，降低泥石流速度，以减少泥石流对下游工程的冲刷、撞击和淤埋等危害的工程设施即为拦挡工程。拦挡措施有拦挡坝、格栅坝、停淤场等。拦挡坝适用于沟谷的中上游或下游没有排砂或停淤的地形条件且必须控制上游产砂的河道，以及流域来砂量大，沟内崩塌、滑坡较多的河段。格栅坝适用于拦截流量较小、大石块含量少的小型泥石流。

（3）排导工程　排导工程是指在泥石流下游设置排导措施，使泥石流顺利排出。其作用是改善泥石流流势、增大桥梁等建筑物的泄洪能力，使泥石流按设计意图顺利排泄。排导工程包括渡槽、排导沟、导流堤等。其中排导沟适用于有排砂地形条件的路段，其出口应与主河道衔接，出口高程应高出主河道20年一遇的洪水水位。渡槽适用于排泄量小于 $30m^3/s$ 的泥石流，且地形条件应能满足渡槽设计纵坡及行车净空要求，路基下方用停淤场地等。

（4）跨越工程　桥梁适用于跨越流通区的泥石流沟或洪积扇区的稳定自然沟槽；隧道适用于路线穿过规模大、危害严重的大型或多条泥石流沟，隧道方案应与其他方案做技术、经济比较后确定。泥石流地区不宜采用涵洞，在活跃的泥石流洪积扇上禁止使用涵洞。对于三、四级公路，当泥石流规模不大、固体物质含量低、不含有较大石块并有顺直的沟槽时，方可采用涵洞；过水路面适用于穿过小型坡面泥石流沟的三、四级公路。

（5）防护工程　防护工程是指对泥石流地区的桥梁、隧道、路基及其他重要工程设施，修建一定的防护建筑物，用以抵御或消除泥石流对主体建筑物的冲刷、冲击、侧蚀和淤埋等危害。防护工程主要有护坡、挡墙、顺坝和丁坝等。

对于防治泥石流，采取多种措施相结合比采用单一措施更为有效。

四、岩溶防治

在岩溶地区修建各类工程建筑物时必须对岩溶进行工程地质研究，以预测和解决因岩溶而引起的各种工程地质问题。

1. 岩溶地区选线原则

在岩溶区选线，要想完全绕避是不可能的，尤其是在我国中南和西南岩溶分布十分普遍的地区更不可能，因此，宜按"认真勘测、综合分析、全面比较、避重就轻、兴利防害"的原则选线。根据岩溶发育和分布规律，注意以下几点：

1）在可溶性岩石分布区，路线应选择在难溶岩石分布区通过。

2）路线方向不宜与岩层构造线方向平行，而应与之斜交或垂直通过。

3）路线应尽量避开河流附近或较大断层破碎带，不能避开时，宜垂直或斜交通过。

4）路线应尽量避开可溶性与非可溶性岩石或金属矿产的接触带，因这些地带往往岩溶发育强烈，甚至岩溶泉成群出露。

5）岩溶发育地区选线，应尽量在土层覆盖较厚的地段通过，因一般覆盖层起到防止岩溶继续发展、增加溶洞顶板厚度和使上部荷载扩散的作用；但应注意覆盖土层内有无土洞的存在。

6）桥位宜选在难溶岩层分布区或无深、大、密的溶洞地段。

7）隧道位置应避开漏斗、落水洞和大溶洞，并避免与暗河平行。

2. 勘察调查与整治措施

岩溶发育区的勘察调查一般包括公路路基、桥基和隧道的工程地质勘察调查三个方面。对岩溶和岩溶水的处理措施可以归纳为堵塞、疏导、跨越、加固等几个方面。

（1）堵塞　对基本停止发展的干涸的溶洞，一般以堵塞为宜。如用片石堵塞路堑边坡上的溶洞表面并以浆砌片石封闭。对路基或桥基下埋藏较深的溶洞，一般可通过钻孔向洞内灌注水泥砂浆、混凝土、沥青等加以堵塞提高其强度。

（2）疏导　对经常有水或季节性有水的空洞，一般宜疏不宜堵，应因地制宜、因势利导。路基上方的岩溶泉和冒水洞，宜采用排水沟将水截流至路基外。对于路基基底的岩溶泉和冒水洞，设置集水明沟或渗沟，将水排出路基。

（3）跨越　对位于路基基底的开口干溶洞，当洞的体积较大或深度较深时，可采用构造物跨越。对于有顶板但顶板强度不足的干溶洞，可炸除顶板后进行回填，或设构造物跨越。

（4）加固　为防止基底溶洞的坍塌及岩溶水的渗漏，经常采用如下加固方法：

1）洞径大，洞内施工条件好时，可采用浆砌片石支墙、支柱等加固。如需保持洞内水流畅通，可在支撑工程间设置涵管排水。

2）当深而小的溶洞不能使用洞内加固办法时，可采用石盖板或钢筋混凝土盖板跨越可能的破坏区。

3）对洞径小、顶板薄或岩层破碎的溶洞可采用爆破顶板回填片石的办法。如溶洞较深或需保持排水者，可采用拱跨或板跨的办法。

4）对有充填物的溶洞，宜优先采用注浆法、旋喷法进行加固，不能满足设计要求时，宜采用构造物跨越。

5）如需保持洞内水流畅通时，应设置排水通道。隧道工程中的岩溶处理较为复杂。隧道内常有岩溶水的活动，若水量很小，可在衬砌后压浆以阻塞渗透；对成股水流，宜设置管道引入隧道侧沟进行排出；水量大时，可另开横洞（泄水洞）；长隧道可利用平行导坑（在进水一侧），以拦截涌水。

在建筑物使用期间，应经常观测岩溶发展的方向，以防岩溶作用继续发生。

五、地震防治

1. 平原地区路基防震

1）尽量避免在地势低洼地带修筑路基。尽量避免沿河岸、水渠修筑路基，即使不得已时，也应尽量远离河、水渠。

2）在软弱地基上修筑路基时，要注意鉴别地基中可液化砂土、易触变黏土的埋藏范围与厚度，并采取相应的加固措施。

3）加强路基排水，避免路侧积水。

4）严格控制路堤压实，特别是高路堤的分层压实，尽量使路肩与行车道部分具有相同的密实度。

5）注意新老路基的结合。旧路加宽时，应在旧路基边坡上开挖台阶，并注意对新填土的压实。

6）尽量采用黏性土作为填筑路堤的材料，避免使用低塑性的粉土或砂土。

7）加强桥头路堤的防护工程。

2. 山岭地区路基防震

1）沿河路线应尽量避开地震时可能发生大规模崩塌、滑坡的地段。在可能因发生崩塌、滑坡而堵河成湖时，应估计其可能淹没的范围和溃决的影响范围，合理确定路线的方案和高程。

2）尽量减少对山体自然平衡条件和自然植被的破坏，严格控制挖方边坡高度，并根据地震烈度适当放缓边坡坡度。在岩体严重松散地段和易崩塌、易滑坡的地段，应采取防护加固措施。在高烈度区岩体严重风化的地段，不宜采用大爆破施工。

3）在山坡上宜尽可能避免或减少半填半挖路基，如不可能，则应采取适当加固措施。

在横坡陡于 1∶3 的山坡上填筑路堤时,应采取措施保证填方部分与山坡的结合,同时应注意加强上侧山坡的排水和坡脚的支挡措施。在更陡的山坡上,应用挡土墙加固,或以栈桥代替路基。

  4)在烈度不小于Ⅶ度地震区内,挡土墙应根据设计烈度进行抗震强度和稳定性的验算。干砌挡土墙应根据地震烈度限制墙的高度。浆砌挡土墙的砂浆强度等级,应当较一般地区适当提高。在软弱地基上修建挡土墙时,可视具体情况采取换土、加大基础面积、采用桩基等措施,同时,要保证墙身砌筑、墙背填土夯实与排水设施的施工质量。

学习检验评价单

常见地质病害的防治知识检验	姓名:	
	班级:	
	自评	师评
学习复习内容	掌握/未掌握	合格/不合格
崩塌的防治原则是什么?崩塌的治理措施有哪些		
滑坡的防治原则是什么?滑坡的治理措施有哪些		
岩溶区的主要工程地质问题有哪些?解决这些问题有哪些对策		
泥石流的防治原则是什么?泥石流的治理措施有哪些		
地震破坏作用包括哪些内容		
减轻地震灾害的途径有哪些		

学习情境 4
桥涵的河流环境

任务 1　认识河流

知识目标

1）掌握河流的形成、分段及河流的基本特征。
2）掌握流域的概念及特征。
3）掌握河川径流的形成过程及影响因素。

技能目标

1）会判断河流及河谷、河床、河槽。
2）会判断支流和干流。
3）会根据河流的特征判断河段类别。
4）知道河流的基本特征和其概念。
5）会确定分水线和流域。
6）会判断径流形成过程的四个阶段。

素养目标

养成重视基本概念、基本知识的习惯；养成对源头和细节关注的习惯。

相关知识

桥涵水文的主要研究对象是降水与河川径流间的关系，其主要任务是为桥涵水文勘察设计提供依据。

一、地球上的水循环

海洋和陆地表面的水，受日光照射蒸发成水蒸气，被大气带到各地，在一定情况下凝结成降水（雨、雪、霜、露等），有的降水在降落过程中被蒸发，有的降水被植物截流或散发，有的降水落到地面或海洋、水面上。

落在地面上的降水，首先填满坑洼，有的渗入地下，在表层土壤中流动（表层流），有的渗入深土层（地下水），剩余的降水，沿地面漫流，汇

河流概述

入江河，地下水可以变成泉水或地下水流，渗入河流，最后再流入海洋。地球表面各种形式的水不断地相互转化，以气态、液态和固态的形式在陆地、海洋和大气间不断循环的过程就是水循环。

二、河流

1. 河流的形成

（1）径流　降水扣除蒸发、下渗等损失外，受重力作用，在地面上沿一定的方向和路径流动，称为地面径流。渗入地面下的降水，受重力作用，在土壤孔隙或岩石间隙中流动，称为地下径流。

（2）河流　地面径流长期侵蚀地面，形成凹槽，水流在凹槽中流动称为河流，它包括了流动的水体和容纳水体的河床。

河流流经的谷地称为河谷。河谷底部有流水的部分称为河床，是河流平时或洪水季节占据和通过的地方。

（3）干流和支流　根据水量大小，河流可分为干流和支流。汇集河川径流注入湖、海的河流，称为干流，流入干流的河流则称为支流。支流又可分为许多级，流入干流的支流称为一级支流，流入一级支流的河流称为二级支流，依此类推。

（4）水系　一条河流的干、支流构成了脉络状相通的水道系统，称为水系，也叫河系。水系通常用干流的名称命名，如长江水系、黄河水系、湘江水系等。

2. 河流的分段

一条发育完整的河流，按河段不同的特征，可分为河源、上游、中游、下游、河口等五部分。

（1）河源　河源是指河流的起点或开始有水流的地方。

（2）上游　上游是指紧接河源而大多奔流于山谷中的河流上段。

（3）中游　中游是指上游以下的中间河段。

（4）下游　下游是指介于河流中游和河口之间的一段河段。

（5）河口　河口是指河流的终点，即河流注入海洋或湖泊的地方。消失在沙漠中的河流，称为无尾河，可以没有河口。河口处断面扩大，水流速度骤减，常有大量泥沙沉积而形成三角形沙洲，称为河口三角洲。

3. 河流的基本特征

一般用河流长度、弯曲系数、横断面、纵断面及纵向比降等表示河流的基本特征。

（1）河流长度　从河源到河口的长度，称为河长。可以在大比例尺的地形图上，用曲线计或两脚规量取河流长度。

（2）弯曲系数　河流长度与河源到河口的直线长度之比，称为河流的弯曲系数。用 ϕ 表示，即

$$\phi = \frac{L}{l} \tag{4-1}$$

式中　L——河流长度；

　　　l——河源到河口的直线长度。

（3）河流的横断面　垂直于河流水流方向的断面称为横断面。

洪水位以下的河床横断面，一般由河槽和河滩两部分组成，如图 4-1 所示。

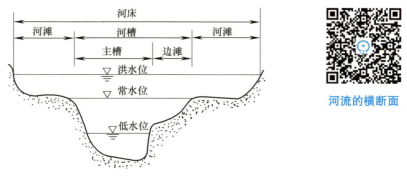

图 4-1 河流横断面的一般形状

1）河槽：常水位下河谷中被水流淹没的部分叫河槽，河槽是河流宣泄洪水和输送泥沙的主要通道，植被不易生长，洪水期有底沙运动。河槽中常水位以下的低水位下的深槽部分称为主槽，河槽中两边较高的可移动的泥沙堆称为边滩。

2）河滩：又称为河漫滩，是河槽两侧洪水漫溢的滩地。河滩上通常长有草类、树木或农作物，被洪水淹没的次数较少，无底沙运动。

只有河槽没有河滩的断面称为单式断面，有河槽又有河滩的断面称为复式断面。

设计洪水位对应的河流横断面水面宽度叫河床宽度，包括了河槽宽度和河滩宽度。常水位对应的河流横断面水面宽度叫河槽宽度。

（4）河流的纵断面　河流各横断面最大水深点的连线称为深泓线，也称为中泓线。沿河流深泓线的剖面称为河流的纵断面。河流纵断面可用两横断面间的纵向比降表示。

（5）纵向比降　纵向比降可用河流水面比降或河床比降表示。深泓线上单位长度内的水面或河底高差，称为河流水面比降或河床比降，又称为水面坡度或河床坡度，用 i 表示。设河流前后两横断面的水面高程或河底高程分别为 Z_1、Z_2，两横断面间的河流长度为 L，如图 4-2a 所示，则河流水面比降或河床比降的计算公式为

$$i = \frac{Z_1 - Z_2}{L} \tag{4-2}$$

但是，一条河流的各段比降是会变化的，如图 4-2b 所示，水力计算取各段比降的加权平均值作为一段河流的纵向比降。

$$i = \frac{(Z_0 + Z_1)L_1 + (Z_1 + Z_2)L_2 + \cdots + (Z_{n-1} + Z_n)L_n - 2Z_0 L}{L^2} \tag{4-3}$$

式中　Z_0，Z_1，Z_2，…，Z_n——自出口断面起，从下游向上游沿程各特征横断面水面高程或河底高程（m）；

L_1，L_2，…，L_n——相邻各特征横断面之间的长度（km）；

L——第一个特征横断面到最后一个特征横断面间的河流长度（km）。

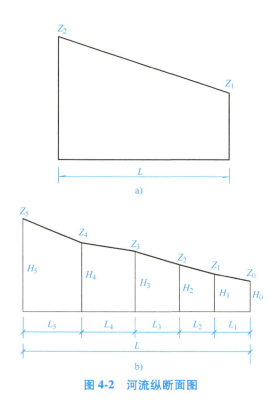

图 4-2 河流纵断面图

三、流域

地面的降水被高地、山岭分隔，汇集到不同的河流中，这些汇集河川径流的区域，称为河流的流域或汇水区。分隔水流的高地、山岭的山脊线，称为分水线，它可由地形图勾绘得出，如图 4-3 中虚线为流域分水线。分水线可分为地表分水线和地下分水线。流域周围分水线与河口（或桥位断

流域

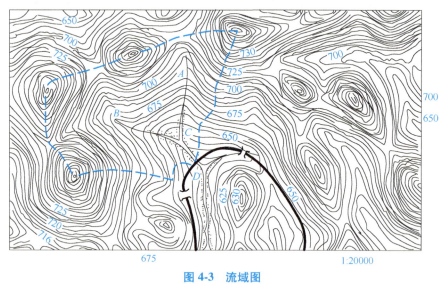

图 4-3 流域图

面、坝）断面之间所包围的面积称为流域面积或汇水面积，一般指地表水的汇水面积，单位为 km^2。

每条河流都有自己的流域，一个大流域可以按照水系等级分成数个小流域，小流域又可以分成更小的流域等；也可以截取河流的一段，单独划分为一个流域，如河流某桥位断面以上的汇水区域，称为该桥位断面以上河段的流域。

流域面积大都先从地形图上定出分水线用求积仪或其他方法量算求得。

注入河流的水量除地面径流外，还有地下径流。当地面分水线与地下分水线相重合时，流域内的地面径流及地下径流都将通过出口断面，这种流域称为闭合流域；否则称为非闭合流域。非闭合流域将有一部分雨水通过地下流入相邻河流。

流域是河水的补给区域，其特征直接影响到河川径流量的大小和变化过程。流域的特征可分为几何特征和自然地理特征：

（1）几何特征　几何特征主要指流域面积的大小和形态。流域面积大，汇流时间长，洪水涨落慢，反之亦然。流域形状影响汇流时间，窄而长呈羽毛形时，汇流时间长；宽阔呈扇形时，汇流时间短。

（2）自然地理特征　它包括流域的地理位置、地形、地貌和地质状况、植被、湖泊分布等。流域内的降雨、蒸发、土壤、植被等水文因素都随地理位置而变。流域的地质条件决定入渗量及速度。

四、河川径流

在重力作用下沿河床流动的水流称为河川径流。流域内的降水，除部分截留和蒸发外，一部分形成地面径流，一部分形成地下径流，两种径流汇集到河槽中沿河床内流动而形成河川径流。

1. 河川径流的形成过程

流域内自降水开始到水流流出河流出口断面的整个物理过程称为径流形成过程。一般将这一过程分为四个阶段：降水、蓄渗、坡面漫流和河槽集流。

（1）降水阶段　降水是形成径流的主要影响因素，降水量的多少决定径流量的大小。降雨量用降落在地面上的雨水深度表示，单位为 mm。单位时间内的降雨量称为降雨强度，单位为 mm/h 或 mm/d。每次降水，可能覆盖某一地区，也可能降落该地区的局部地区，降雨强度也有时均匀有时不均匀，降水的变化直接决定着径流过程。

（2）蓄渗阶段　降水开始时，并不立即形成径流，部分雨水被植物截留，部分落到地面被土壤吸收并渗入地下，称为入渗。单位时间的入渗量称为入渗率，单位为 mm/min 或 mm/h。随着降水的继续，土壤入渗趋于饱和，另外还有一部分雨水被蓄留在坑洼中称为填洼。植物截留、入渗和填洼的整个过程称为蓄渗。

（3）坡面漫流阶段　当蓄渗过程完成后，降水扣除蓄渗阶段的损失后剩余的雨水逐渐地沿着坡面流动，称为坡面漫流。

（4）河槽集流阶段　坡面漫流顺着小沟、小溪流入河槽，由支流流入干流，最后到达流域出口断面的过程称为河槽集流过程。

2. 影响河川径流的主要因素

（1）降水　降水是形成地面径流最主要的因素。降水强度大、历时长、面积大，则产生的径流就大。

（2）蒸发　蒸发包括水面、土壤、植物上的水分蒸发，在一定条件下，蒸发越大径流越小。

（3）下垫面因素　流域内汇水区的大小、形状、地理位置、地质、植被、湖泊、沼泽等统称为下垫面因素。在相同的自然地理条件下，汇水区面积越大，径流量越大；汇水区的形状决定着不同点的水流到出口断面处所需时间的长短，对扇形汇水区边界的水几乎同时到达出口断面，会出现大涨大落现象；地理位置决定了蒸发降水因而决定了径流量；地质不同入渗不同；植被能截留水分；湖泊及人类活动（如水库）对河川径流有调蓄作用。

3. 我国河流的水量补给类型

我国河流的水量补给类型基本上分为以下三类：

（1）雨源类　这类河流的洪水由降雨形成，主要分布在秦岭、淮河以南直至海南岛、云南、台湾广大地区。一年内径流量的变化与降雨变化一致，夏天降雨大，流量增大，秋天流量逐渐下降。

（2）雨雪源类　这类河流的洪水三四月间主要由融雪形成春汛，之后有一段枯水期，入夏后降雨量增多，在六至九月形成夏汛和秋汛，主要分布在我国华北、东北地区。

（3）雪源类　西北地区如新疆、青海等地的河流，水量补给以融雪为主。洪水的大小与气温高低关系密切，汛期大多集中在气温较高的六七月间。

> **小贴士**

地球表面大约70%都是由海洋覆盖，海水占据了地球上整体水量的绝大部分，达到了97%。对人类而言，海水由于含盐量较高，既不能饮用，也不能灌溉农田，对于绝大部分工业领域的生产活动，海水也不能够使用，对人们有用的淡水，不到3%。这大约3%的淡水之中，冰川水又占据了淡水总量（地表水与地下水）的70%多，占据了地表淡水的99%。冰川中的绝大部分位于两极，剩余一小部分位于人类不容易涉足的高大山脉地带，都是很难直接获取的。对于人类而言，只有河流湖泊水、浅层地下水可以较方便地获取和利用，这些不到淡水总量的20%。

各种生命体的大部分由水组成，生命体的生长发育和新陈代谢也离不开水。一些城市挨着河流可直接取水，但大部分城市用水是取自地下水，地下水并不像河流湖泊的水那么容易得到补充，过度的开采会导致供不应求，水位下降。在水紧缺的同时，存在着一个严重的问题——一味追求经济利益导致的水污染。

【学后谨记】水不但是生命之源，也是航运的载体、农业的命脉、工业的血液。看上去地球上的水通过循环往复，属于可再生资源，实际上很多地区特别是中国华北地区存在缺水问题。随着人类社会的发展，生产技术的不断进步，水发挥着越来越重要、越来越广泛的作用。让我们养成节约意识和环保意识，从自身一点一滴的行动和行为做起，珍惜这种宝贵的资源。

学习情境 4　桥涵的河流环境

学习检验评价单

认识河流知识检验	姓名：	
	班级：	
	自评	师评
学习复习内容	掌握/未掌握	合格/不合格
什么叫水循环		
什么叫地面径流		
什么叫河流		
河流包括哪两个要素		
什么叫河谷		
什么叫河床		
什么叫干流		
什么叫支流		
一条发育完整的河流，可以分为哪几部分		
河流的基本特征一般用什么表示		
什么叫作河流长度		
什么叫作河流的横断面		
什么叫河槽		
什么叫河滩		
什么叫河流水面比降		
河床比降如何求		
什么叫流域		
什么叫流域面积		
什么叫河川径流		
河川径流的形成过程有哪几个阶段		

任务 2　学习水力学基础知识

知识目标

1）掌握相关水力因素的概念。
2）掌握水流的分类。
3）了解恒定流的三大方程。
4）掌握谢才公式和曼宁公式及其应用条件。
5）了解水流阻力和水头损失的概念。
6）掌握明渠均匀流的特征和产生条件。
7）掌握明渠非均匀流的水力现象。

技能目标

1）知道水力因素的概念。
2）会对水流进行分类。
3）会应用谢才公式和曼宁公式。
4）会判断均匀流和非均匀流。
5）会判断非均匀流的水力现象。

素养目标

养成对基础知识的重视，培养踏实严谨的职业品质。

相关知识

桥涵水文勘察设计内容包括桥涵水文调查、水文水力分析计算、桥涵布调、调治工程设置等。

一、水力因素

（1）过水断面　过水断面是指水流的横断面，该断面上任意一点的流速方向都与该断面相垂直。过水断面面积常用 A 表示，单位为 m^2。

（2）湿周　过水断面上水流和固体边界接触的周界线长，称为湿周，以 χ 表示，单位为 m。

水力学基础知识

（3）水面宽　水面宽是指过水断面上水面的宽度，用 B 表示，单位为 m。

（4）水深　水面离河底的距离称水深，用 h 表示。

（5）平均水深　过水断面面积 A 和水面宽 B 的比值称为平均水深，即 $\bar{h}=A/B$，单位为 m。

（6）水力半径　过水断面面积与湿周之比称为水力半径，用 R 表示，单位为 m。其数学表达式为

$$R = \frac{A}{\chi} \tag{4-4}$$

当水面宽度 B 大于水深 10 倍以上时，$B \approx \chi$，$R \approx \bar{h}$。

（7）粗糙系数　边界的粗糙程度用粗糙系数 n 表示，粗糙系数的倒数为糙率。边界表面越粗糙，粗糙系数越大；边界表面越光滑，则粗糙系数越小。

（8）流量　单位时间内流经过水断面的液体体积称为流量，常用 Q 表示，单位为 m^3/s。

（9）流速　流速是指液体在单位时间内所通过的距离，常用 v 表示，单位为 m/s。河道里的水流各点的流速不相同，靠近河（渠）底、河边处的流速较小，河中心近水面处的流速最大，为了计算简便，通常用横断面平均流速来表示该断面水流的速度。

（10）断面平均流速　过水断面上各点流速的加权平均值，称为断面平均流速，由定义可知：$Q = Av$。

（11）河床比降　深泓线上单位河流长度内的河底高差，称为河床比降，也叫底坡，用 i 表示。水力计算中比降用小数表示。

二、水流分类

根据水流水力因素随时间、空间变化的性质，水流可分为以下三类：

（1）恒定流与非恒定流　若各空间点上的流动参数（速度、压强、密度等）皆不随时间变化，这样的流动是恒定流，相反为非恒定流，如潮汐、波浪等。

（2）均匀流与非均匀流　水力因素不随空间位置的变化为均匀流，相反为非均匀流。非均匀流根据上下游水流变化的缓慢或者急剧程度，分为渐变流（缓变流）和急变流。

（3）缓流与急流　根据水流流态的缓急或水流在过水断面的总比能中比动能与比势能的相对比例分为缓流和急流，如平原区河流的水流一般是缓流；山涧溪流一般是急流。一般用弗汝德数 Fr 来判别水流的流态，当 $Fr<1$ 时，为缓流；当 $Fr>1$ 时，为急流；$Fr=1$ 时，为临界流。

三、恒定流的三大方程

1. 恒定流的连续性方程

质量守恒原理在水力学中的具体表达式，称为连续性方程。其表达式为

$$Q_1 = Q_2 \text{ 或 } A_1 v_1 = A_2 v_2 \tag{4-5}$$

式中　Q_1，Q_2——恒定流任意两个断面的流量；
　　　A_1，A_2——这两个断面的过水断面面积；
　　　v_1，v_2——这两个断面的断面平均流速。

恒定流的三大方程

其表示的意义是在连续不可压缩液体恒定总流中，任意两个过水断面所通过的流量相等。

2. 恒定流的能量方程

液流和其他运动物质一样具有势能和动能两种机械能，势能又可分为位置势能和压力势能。各能量的转化关系也遵循能量转化和守恒定律。恒定流的能量方程为

$$z_1+\frac{p_1}{\gamma_1}+\frac{a_1v_1^2}{2g}=z_2+\frac{p_2}{\gamma_2}+\frac{a_2v_2^2}{2g}+h_w \tag{4-6}$$

式中 z_1，z_2——两过水断面Ⅰ、Ⅱ上计算点的位置高度，代表该点的单位位置势能，称为比位能或位置水头；

p_1，p_2——两过水断面Ⅰ、Ⅱ上计算点的压强；

$\dfrac{p_1}{\gamma_1}$，$\dfrac{p_2}{\gamma_2}$——两过水断面Ⅰ、Ⅱ上计算点的压强高度，代表该点的单位压力势能，也称为比压能或压强水头；

a_1，a_2——两过水断面Ⅰ、Ⅱ的动能修正系数；

v_1，v_2——两过水断面Ⅰ、Ⅱ上计算点的流速；

$\dfrac{a_1v_1^2}{2g}$，$\dfrac{a_2v_2^2}{2g}$——两过水断面Ⅰ、Ⅱ上计算点的流速高度，代表该点的单位动能，称为比动能或流速水头；

h_w——单位质量液体从过水断面Ⅰ流至断面Ⅱ所散失的平均机械能，称为单位能量损失或水头损失。水头损失包括沿程水头损失 h_f 和局部水头损失 h_j。

位置水头加上压强水头加上流速水头称为总水头。沿水流流程上连接各过水断面的总水头形成总水头线。单位长度上总水头的下降值或总水头线的斜率，称为水力坡度，用 J 表示。

能量方程表明，液体的机械能有三种表现形式：动能、位置势能和压力势能。三种形式的能量可以相互转化，液体从一个断面流经下一个断面时，其总机械能量由于受到摩阻力等力的作用会有所损失，单位质量液体损失的能量为 h_w。

3. 恒定流的动量方程

恒定流的动量方程是动量定理在水流运动中的表达式。主要作用是解决作用力问题，特别是液体与固体之间的总作用力。可以解决急变流中水流对边界的作用力问题，如闸门前水流对闸门的动水压力，弯道中水流对弯道的作用力及河道弯段中水流对凹岸的侧向作用力等。恒定流的动量方程如下式：

$$\sum F=\rho Q(a_2'v_2-a_1'v_1) \tag{4-7}$$

式中 $\sum F$——液流所受的外力之和；

ρ——液体的密度；

Q——液体的流量；

a_1'，a_2'——所取两计算断面Ⅰ、Ⅱ的动量修正系数；

v_1，v_2——所取两计算断面Ⅰ、Ⅱ的断面平均流速。

四、谢才公式和曼宁公式

1. 谢才公式

对于明渠恒定均匀流和渐变流，可用谢才公式计算平均流速或沿程水头损失。根据重力沿流向的分力和边界阻力相平衡的条件，可建立断面平均流速 v 与水流边界的几何、阻力因素间的关系，即谢才公式（Chezy，1775年），如下式：

$$v=C\sqrt{RJ} \quad 或 \quad Q=AC\sqrt{RJ} \tag{4-8}$$

式中　v——断面平均流速（m/s）；

　　　C——谢才系数（$m^{0.5}/s$）；

　　　J——水力坡度；

　　　R——水力半径（m）。

2. 曼宁公式（Manning，1890 年）

曼宁公式是计算明渠道水流速度的经验公式，如下：

$$v=\frac{1}{n}R^{2/3}J^{1/2} \tag{4-9}$$

式中　n——粗糙系数，可查糙率系数表（参考相关手册）。

由式（4-8）和式（4-9）得谢才系数 C：

$$C=\frac{1}{n}R^{1/6} \tag{4-10}$$

式（4-10）中谢才系数 C 是有量纲的，单位为（$m^{0.5}/s$）。工程中常用无量纲谢才系数 C_0 代替 C 值，C_0 为

$$C_0=\frac{R^{1/6}}{ng^{1/2}} \quad 或 \quad C_0=\frac{C}{\sqrt{g}} \tag{4-11}$$

式中　g——重力加速度（m/s^2）。

对宽浅的天然河流河宽 B 远大于平均水深 $\bar{h}$，则 $B≈\chi$，$R≈\bar{h}$，则以上各式中 R 可用平均水深 $\bar{h}$ 代入。

对于均匀流，水力坡度 J、水面坡度 i_p 和河床比降 i 都相等，即 $J=i_p=i$，应用谢才公式、曼宁公式时 J 均可用河床比降 i 或水面坡度 i_p 代入。

渐变流的水力计算，一般可近似地看作均匀流，可用谢才公式和曼宁公式计算。

五、水流阻力和水头损失

1. 粗糙系数 n

粗糙系数 n 值综合地反映各种因素对水流阻力的影响，这些因素包括床面粗糙（粒径大小和级配）、床面形态（沙汶、沙垄、沙波及床面地形）、断面形状、底坡的变化、植物及障碍物的存在等。一般工程计算可参照按实测资料编制的粗糙系数表来选定，最好选用当地水文站或水利部门实测的 n 值。

水头阻力和
水头损失

2. 床面切应力 τ_0

均匀流的重力沿床面方向的分力等于床面边界阻力，因此床面切应力 τ_0 为

$$\tau_0=\rho v_*^2 \quad 或 \quad v_*=\sqrt{\frac{\tau_0}{\rho}} \tag{4-12}$$

式中　ρ——水流密度；

　　　v_*——平均流速。

式（4-12）表明平均流速 v_* 与床面切应力 τ_0 之间的关系。

3. 水头损失

水头损失是指单位重力的液体从过水断面Ⅰ流到断面Ⅱ，因克服边界阻力和液体内部的紊动、旋涡、重力做功使水流的机械能转换为热能，使机械能减少的数量。水头损失 h_w 包括沿程水头损失 h_f 和局部水头损失 h_j。

$$h_w = h_f + h_j \tag{4-13}$$

（1）沿程水头损失　沿程水头损失是指水流克服边界阻力做功而引起的水头损失，可以用达西公式计算：

$$h_f = \lambda \frac{L}{2g} \frac{v^2}{R} \tag{4-14}$$

式中　λ——沿程阻力系数（无量纲）；
　　　L——上下游计算断面间的距离（m）。

（2）局部水头损失　局部水头损失是指由桥梁及涵洞引起的局部边界急剧改变导致水流结构改变、流速分布改变并产生旋涡区而引起的水头损失。

$$h_j = \xi_q \frac{v_q^2}{2g} \tag{4-15}$$

式中　v_q——桥下平均流速（m/s）；
　　　ξ_q——桥孔压缩水流引起的局部水头损失系数，计算如下：

$$\xi_q = \frac{1}{\phi_q^2} - a_q \tag{4-16}$$

式中　ϕ_q——桥孔流速系数；
　　　a_q——桥孔计算断面的动能校正系数，近似取 1.0。

六、明渠均匀流与非均匀流

1. 明渠均匀流的特征和基本公式

河渠均匀流要在一定的条件下才能产生，它只能存在于长直的、沿程底坡、断面和边界糙率都不变化的正坡渠道里（河床比降 $i>0$）。河渠均匀流的断面形状、大小、水深、断面平均流速及流速分布沿程不变。河渠均匀流的水力坡度 J 等于河床比降 i 等于水面坡度 i_p，即 $J=i=i_p$，其河底线、水面线和水力坡度线为三条平行直线。

工程设计中长距离的渠道、天然河道中河槽特性变化不大的若干河段，一般可按均匀流计算，均匀流计算采用谢才公式，即式（4-8）。

明渠均匀流与
非均匀流 01

2. 明渠非均匀流的三种流态：急流、缓流、临界流

渠道中断面变化，底坡折变及桥、涵、堰、坝等建筑物都会破坏渠中的均匀流条件而导致非均匀流现象，由此引起波幅不大的波浪，称为"干扰微波"，它会造成桥涵、堰、坝上游壅水现象。它和投石于静水中产生的微波性质是一样的。投石于静水中产生的微波会向四面八方传播，其波峰在静水中的传播速度，称为微波波速，用 c 表示。设渠中水流流速为 v，当 $v>c$ 时，称这类水流为急流。微波只能向下传不能上传；当 $v<c$ 时，称为缓流，微波既可

上传也可下传；当 $v=c$ 时，称为临界流，这是急流与缓流间的临界状态。缓流水流流速小，水势平稳；急流水流流速大，水势湍急。

（1）明渠非均匀流的差别　弗汝德数 Fr 是判别明渠上述三种流动状态的数值标准，$Fr>1$，为急流；$Fr=1$，为临界流；$Fr<1$ 为缓流。

（2）临界水深和临界底坡

1）临界水深。当水流为临界流时，即 $Fr=1$，相应的水深称为临界水深，常用 h_k 表示。任意断面形状的临界水深的计算公式为

$$h_k = \frac{A_k^3}{B_k} = \frac{aQ^2}{g} \tag{4-17}$$

式中　A_k——临界水深对应的过水面积；
　　　B_k——临界水深对应的水面宽度；
　　　Q——流量；
　　　a——动能修正系数；
　　　g——重力加速度。

2）临界底坡。临界底坡 i_k 是指全渠以临界水深做均匀流动时相应的底坡。它是区别渠道实际底坡（河床比降）i 缓急的数值标准。它的计算公式为

$$i_k = \frac{g}{aC_k^2} \frac{\chi_k}{B_k} \tag{4-18}$$

式中　C_k——临界水深相应的谢才系数；
　　　χ_k——临界水深相应的湿周；
　　　B_k——临界水深对应的水面宽度。

当明渠实际底坡 $i=i_k$ 时，此时底坡称为临界底坡；$i<i_k$ 时，称为缓坡；$i>i_k$ 时，称为陡坡。

注意渠道建成后，i 为定值，但 i_k 可随着流量及糙率变化而变化。对于糙率及底坡一定的渠道，i_k 与 $\frac{1}{Q}$ 成正比，表明流量增大，i_k 将减小，因此临界流条件是不稳定的，在无压涵洞设计中，一般都应尽量避免选用临界底坡作为涵洞底坡，但可用 i_k 作涵洞底坡的下限，而以不冲刷容许流速 v_{max} 对应的底坡 i_{max} 作为上限。渠道实际底坡应有 $i_k<i<i_{max}$。

3. 非均匀流的水面曲线

明渠中水深沿程变化所构成的水面线称为水面曲线。

河渠非均匀的水面曲线形状及变化可有以下 4 种类型：

（1）壅水曲线　明渠中水深沿程增大的水面线，称为壅水曲线，如图 4-4 所示；河流中建筑了一些建筑物如桥梁、坝后，水流受到压缩或受潮水、干流水位顶托而导致上游水位抬高，称为壅水，其水面曲线为壅水曲线。

（2）降水曲线　渠中水深沿程减小的水面线称为降水曲线，如图 4-5 所示。在缓坡渠道中底坡变成更陡的缓坡，或陡坡渠道中底坡变成更陡的陡坡时，水深沿程减少，水面曲线为降水曲线。

明渠均匀流与非均匀流 02

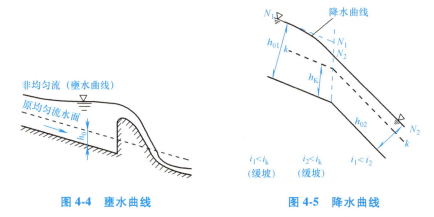

图 4-4 壅水曲线　　　　图 4-5 降水曲线

（3）水跌　上游缓坡渠道和下游陡坡渠道相接处或在渠道末端跌坎处，水面急剧下降的水力现象，称为水跌，如图 4-6 所示。水跌是水流由缓流过渡到急流的连接形式。瀑布是天然的水跌。

（4）水跃　水流由急流过渡到缓流时，即在水深从小于临界水深转换到大于临界水深的过渡段，水面急剧升高的现象，叫作水跃，如图 4-7 所示。渠段内流速急剧变化，水深呈突跃式增高，表面出现漩滚。

其中水跌和水跃现象为急变流现象。

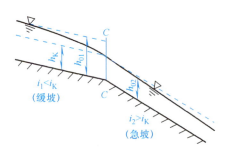

图 4-6 水跌

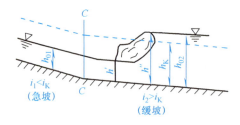

图 4-7 水跃

学习检验评价单

学习水力学基础知识检验	姓名： 班级：	
	自评	师评
学习复习内容	掌握/未掌握	合格/不合格
什么叫过水断面		
什么叫湿周		
什么叫水力半径		
什么叫粗糙系数		
什么叫流量		
什么叫断面平均流速		
什么叫河床比降		
什么叫恒定流？什么叫非恒定流		
什么叫均匀流？什么叫非均匀流		
什么叫急流？什么叫缓流		
恒定流的连续性方程是什么？它表示什么意义		
什么叫总水头线		
什么叫水力坡度		
谢才公式可以计算什么？什么情况下可以用谢才公式		
曼宁公式是计算什么的公式		
什么叫水头损失？它包括什么		
明渠均匀流的特征是什么？它的产生条件是什么		
明渠非均匀流有哪三种流态		
明渠非均匀流有什么水力现象		

任务3　泥沙运动和河床演变

知识目标

1）掌握泥沙的概念和分类。
2）了解泥沙起动的条件。
3）了解输沙量和含沙量的概念。
4）掌握河床演变的概念和河床形态变化的类型。
5）了解影响河床演变的主要因素。

技能目标

1）会判断水中泥沙属于哪一类。
2）会判断泥沙是否起动。
3）会分辨河床变形的类型。

素养目标

养成对基础知识的重视，培养踏实严谨的职业品质，培养探究、探索辨证看问题的职业精神。

相关知识

河床泥沙越细、水流流速越大，河床越容易冲刷；冲刷深度越深，桥涵基础需埋置越深。

一、河流泥沙运动

泥沙是组成河床并能随水流运动的沙、石、泥、土等物质的统称。当河床的泥沙被水带走，则产生冲刷现象；若泥沙沉积，则产生淤积现象。一条较稳定的河床，是泥沙冲淤平衡的结果。

1. 泥沙的分类

按泥沙在河槽内的运动情况，泥沙分为悬移质、推移质和河床质三类。

泥沙运动

（1）悬移质　悬浮于水中随水流运动的细粒泥沙称为悬移质。悬移质泥沙颗粒较细，在紊流脉动或旋涡作用下，被抛离床面，悬浮着流向下游。长河段天然河床的演变与悬移质关系较大。

（2）推移质　沿河床表面推移的较大颗粒泥沙称为推移质。推移质泥沙颗粒较粗，在水流推动下，沿床面滑动、滚动或跳跃着前进；桥梁等建筑物附近河段的冲刷，主要与推移质运动有关。

（3）河床质　沉积于河床静止不动的泥沙，称为河床质，也叫床沙。

河床质、推移质和悬移质三者间的颗粒大小分界是相对的，与水流流速大小有关。推移质与河床质、悬移质与推移质的颗粒之间不断地进行着交换。

2. 泥沙起动

在水流推动下，床面泥沙颗粒由静止开始运动，称为泥沙起动。此时的断面平均流速或垂线平均流速称为起动流速，用 v_0 表示。起动流速是泥沙起动的条件。

3. 推移质输沙量

推移质输沙量是单位时间内过水断面单位河槽宽度上，通过的推移质的质量，单位为 $kg/(s·m)$。推移质与流速的 4 次方成正比，对流速变化十分敏感。因为推移质大多集中在河槽中流速最大的主流区内。一年内几次大洪水的推移质输沙量，占全年推移质总输沙量的很大部分。

4. 含沙量

含沙量是单位体积的水流所含悬移质的质量，单位为 kg/m^3。

5. 挟沙力

在一定的水力条件和边界条件下，单位体积的水流能够挟带泥沙的最大质量，称为挟沙力，单位为 kg/m^3。它包括悬移质和推移质的全部泥沙数量。平原河流水流挟带的泥沙中，悬移质占绝大部分，推移质可忽略不计，因此，挟沙力常用悬移质最大含沙量来表示。

6. 床面粗化

由不均匀泥沙组成的河床，床面细粒泥沙被冲走，留下粗粒泥沙覆盖床面，形成一层抗冲刷的保护层，称为床面粗化层，这种现象称为床面粗化。

7. 沙波运动

当推移质泥沙运动到一定程度时，河床表面会出现起伏不平但又比较规则的波浪状起伏，叫沙波。泥沙的这种运动叫沙波运动。沙波运动是沙质河床中推移质运动的主要形式，它对水流阻力、河床形态和桥梁墩台冲刷都有重要影响。桥梁墩台处的河底沙波运动，直接影响桥梁墩台的冲刷深度。

二、河床演变

1. 河床演变的基本概念

水流推动泥沙运动，导致河床变形；变形后的河床又反作用于水流，引起水流结构的变化。水流和河床处于相互作用、相互制约、不间断的变化过程中。在天然状况下或人类活动的干扰后，河床形态的逐渐变化，称为河床演变。一般情况下，水流通过泥沙运动改变河床形态，在河床演变中水流起着主导作用。

河床演变

2. 河床形态的变化类型

（1）纵向变形　沿水流方向河床高程上的变化称为纵向变形。河源与上游的河床下切，下游河床的淤高，均属纵向变形。其变化幅度随岩土性质而异，细沙河床的变化幅度可能很大。对于桥梁设计不可忽视纵向变形。

（2）横向变形　河湾发展、河槽扩宽、塌岸、分汊、改道等河床上平面形态的变化，称为横向变形。河床平面形态弯曲处称为河湾，在弯段水流离心力和重力作用下，使凹岸不断受到冲刷,凸岸不断淤积,导致河流截弯取直,河流改道,这些属于横向变形。

3. 河床演变的原因

水流输沙不平衡是河床演变的根本原因。当上游来沙量大于水流挟沙力时,泥沙下沉并使河床淤积;当上游来沙量小于水流挟沙力时则会带走本河段泥沙加以补充,造成河床冲刷。

4. 河床和水流自动调整

当河床因外界条件变化而出现冲刷后,过水断面逐渐增大,流速逐渐减小,挟沙能力减弱,同时床面粗化,抗冲能力增强,冲刷过程逐渐减缓,冲刷趋向停止;对于淤积河段,也有这种使河床变形逐渐减缓,使变形趋向停止的现象。把水流和泥沙相互作用使输沙由不平衡趋向平衡,使河床变形趋向停止的现象,称为河床和水流的自动调整作用。它是河床变形的重要特性之一。例如,修建桥梁后,因桥孔压缩水流引起的桥下河床冲刷,随着冲刷发展,过水断面扩大,流速减小,挟沙能力降低,冲刷逐渐减慢,趋向停止。

5. 影响河床演变的主要因素

(1) 上游来水条件 上游来水条件即流量的大小及其变化。流量大则挟沙力大,河床变形也大。随流量的季节性和年际周期性变化,河床形态也相应地发生周期性变化。

(2) 上游来沙条件 上游来沙条件即上游河床的来沙量及其粒径组成。上游来沙为泥沙运动提供物质来源,沙量、粒径组成对河床变形影响很大。

(3) 河床地质、土质条件和河床比降 土质坚硬,抗冲力强,河床变形缓慢;土质粒细、松散,抗冲力弱,河床易受冲刷,变形急剧。河床比降大,流速大,冲刷力强,河床易受冲刷,反之易淤积。

上游来水、来沙条件总是不断变化的,输沙平衡只是暂时的、相对的;而输沙不平衡则是持续的、绝对的。

> 小 贴 士

"三十年河东,三十年河西"是大家熟悉的一句谚语,用以形容时过境迁、今昔巨变。是否真有一个地方,三十年前在黄河的东面,三十年后又到了黄河的西面呢?在黄河的变迁史上,这是千真万确的事实,而且这样的变化还用不了 30 年的时间。

根据现存历史文献记载,在 1949 年以前的 3000 年间,黄河下游决口泛滥至少有 1500 余次,较大的改道有二三十次,其中最重大的改道有 6 次。

【学后谨记】 一条河流成为现在这个样子,不仅是当前水流和泥沙运输的影响结果,还和前期多年内自然条件和人类条件的影响有关,和它在过去漫长岁月里的历史分不开。学习河流的变化规律时,应注意不同河段和不同时段中河流形态变化的相互联系,不能孤立地看待问题,忽略了事物发展的过去、现在和将来的相互联系和影响,否则难以全面把握河流变化的内在规律。通过课程实践,将知识和辩证观点有机联系起来,激发从不同角度思考问题的兴趣。

学习检验评价单

泥沙运动和河床演变知识检验	姓名：	
	班级：	
学习复习内容	自评 掌握/未掌握	师评 合格/不合格
什么叫作泥沙		
泥沙可以分为哪几类		
什么叫作悬移质		
什么叫作推移质		
什么叫作河床质		
什么情况下河床泥沙开始起动		
什么叫推移质输沙量		
什么叫含沙量		
什么叫河床演变		
河床变形包括哪些变形		
河床演变的原因是什么		
影响河床演变的主要因素有哪些		

任务 4　桥位河段分类和河湾水流

知识目标

1）掌握桥位河段的分类。
2）了解各河段的形态、水文、河床演变等特征。
3）了解河湾水流的概念及对河床的影响。

技能目标

会根据形态、水文、河床演变特征判断桥位河段类型。

素养目标

培养将知识转化为应用的实践精神。

相关知识

桥位不能选择在运行期间会导致桥梁不安全的河段。

一、桥位河段分类

选定桥位，确定桥长、布设桥梁孔径、选定墩台位置及其埋置深度等各项工作，都必须根据桥位河段的水力、水文和河床变形特征来处理。因此，必须将河流的各个河段根据其所在地区的自然地理、地形地貌特点，水文、泥沙运动和河床变形特点，纵断面和平面特点，进行河段分类，作为桥位勘测设计的依据。

桥位河段分类 01

《公路工程水文勘测设计规范》（JTG C30—2015）中，河段分类如下：

1. 山区河流

山区河流分为峡谷河段和开阔河段两类，这两类河段都为稳定性河段。

1）形态特征：山区河流在平面上多急弯卡口，宽窄相间，河床为 V 形或 U 形；河流纵断面多呈凸形，比降缓陡相连。峡谷河段，河床狭窄，河岸陡峭多石质，中、枯水河槽无明显区别；开阔河段，河面较宽，有边滩，有时也有不大的河漫滩和明显阶地，有的地方也会出现心滩和沙洲，比降较缓，河床泥沙较细。

2）水文泥沙特征：山区河流的河床比降陡，一般大于 0.2%；流速大，洪水时河槽平均流速可达到 5~8m/s；水位变幅大，个别达到 50m；含沙量小，河床泥沙颗粒较大，由于流速大，搬运能力强，故洪水时河床上有卵石运动。

3）河床演变特征：山区河流稳定，变形多为单向的切蚀作用，速度相当缓慢。峡谷河段的进口或窄口的上游，受壅水的影响，洪淤、枯冲；开阔河段有时有较厚的颗粒较细的沉积物，且多呈洪冲、枯淤变化；两岸对河流的约束和嵌制作用大。

4）河段区别要点：峡谷河段，河床窄深，床面岩石裸露或为大漂石覆盖，河床比降大，多急弯、卡口，断面呈 V 形或 U 形；开阔河段和顺直微弯河段，岸线整齐，河槽稳定，断面多呈 U 形，滩、槽分明，各级洪水流向基本一致。

2. 平原区河流

平原区河流分为顺直微弯河段、分汊河段、弯曲河段、宽滩河段、游荡河段五类。其中顺直微弯河段为稳定河段，分汊河段、弯曲河段、宽滩河段为次稳定河段，游荡河段为不稳定河段。

1）形态特征：平原区河流，平面外形可分为顺直微弯型、分汊型、弯曲型、宽滩型和游荡型；河谷开阔，有时河槽高出地面，靠两侧堤防束水；河床横断面多呈宽浅矩形，通常横断面上滩槽分明，在河弯处横断面呈斜三角形，凹岸侧窄深，凸岸侧为宽且高的边滩，过渡段有浅滩、沙洲；枯水期河槽中露出多种形态的泥沙堆积体。由于平原区河流多河弯、浅滩连续分布，因此，河床纵断面也深浅相间。

2）水文泥沙特征：平原区河流的河床比降平缓，一般小于 0.1%，有时不到 0.01%；流速小，洪水时河槽平均流速多为 2~4m/s，洪峰持续时间长，水位和流量变幅小于山区河流；河床泥沙颗粒较细；水流输送泥沙以悬移质为主，多为沙、粉沙和黏粒，但也有推移质；$\frac{Q_t}{Q_p}$>0.4 或 $\frac{Q_t}{Q_c}$>0.67 者为宽滩河流。

3）河床演变特征：顺直微弯河段，中水河槽顺直微弯，边滩呈犬牙交错分布；洪水时边滩向下游平移，对岸深槽也向下游平移。分汊河段，中高水河槽分汊，两汊可能有周期性交替变迁趋势；弯曲河段，凹冲凸淤，自由弯曲型河段，由于周而复始的凹冲凸淤，随着凹岸侧冲刷下切和侵蚀，弯顶横移下行，凸岸侧成鬃岗地形并扭曲变向下游；与此同时弯曲路径加长，阻力加大，颈口缩短，洪水时发生裁弯取直。宽滩蜿蜒河段，河床演变与弯曲河段类似。游荡河段，河槽宽浅，沙洲众多，且变化迅速，主流、支汊变化无常。

4）河段区别要点：稳定性和次稳定性河段的区别，前者河槽岸线、河槽、洪水主流均基本稳定，变形缓慢；后者河湾发展下移，主流在河槽内摆动。分汊河段，两汊有交替变迁的趋势；宽滩河段泛滥宽度很宽，达几公里、十几公里，滩槽宽度比、流量比都较大，滩流速小，槽流速大。

3. 山前区河流

山前区河流分为山前区变迁河段和冲积漫流河段，均为不稳定河段。

1）形态特征：山前变迁河段，多出现在较开阔的地面坡度较平缓的山前平原地带，河段距山口较远，其下多是比较稳定的平原河流，水流多支汊，主流迁

桥位河段分类 02

桥位河段分类 03

徙不定，河槽岸线不稳，洪水时主流有滚动可能；冲积漫流河段，距山口较近，河床坡度较陡，因为地势单调平坦，水流出山口后成喇叭形散开，流速、水深骤减，水流夹带大量泥沙落淤在山口坦坡上形成冲积扇。

2）水文泥沙特征：山前区河流的河床比降介于山区和平原区之间，一般为 0.1%~1%，但冲积漫流河段有时大于 2%~5%；流速介于山区与平原区河流之间，洪水时河槽平均流速可达到 3~5m/s；水流宽浅，水深变幅不大，既小于山区也小于平原区河流；泥沙中等或较大，在干旱、半干旱地区，洪水时往往携带大量细颗粒泥沙（既有悬移质又有推移质），是淤积的主要材料。

3）河床演变特征：山前变迁型河段，泥沙与河床演变特点类似于平原游荡河段之处，

159

但其河床比降和泥沙颗粒皆大于平原游荡河段；主要还是山前河流的特点，夺流改道之势更为凶猛迅速。冲积漫流河段，通常无固定河槽，夹带大量粗颗粒泥沙的水流淤此冲彼；加以坡陡、流急造成水沙混合体奔突冲击，有很大的破坏力；洪水后，河床支汊纵横，支离破碎，没有固定河漫滩，是最不稳定的河段；河床可能淤高。

4) 河段区别要点：不稳定河段与次稳定河段的区别，前者主流在整个河床内摆动，幅度大，变化快，河床有可能扩宽，后者主流在河槽内摆动，幅度小。游荡河段与山前变迁河段的区别，前者土质颗粒细，冲刷深，回淤快，主流不仅在河床内摆动，甚至可能造成河道改道；后者颗粒粗，冲刷浅，由于河床淤高扩宽和主流摆动，造成主槽变迁，河岸傍切扩宽幅度小；冲积漫流河段地貌大致具有冲积扇体特征，床面逐年淤高，较游荡河段明显，洪水股流按总趋势在高沟槽中通过。

4. 河口

河口分为三角港河口段和三角洲河口段，均为不稳定河段。

1) 形态特征：三角港河口段为凹向大陆的海湾型河口段；三角洲河口段为凸出海岸伸向大海的冲积型河口；河口段沙洲林立，支汊纵横交错。

2) 水文泥沙特征：河口的河床比降一般小于0.01%，流速也小，由于受潮汐影响，流速呈周期性正负变化；泥沙颗粒极细，多为悬移质。

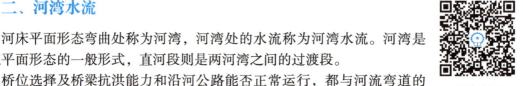

桥位河段分类 04

3) 河床演变特征：河口除受波浪和海流作用外，河流下泄的部分泥沙（进入河口后），由于受潮流和径流的相互作用，常形成拦门沙，加之咸、淡水交汇造成泥沙颗粒的絮凝现象，促进了泥沙的淤积，洪水期山水占控制的河段，可能有河床冲刷。因此很多河口段河床的冲淤变化很明显。

4) 河段区别要点：区别要点同形态特征。

注：上述河流特征及河床演变特点为一般情况，但也有例外的情况。如山区河段一般为稳定河段，有的山区河流有次稳定的，甚至有不稳定的河段，遇到这类场合，应根据具体河段的实际情况，分析其稳定性，决定采用何种勘测设计方法。

二、河湾水流

河床平面形态弯曲处称为河湾，河湾处的水流称为河湾水流。河湾是河流平面形态的一般形式，直河段则是两河湾之间的过渡段。

桥位选择及桥梁抗洪能力和沿河公路能否正常运行，都与河流弯道的行洪和河床变形有密切关系。一些桥梁和路基的水毁就是河湾水流引起的凹岸水流集中和凹岸冲刷造成的。因离心力和重力作用，水面向凹岸倾斜，产生横向比降，并形成螺旋流（环流，如图4-8所示），表层水流指向凹岸，底层水流指向凸岸，在水流横断面上形成横向环流，使凹岸冲刷，凸岸则淤积。因此，桥位不应设在弯道河流处；如因路线走向要求而设，则应设置桥梁调治构造物。

河湾水流

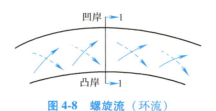

图4-8 螺旋流（环流）

学习检验评价单

桥位河段分类和河湾水流知识检验	姓名： 班级：	
	自评	师评
学习复习内容	掌握/未掌握	合格/不合格
《公路工程水文勘测设计规范》（JTG C30—2015）中，将桥位河段分为哪几类		
山区河流分为哪两类？它们的稳定性分别如何		
平原河流分为哪几类？它们的稳定性分别如何		
山前区河流分为哪几类？它们的稳定性分别如何		
河口的稳定性如何		
什么叫河湾		
什么叫河湾水流？它对河床有什么影响		

任务5　水文统计

知识目标

1）了解水文现象的概念、特点和研究方法。
2）掌握数理统计相关的基本概念。
3）掌握经验频率曲线的绘制方法。
4）掌握理论频率曲线的绘制方法。
5）掌握求矩适线法和三点适线法确定三个统计参数。
6）掌握理论频率曲线的应用：求规定频率的流量的方法。
7）了解水文资料中含特大值时的经验频率曲线和理论频率曲线三个统计参数的确定方法。
8）掌握相关分析的概念和直线相关回归方程的求解。

技能目标

1）会绘制经验频率曲线。
2）会绘制理论频率曲线。
3）会使用求矩适线法和三点适线法来求规定频率下的洪水流量。
4）会利用相关分析法来插补延长水文资料。

素养目标

培养分析问题、解决问题的能力；培养踏实细致认真的工作态度和作风。

相关知识

一、水文现象特点

水文现象

所谓水文现象，即降水、入渗、径流、蒸发等现象的统称。降水形成径流，并通过蒸发使地表的水蒸发进入大气；随着气流运动，遇冷又可凝成雨水回落到大地，如此周而复始，遂构成了十分复杂的水文现象。水文现象有如下特点：

（1）随机性　随机性是指水文现象发生的数值大小及发生的时间都具有一定的偶然性，难以运用演绎方法求得必然性的因果关系。

（2）周期性　一年四季的交替，使水文现象具有相应的周而复始的循环变化，称为周期性。例如，河流每年都有汛期和枯季，年年如此，周而复始。在长期观测的某些资料中，发现水文现象不仅有年周期性而且还有多年的周期性。

（3）地区性　同一地理特性的地区，其河川径流特性相似；同时，同一水文现象的变化规律也可因地而异。例如，我国南方河流水量大于北方；山区河流的河水大多暴涨暴落，平原河流的洪水大多涨落平缓。

二、水文现象的研究方法

水文现象的数值变化及其变化过程受到许多复杂因素的影响，难以获得物理关系的简单数学模型来用以求解，也不可能从水文现象的实测记录中找到确定的物理关系，只能从实测记录中透过现象看本质，寻找其发生的统计规律，并用概率大小来预示各类水文现象的再现可能性，以预估建造桥涵后可能遭遇的水文情势。所以，必须对桥涵水文进行实地调查，收集长期实测资料，寻找水文现象的统计规律，为桥涵设计提供决策依据。其研究方法有以下3类：

（1）数理统计法　此法根据长期水文观测资料，把水文现象的特征值（如水位、流量等）看成随机变量，运用数理统计方法，按国家有关规范规定的容许破坏率或要求的安全率，从而得出合适的设计值。

（2）成因分析法　此法从径流与降水的成因关系，建立水文现象特征的物理数学模型，并以此求解各类水文计算问题。但因水文现象的复杂性，仍难以在成因机理上找到合理的概括，也难以得到十分理想的结果。

（3）地理综合法　此法通过实测资料的整理分析，建立一些水文特征值的地区性经验公式或在地图上绘制成水文特征值的等值图，也可制成专用计算用表。此法应用较为简易，对于缺乏实测资料地区很有实用意义。但结果较粗，一般仅用于小桥涵设计流量的估算。

三、数理统计基本概念

1. 随机事件和随机变量

数理统计 01

（1）随机事件　自然发生的各种现象，可归纳为 3 类事件：①在一定条件下必然会发生的，称为必然事件。例如，由于受气候因素周期性变化，每年汛期都会出现一次最大的洪峰流量，这种现象就称为必然事件。②在一定条件下不可能发生的，称为不可能事件。例如，太阳不可能从西边出来。③在一定条件下可能发生也可能不发生，带有偶然性的，称为随机事件（又称为偶然事件）。虽然每年都出现一次最大洪峰流量，但每年的最大洪峰流量出现的时间和大小却年年变化，不全相同，具有偶然性。

实践表明，随机事件也具有一定的规律性，这种规律性只能利用大量同类的随机事件统计而得，称为统计规律。它不是事物固有的客观规律，而是大量随机事件的平均情况。用数理统计法研究水文现象，只能根据这种规律性预估随机事件今后变化的平均可能情况，而不能推断某一随机事件的具体结果。预估的精确程度与统计资料有直接关系，统计资料越多、越准确，则精确程度就越高。

（2）随机变量　随机事件出现的结果，以数值来表示，这些数值称为随机变量。水文中的统计法就是利用流量、降雨量等实测水文资料（实数值）作为随机变量，通过分析，推求水文现象（随机事件）的统计规律。

2. 总体与样本

把同一原因的随机变量组成一个系列，称为随机变量系列。把随机变量系列的全体称为总体，根据研究对象的不同，可分为有限总体和无限总体。

总体中的一部分随机变量称为样本。同一总体可以随机抽取许多样本（不带主观性），这样的样本称为随机样本。

总体或样本中随机变量的项数，分别称为总体或样本的容量。

在很多情况下，总体是不需要或不可能取得的，因而在实际工作中，最常用的是随机样本。因为样本是总体的一个组成部分，具有一定的代表性，在一定程度上反映总体的特征。因而可借助样本的规律推断总体的规律，推断结果的可靠性与样本对总体的代表程度直接相关。水文现象的总体都是无限的，只能将已有的水文资料作为总体的样本，以推断总体的规律，因而要求所使用的水文资料必须具有足够的代表性。

3. 抽样误差

根据实测或调查的水文资料（样本）反映的统计规律，不能完全反映总体的客观实际情况。这种利用样本推断总体规律带来的误差叫作抽样误差。

4. 频率与概率

频率 W 是指若干次独立试验中，某一事件 A 出现的次数 f 与试验的总次数 n 之比，即

$$W=\frac{f}{n} \tag{4-19}$$

大量实践证明，当试验次数少时，事件的频率具有明显的偶然性，数值摆动变化很大；但随着试验次数增多，事件的频率逐渐趋向稳定，最终趋近一个极限值，这个极限值就是这个事件发生的概率，又称为几率，常用 P 表示。概率是事件固有的客观性质，不随人们试验的情况和次数而变动，是一个常数，是理论值。例如，掷一枚均质硬币，每次出现正面或反面的概率都是 50%。

5. 累积频率和重现期

（1）累积频率　频率只能预示单个水文特征值（H、Q 等）未来出现的可能性。在桥梁设计中需要考虑等于或大于某特征值出现的可能性。如果水位 $H=30$ m 时会对桥梁有威胁，则高于 30m 的水位对桥梁都会有威胁。等于和大于某一随机变量出现的次数（累积出现次数）与总次数的比值，称为该随机变量的累积频率 P（%）。在水文分析计算中，通常提到的某洪水频率均指累积频率。

（2）重现期　在水文计算时，也用重现期来表示各种水文现象发生的可能性。所谓重现期，是指等于和大于某频率的洪水平均多少年可能出现一次，简称多少年一遇，常用 T 表示。重现期和累积频率互为倒数关系。对洪水和枯水，其重现期表达方式不同。对于洪水频率，重现期为洪水频率的倒数。对枯水频率，重现期为 1 减去枯水频率之后的倒数。例如，$P=1\%$ 时，$T=1/1\%=100$ 年，称为 100 年一遇的大水。$P=98\%$ 时，$T=1/(1-98\%)=50$ 年，称为 50 年一遇的枯水。

应该指出，频率和重现期都是指很长时间平均可能出现的情况，而不是固定情况。百年一遇的洪水并不意味着 100 年一定出现一次，实际上也许出现几次，也可能一次不出现，它只表示在很长年代中，平均 100 年可能出现一次而已。

6. 频率分布及其特征

在一个随机变量系列中，每一个大小不同的随机变量，都对应着一定的出现频率，这种随机变量大小与出现频率之间的对应关系，称为随机变量的频率分布，将这种对应关系用图形表示出来，为频率分布曲线。

现以某水文站 75 年（$n=75$）的年最大流量（随机变量 x）实测资料为例，说明频率分

布的概念。按实测流量的大小，将这些流量以增量为 100 为一组，等组距地划分为 12 组，统计各组流量出现的次数 m_i，累计出现的次数 $\left(\sum_{1}^{i} m_i\right)$，列于表 4-1 第 1、2、3 列；计算各流量出现的频率（m_i/n）和累积频率 $\left(\sum_{1}^{i} m_i/n\right)$，列于表 4-1 第 4、5 列。

数理统计 02

表 4-1 流量出现的频率、累积频率

流量 $x/(m^3/s)$	出现次数 m_i/年	累计出现次数 $\sum_{1}^{i} m_i$/年	频率 m_i/n（%）	累积频率 $\sum_{1}^{i} m_i/n$（%）
1	2	3	4	5
1300～1400	1	1	1.3	1.3
1200～1300	1	2	1.3	2.6
1100～1200	2	4	2.7	5.3
1000～1100	3	7	4.0	9.3
900～1000	5	12	6.7	16.0
800～900	8	20	10.7	26.7
700～800	14	34	18.6	45.3
600～700	20	54	26.7	72.0
500～600	11	65	14.7	86.7
400～500	6	71	8.0	94.7
300～400	3	74	4.0	98.7
200～300	1	75	1.3	100.0
总计	75		100.0	

注：各组区间均不包括其上限数值。

根据表 4-1 计算的结果，以流量 x 为横坐标，以频率 P 为纵坐标，绘出各组流量与其频率的直方图，如图 4-9 所示。

定义频率增量 ΔP 与流量增量 Δx 的比值 $\dfrac{\Delta P}{\Delta x}$ 为频率密度。当 Δx 趋近于零时，图 4-9 中的直方图将会演变成一条光滑的曲线，如图 4-9 中的虚线所示，称为频率密度曲线，简称为密度曲线。

若以流量为纵坐标，累积频率为横坐标，绘出流量与累积频率关系的阶梯形折线图。当流量资料的实测次数趋于无穷多，图 4-10 中的折线图将变成一条中间平缓两侧陡峭的横置 S 形曲线，如图 4-10 中虚线所示，称为累积频率曲线，或叫频率分布曲线。

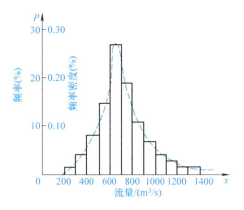

图 4-9 流量与频率关系的直方图

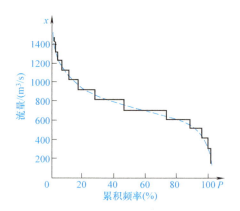

图 4-10 流量与累积频率关系的折线图

频率分布曲线与频率密度曲线的关系如图 4-11 所示。可运用数学方法求得累积频率曲线。

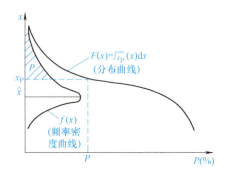

图 4-11 分布曲线与频率密度曲线的关系

上例中，随机变量 x 为流量，它还可以是任意水文、气象因素等随机变量，如降雨量、水位等。

频率分布反映了随机变量的统计规律。当随机变量系列的容量足够大时，近似把随机变量的频率分布当作概率（几率）分布来看待。

7. 经验频率公式

经验频率是用随机变量系列中的每个随机变量实测值，按递减次序排列，直接计算得到的累积频率。在水文统计分析计算中，我国广泛采用维泊尔（Weibull）公式（又称为数学期望公式）来计算经验频率，如下式：

$$P = \frac{m}{n+1} \times 100\% \tag{4-20}$$

数理统计 03

式中 P——水文系列中第 m 项随机变量的经验频率（%）；
m——水文系列中各随机变量按递减次序排列的序号；
n——水文系列随机变量的总个数（容量）。

【例 4-1】 某桥位处测得 50 年最高水位资料，按从大到小的次序排列，列于表 4-2 的第 1 列，并统计每个水位出现的次数列于表 4-2 第 2 列。求水位 $H \geqslant 30\mathrm{m}$ 的累积频率。

表 4-2 水位及出现的次数、累积频率

序号	水位 H_i/m	水位出现次数 f	水位排序序号 m_i	频率 $P=\dfrac{f}{n+1}\times 100\%$	累积频率 $P_{(H\geqslant H_i)}=\dfrac{m_i}{n+1}\times 100\%$
	1	2	3	4	5
1	35	2	2	3.92	3.92
2	30	11	13	21.56	25.48
3	25	19	32	37.26	62.74
4	20	13	45	25.49	88.23
5	15	5	50	9.80	98.03
Σ		$n=50$		98.03	

解：先计算水位资料的总次数：$n=50$。将各水位按递减次序排列时的排序序号列在表 4-2 的第 3 列，运用经验频率计算公式计算频率和累积频率，列于表 4-2 第 4、5 列。可知，水位 $H=30m$ 出现的频率为 21.56%。水位等于和大于 $30m$ 出现的累积频率为 25.48%。

8. 选样方法

由总体中选取样本叫抽样或选样。对设计洪峰流量或水位，可有以下两种选样方法：

（1）年最大值法　即每年选取一个瞬时最大值组成样本系列。此法独立性好，但要求有长期的实测记录，有时难以满足。由此所得的累积频率为年频率，其重现期 T 单位为年。

数理统计 04

（2）超大值法　此法将 n 年实测洪水位或洪峰流量按大到小次序排列，并从大到小顺序取 S 个实测系列组成样本。一般取 $S=(3\sim 5)n$。由此所得累积频率为次频率，其重现期 T' 的单位为次。

次重现期与年重现期可按下式换算：

$$T=\dfrac{n}{S}T' \tag{4-21}$$

四、经验频率曲线的绘制

1. 经验频率曲线的概念

将水位或流量等随机变量作为纵坐标，以经验频率为横坐标，在坐标格纸上绘出各个随机变量对应的经验频率点，按点群分布趋势目估勾绘的一条光滑曲线，称为经验频率曲线，如图 4-12 所示。

经验频率曲线的绘制

2. 机率格纸

坐标纸有均匀分格的普通坐标纸和特殊分格的海森机率格纸。用普通格纸绘制，使频率曲线头尾两端较陡，中间缓和平坦，呈卧 S 形，如图 4-12a 所示。水文计算中，若系列资料不长，欲求小频率的流量值，需对该曲线头部进行适当外延，而均匀分格的频率曲线两端较陡，外延任意性大，推求的结果会产生较大误差。

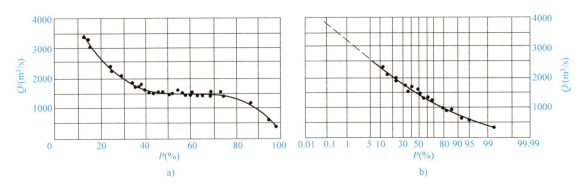

图 4-12 经验频率曲线
a) 普通格纸　b) 海森机率格纸

用海森机率格纸点绘的经验频率曲线，其线形的两端要平缓得多，海森机率格纸的纵坐标可按均匀分格或对数分格，横坐标是中间密两侧渐疏的不均匀分格。其特征是把正态分布的频率曲线在坐标纸中呈现为一条直线。但由于年洪峰资料多为偏态分布，则点绘的频率曲线在海森机率格纸上仍将是曲线，只是曲率小得多，如图 4-12b 所示。水文计算中一般用海森机率格纸来点绘经验频率曲线。

3. 经验频率曲线的绘制步骤

1）将搜集到的实测水文资料如流量或水位资料系列作为随机变量 x 按递减的顺序排列，计算系列的总项数 n 及各随机变量的排序序号 m_i。

2）利用数学期望公式 $P_i = \dfrac{m_i}{n+1} \times 100\%$ 计算各随机变量值 x_i 的经验频率 P_i。

3）以随机变量为纵坐标，以累积频率 P_i 为横坐标，将点 (P_1, x_1)，(P_2, x_2)，…，(P_n, x_n) 点绘于坐标纸上。

4）通过点群分布中心，目估绘制一条光滑曲线，即得经验频率曲线。

【例 4-2】 某水文站有 22 年的年最大流量观测资料，见表 4-3 第 1、2 列，试绘制经验频率曲线。

解：把历年的年最大流量资料按递减次序排列，列于表 4-3 第 3、4 列；$n = 22$，m_i 为各流量的排序序号，按公式 $P_i = \dfrac{m_i}{n+1} \times 100\%$ 计算经验频率 P_i 列于表 4-3 第 5 列。

表 4-3 历年最大流量、经验频率

序号	按年份顺序排列		按流量大小排列		经验频率
	年份	流量/(m³/s)	年份	流量 Q_i/(m³/s)	$P_i = \dfrac{m_i}{n+1} \times 100\%$
	1	2	3	4	5
1	1964	2000	1991	2950	4.3
2	1965	2100	1985	2600	8.7
3	1971	2380	1974	2500	13.0

(续)

序号	按年份顺序排列		按流量大小排列		经验频率 $P_i = \dfrac{m_i}{n+1} \times 100\%$
	年份	流量/(m³/s)	年份	流量 Q_i/(m³/s)	
	1	2	3	4	5
4	1972	2170	1971	2380	17.4
5	1973	1700	1982	2250	21.7
6	1974	2500	1972	2170	26.1
7	1977	600	1965	2100	30.4
8	1978	1080	1964	2000	34.8
9	1982	2250	1986	1900	39.1
10	1983	1100	1994	1850	43.5
11	1984	1480	1973	1700	47.8
12	1985	2600	1987	1650	52.2
13	1986	1900	1995	1530	56.5
14	1987	1650	1984	1480	60.9
15	1988	1300	1990	1360	65.2
16	1989	1000	1998	1300	69.6
17	1990	1360	1983	1100	73.9
18	1991	2950	1978	1080	78.3
19	1992	900	1993	1010	82.6
20	1993	1010	1989	1000	87.0
21	1994	1850	1992	900	91.3
22	1995	1530	1977	600	95.7

以年最大流量 Q_i 为纵坐标,以累积频率 P_i 为横坐标,将点 (P_1, Q_1),(P_2, Q_2),…,(P_n, Q_n) 点绘于坐标纸上。通过点群分布中心,目估绘制一条光滑曲线,即得经验频率曲线,如图 4-13 所示。

4. 经验频率曲线的外延

当有足够长的实测水文资料时,其经验频率曲线的高低和形状基本上是稳定的,因此,利用足够多的实测水文资料绘出的经验频率曲线,可近似地作为总体的频率曲线,然后用外延法对经验频率曲线延长,如图 4-12b 和图 4-13 中虚线为外延部分,可在经验频率曲线上读出规定频率下的流量或水位等随机变量值。

需要提出的是,将频率曲线头部外延很远,尽管采用了海森机率格纸,仍有较大的任意性,会出现一定的误差。因此必须寻求更精确绘制和外延频率曲线的方法。

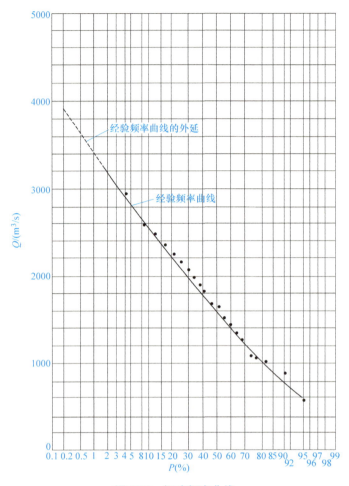

图 4-13 经验频率曲线

五、理论频率曲线的绘制

1. 理论频率曲线的概念

直接应用经验频率曲线外延来推求小频率的流量具有很大的任意性，所以人们试图从数理统计理论中的某些曲线线形中，选择比较符合水文现象规律者来表示所需的经验曲线，使曲线的绘制与外延具有一定的数学依据。

理论频率曲线的绘制 01

用随机变量系列的几个数值特征值的函数表示的频率分布曲线，称为理论频率曲线。

理论频率曲线的类型很多，其中皮尔逊Ⅲ型曲线符合我国的水文情势。所以在实际计算中，通常根据样本（实测资料），选择与经验频率点群符合最好的皮尔逊Ⅲ型（P-Ⅲ）曲线作为总体的理论频率曲线，用以满足实际水文计算的需要。

2. 皮尔逊Ⅲ型曲线方程

皮尔逊Ⅲ型曲线（P-Ⅲ曲线）如图 4-14 所示，其方程式（密度函数）为

$$y = y_m \left(1 + \frac{x}{a}\right)^{\frac{a}{d}} \cdot e^{-\frac{x}{d}} \tag{4-22}$$

式中 y_m——曲线的最大纵坐标值，即众值点的纵坐标值；

a——曲线左端起点到众值点的距离；

d——曲线偏态半径，是均值与众值的距离。

由式（4-22）可知，y_m、a、d 是密度曲线的三个参数。如果确定了这三个参数，就可以绘出曲线。曲线的这三个参数，经过适当的换算，可以采用随机变量系列的数值特征值：三个统计参数用均值 $\bar{x}$、离差系数 C_V、偏差系数 C_S 来表示，即皮尔逊曲线是均值 $\bar{x}$、离差系数 C_V、偏差系数 C_S 这三个统计参数的函数。当 $\bar{x}$、C_V、C_S 确定时，可确定皮尔逊Ⅲ型曲线，即理论累积频率曲线。

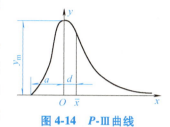

图 4-14　P-Ⅲ 曲线

3. 三个统计参数的计算公式

（1）均值 $\bar{x}$　　均值是系列中所有随机变量的算术平均值。如 n 个年洪峰流量值为 x_1，x_2，…，x_n，则其均值为

$$\bar{x} = \frac{x_1 + x_2 + \cdots + x_n}{n} = \frac{1}{n}\sum_{1}^{n} x_i \tag{4-23}$$

与均值 $\bar{x}$ 相类似，反映系列变量平均水平的还有中值 $\check{x}$ 和众值 $\hat{x}$。

中值 $\check{x}$ 是指在按大小顺序排列的系列中，位于中间位置的那个随机变量值。众值 $\hat{x}$ 是指系列中出现次数最多的那个随机变量值。当 $\bar{x} = \check{x} = \hat{x}$ 时，即三者重合，频率密度曲线呈左右对称的光滑曲线，称为正态分布。当 $\bar{x} > \check{x} > \hat{x}$ 时，曲线峰偏左，称为正偏态分布。当 $\hat{x} > \check{x} > \bar{x}$ 时，曲线峰偏右，称为负偏态分布。皮尔逊Ⅲ型曲线是属于正偏态分布的。

（2）变差系数 C_V　　变差系数反映各个随机变量对均值的离散程度。随机变量的变差系数是系列中各随机变量的均方差 σ 和均值 $\bar{x}$ 的比值，即

$$C_V = \frac{\sigma}{\bar{x}} \tag{4-24}$$

如果直接求总体的变差系数，当总体的容量为 n 时，总体的均方差和变差系数为

$$\sigma = \sqrt{\frac{\sum_{i=1}^{n}(x_i - \bar{x})^2}{n}} \tag{4-25}$$

$$C_V = \frac{\sigma}{\bar{x}} = \sqrt{\frac{\sum_{i=1}^{n}(x_i - \bar{x})^2}{n\bar{x}^2}} = \sqrt{\frac{\sum_{i=1}^{n}(K_i - 1)^2}{n}} \tag{4-26}$$

当利用样本随机系列推算总体变差系数时，样本的容量为 n 时，总体的均方差和变差系数为

$$\sigma = \sqrt{\frac{\sum_{i=1}^{n}(x_i - \overline{x})^2}{n-1}} \tag{4-27}$$

$$C_V = \frac{\sigma}{\overline{x}} = \sqrt{\frac{\sum_{i=1}^{n}(x_i - \overline{x})^2}{(n-1)\overline{x}^2}} = \sqrt{\frac{\sum_{i=1}^{n}(K_i - 1)^2}{n-1}} \tag{4-28}$$

式（4-26）和式（4-28）中，K_i 为模比系数，$K_i = \dfrac{x_i}{\overline{x}}$。

（3）偏差系数 C_S 偏差系数是反映随机变量系列中各随机变量对其均值对称性的参数，它表明系列分布对均值是对称的还是不对称的，是正偏态还是负偏态。C_S 大于零称为正偏态分布，C_S 小于零称为负偏态分布，水文现象为正偏态。

如果直接求总体的偏差系数，当总体的容量为 n 时，总体的偏差系数用下式计算：

$$C_S = \frac{\sum_{i=1}^{n}(x_i - \overline{x})^3}{n\overline{x}^3 C_V^3} = \frac{\sum_{i=1}^{n}(K_i - 1)^3}{nC_V^3} \tag{4-29}$$

当利用样本随机系列推算总体的偏差系数时，样本的容量为 n 时，总体的偏差系数用下式计算：

$$C_S = \frac{\sum_{i=1}^{n}(x_i - \overline{x})^3}{(n-3)\overline{x}^3 C_V^3} = \frac{\sum_{i=1}^{n}(K_i - 1)^3}{(n-3)C_V^3} \tag{4-30}$$

4. 统计参数对理论频率曲线的影响

了解改变各个统计参数值，将会给理论频率曲线带来何种变化，即了解三个统计参数对理论频率曲线的影响。这为后续在适线调整过程中，使理论频率曲线较好地与经验频率曲线相符合提供帮助。

（1）均值 $\overline{x}$ 反映频率曲线的位置高低 若 C_V、C_S 不变，$\overline{x}$ 增大则曲线上移，$\overline{x}$ 减小则曲线下移，如图 4-15a 所示。

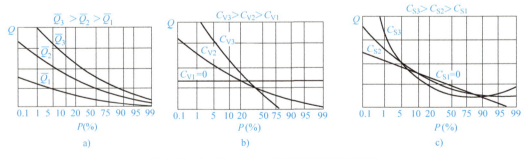

图 4-15 Q、C_V、C_S 对累积频率曲线的影响

（2）变差系数 C_V 反映频率曲线的陡坦程度 若 $\overline{x}$、C_S 不变，C_V 增大则曲线左上右下，线形变陡；反之，则曲线左下右上，线形变坦；C_V 为零时，将成为一条水平线，如

图 4-15b 所示。

(3) 偏差系数 C_S 反映频率曲线的弯曲程度 若 $\bar{x}$、C_V 不变，则 $C_S>0$ 时，C_S 增大，曲线弯曲严重，线形曲率较大；反之，则曲线弯曲不严重，线形曲率较小；C_S 为零时曲线将成为一条斜直线，如图 4-15c 所示。

根据已知的三个统计参数，就可以利用上述公式推求任一频率的随机变量值，并能绘出理论频率曲线。

5. 皮尔逊Ⅲ型曲线的应用

将 P-Ⅲ 曲线的方程式进行一定的积分计算，可得频率曲线的方程式。对于年最大流量系列，频率曲线方程式可写成：

$$Q_P = \bar{Q}(1+\Phi C_V) = K_P \bar{Q} \qquad (4-31)$$

式中 Q_P——频率为 P 的设计流量（m³/s）；

$\bar{Q}$——平均流量（m³/s）；

C_V——变差系数；

Φ——离均系数，$\Phi = \dfrac{x_P - \bar{x}}{C_V \bar{x}}$，为了便于实际应用，美国福斯特（Foser，1924 年）、前苏联雷布京先后编制离均系数 Φ 值表，各国普遍采用，见附录 A；

K_P——模比系数，$K_P = \dfrac{x_P}{\bar{x}} = 1 + \Phi C_V$，可根据拟定的比值 C_S/C_V 制成模比系数 K_P 值表，见附录 B。

【例 4-3】 利用表 4-4 第 1、2 列的年最大流量资料，计算三个统计参数 $\bar{Q}$、C_V、C_S，绘制理论频率曲线，并推算频率为 0.2%、1% 和 2% 时的流量。

解： 把历年的年最大流量资料按大小递减次序排列，列于表 4-4 第 3、4 列，$n=22$，然后计算经验频率 P_i、K_i、$(K_i-1)^2$、$(K_i-1)^3$ 列入表 4-4 第 5、6、7、8 列。

表 4-4 年最大流量、经验频率

序号	按年份顺序排列		按流量大小排列		经验频率 $P_i=\dfrac{m_i}{n+1}\times 100\%$	$K_i=\dfrac{Q_i}{\bar{Q}}$	$(K_i-1)^2$	$(K_i-1)^3$
	年份	流量/(m³/s)	年份	流量 Q_i/(m³/s)				
	1	2	3	4	5	6	7	8
1	1964	2000	1991	2950	4.3	1.735	0.540	0.397
2	1965	2100	1985	2600	8.7	1.529	0.280	0.148
3	1971	2380	1974	2500	13.0	1.471	0.222	0.104
4	1972	2170	1971	2380	17.4	1.400	0.160	0.064
5	1973	1700	1982	2250	21.7	1.324	0.105	0.034
6	1974	2500	1972	2170	26.1	1.276	0.076	0.021
7	1977	600	1965	2100	30.4	1.235	0.055	0.013
8	1978	1080	1964	2000	34.8	1.176	0.031	0.005
9	1982	2250	1986	1900	39.1	1.118	0.014	0.002
10	1983	1100	1994	1850	43.5	1.088	0.008	0.001

(续)

序号	按年份顺序排列		按流量大小排列		经验频率 $P_i = \dfrac{m_i}{n+1} \times 100\%$	$K_i = \dfrac{Q_i}{\overline{Q}}$	$(K_i - 1)^2$	$(K_i - 1)^3$
	年份	流量/(m³/s)	年份	流量 Q_i/(m³/s)				
1	2	3	4	5	6	7	8	
11	1984	1480	1973	1700	47.8	1.000	0.000	0.000
12	1985	2600	1987	1650	52.2	0.971	0.001	0.000
13	1986	1900	1995	1530	56.5	0.900	0.010	-0.001
14	1987	1650	1984	1480	60.9	0.871	0.017	-0.002
15	1988	1300	1990	1360	65.2	0.800	0.040	-0.008
16	1989	1000	1998	1300	69.6	0.765	0.055	-0.013
17	1990	1360	1983	1100	73.9	0.647	0.125	-0.044
18	1991	2950	1978	1080	78.3	0.635	0.133	-0.049
19	1992	900	1993	1010	82.6	0.594	0.165	-0.067
20	1993	1010	1989	1000	87.0	0.588	0.170	-0.070
21	1994	1850	1992	900	91.3	0.529	0.222	-0.104
22	1995	1530	1977	600	95.7	0.353	0.419	-0.271
合计		37410				22.005	2.848	0.160

$$\overline{Q} = \frac{1}{n}\sum_{i=1}^{n} Q_i = (37410/22)\,\text{m}^3/\text{s} = 1700\,\text{m}^3/\text{s}$$

$$C_V = \sqrt{\frac{\sum_{i=1}^{n}(K_i-1)^2}{n-1}} = \sqrt{\frac{2.848}{22-1}} = 0.37$$

$$C_S = \frac{\sum_{i=1}^{n}(K_i-1)^3}{(n-3)C_V^3} = \frac{0.160}{(22-3)\times 0.37^3} = 0.17$$

按公式 $Q_P = \overline{Q}(1+\Phi_p C_V)$ 计算各个指定频率的流量值,并计算其他频率对应的流量,列于表4-5中。

$Q_{0.2\%} = 1700\,\text{m}^3/\text{s} \times (1+3.09\times 0.37) = 1700\,\text{m}^3/\text{s} \times 2.14 = 3638\,\text{m}^3/\text{s}$

$Q_{1\%} = 1700\,\text{m}^3/\text{s} \times (1+2.45\times 0.37) = 1700\,\text{m}^3/\text{s} \times 1.91 = 3247\,\text{m}^3/\text{s}$

$Q_{2\%} = 1700\,\text{m}^3/\text{s} \times (1+2.14\times 0.37) = 1700\,\text{m}^3/\text{s} \times 1.79 = 3043\,\text{m}^3/\text{s}$

表4-5 频率与流量值

P(%)	0.01	0.2	1	2	5	10	20	50	75	90	95
Φ	4.09	3.09	2.45	2.14	1.69	1.30	0.83	-0.03	-0.69	-1.26	-1.60
$K_P = 1+\Phi C_V$	2.51	2.14	1.91	1.79	1.63	1.48	1.31	0.99	0.75	0.53	0.41
Q_P/(m³/s)	4267	3638	3247	3043	2771	2516	2227	1683	1275	901	697

根据表4-4第4、5列的流量和对应的经验频率在海森机率格纸上点出经验频率点,并根据点群趋势绘出一条光滑的曲线,即为经验频率曲线,如图4-16所示。

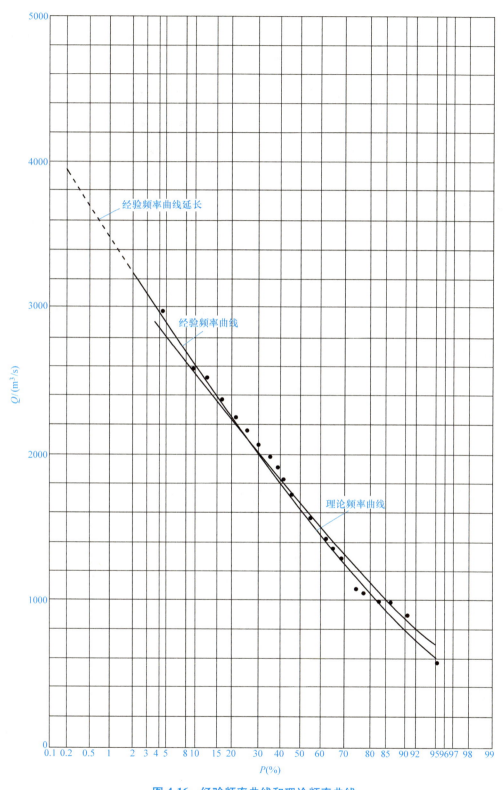

图 4-16 经验频率曲线和理论频率曲线

根据表 4-5 中频率及其对应的流量值，在海森机率格纸上绘出各点，并根据点群趋势绘出一条光滑的曲线，即为理论频率曲线，如图 4-16 所示。由于本题流量资料为较短的不连续系列，同时未经过适线调整，理论频率曲线与经验频率曲线符合较差。

理论频率曲线的绘制 03

理论频率曲线的绘制 04

6. 统计参数的确定

由于统计参数直接影响最终所需的设计值，因此要十分慎重。为使理论频率曲线与经验频率曲线拟合最好，常用求矩适线法和三点适线法来确定三个统计参数。

（1）求矩适线法　利用统计参数的计算公式计算出 $\bar{x}$、C_V 值，并假定 C_S 值，作为三个统计参数的初试值，根据初试的统计参数值绘出一条理论频率曲线；通过反复调整统计参数 C_V、C_S 值和绘制调整参数后的理论频率曲线，直到绘出的理论频率曲线与经验频率曲线点群拟合，认为满意为止，即确定了最终选定的统计参数；根据选定的统计参数，计算给定频率的随机变量值，这种方法称为求矩适线法。根据我国经验，C_S 值一般可在 $2C_V \sim 4C_V$ 的范围内假定一个数值。

【例 4-4】　某水文站有 32 年实测最大流量资料，见表 4-6 第 1、2 列。试用求矩适线法求合适的理论频率曲线的统计参数及频率为 1%、2% 的流量。

解：1）将流量从大到小排列，见表 4-6 第 3、4 列；流量资料的容量 $n=32$。

2）$\bar{Q} = \dfrac{1}{n}\sum\limits_{i=1}^{n} Q_i = (58857/32)\,\text{m}^3/\text{s} = 1839\,\text{m}^3/\text{s}$

3）计算流量资料系列的经验频率 P_i、K_i、K_i^2 列于表 4-6 中第 5、6、7 列。

4）$C_V = \sqrt{\dfrac{\sum\limits_{i=1}^{n} K_i^2 - n}{n-1}} = \sqrt{\dfrac{37.984 - 32}{32 - 1}} = 0.44$

5）适线。根据表 4-6 中各流量值和相应的经验频率绘制各经验频率点于坐标纸上，如图 4-17 所示。

在 $2C_V \sim 4C_V$ 范围内假定一个 C_S 值，先假设 $C_S = 2C_V = 0.88$，利用公式 $Q_P = \bar{Q}(1 + \Phi C_V) = K_p\bar{Q}$ 计算各指定频率的流量值，列于表 4-7 第（一）行，根据表中数值，绘出理论频率曲线，如图 4-17 中的细线。曲线头部偏左，尾部略偏高，可增大 C_S 值。

保持 C_V 不变，假定 $C_S = 2.5C_V = 1.10$，计算结果列于表 4-7 第（二）行，其理论频率曲线（未绘出理论频率曲线）仍然头部偏左，尾部偏高，可增大 C_V 值。

保持 $C_S = 1.10$ 不变，假定 $C_V = 0.48$，计算结果列于表 4-7 第（三）行，绘出其理论频率曲线，如图 4-17 中的粗线，与经验频率点群符合较好。因此可确定三个统计参数：$\bar{Q} = 1839\,\text{m}^3/\text{s}$、$C_V = 0.48$、$C_S = 1.10$。

6）根据确定的三个统计参数：$\bar{Q} = 1839\,\text{m}^3/\text{s}$、$C_V = 0.48$、$C_S = 1.10$ 和公式 $Q_P = \bar{Q}(1+$

$\Phi C_V) = K_p \overline{Q}$ 和推算求指定频率下的流量。

$$Q_{2\%} = K_{2\%}\overline{Q} = 2.24 \times 1839 \text{m}^3/\text{s} = 4119 \text{m}^3/\text{s}$$

$$Q_{1\%} = K_{1\%}\overline{Q} = 2.48 \times 1839 \text{m}^3/\text{s} = 4561 \text{m}^3/\text{s}$$

表 4-6 流量资料系列的经验频率

顺序号	按年份顺序排列		按流量大小排列		$P_i = \dfrac{m_i}{n+1} \times 100\%$	$K_i = \dfrac{Q_i}{\overline{Q}}$	K_i^2
	年份	流量/(m³/s)	年份	流量/(m³/s)			
	1	2	3	4	5	6	7
1	1951	767	1978	3773	3.0	2.052	4.211
2	1952	1781	1967	3408	6.1	1.853	3.434
3	1953	1284	1960	3145	9.1	1.710	2.924
4	1954	1507	1959	2950	12.1	1.604	2.573
5	1955	2000	1974	2854	15.2	1.552	2.409
6	1956	2380	1958	2600	18.2	1.414	1.999
7	1957	2100	1961	2500	21.2	1.359	1.847
8	1958	2600	1956	2380	24.2	1.294	1.674
9	1959	2950	1966	2250	27.3	1.223	1.496
10	1960	3145	1971	2170	30.3	1.180	1.392
11	1961	2500	1957	2100	33.3	1.142	1.304
12	1962	1000	1968	2088	36.4	1.135	1.288
13	1963	1100	1955	2000	39.4	1.088	1.184
14	1964	1360	1979	1900	42.4	1.033	1.067
15	1965	1480	1976	1850	45.5	1.006	1.012
16	1966	2250	1952	1781	48.5	0.968	0.937
17	1967	3408	1982	1700	51.5	0.924	0.854
18	1968	2088	1972	1650	54.5	0.897	0.805
19	1969	600	1970	1530	57.6	0.832	0.692
20	1970	1530	1954	1507	60.6	0.819	0.671
21	1971	2170	1965	1480	63.6	0.805	0.648
22	1972	1650	1964	1360	66.7	0.740	0.548
23	1973	840	1975	1300	69.7	0.707	0.500

（续）

顺序号	按年份顺序排列		按流量大小排列		$P_i=\dfrac{m_i}{n+1}\times 100\%$	$K_i=\dfrac{Q_i}{\overline{Q}}$	K_i^2
	年份	流量/(m³/s)	年份	流量/(m³/s)			
	1	2	3	4	5	6	7
24	1974	2354	1953	1284	72.7	0.698	0.487
25	1975	1300	1963	1100	75.8	0.598	0.358
26	1976	1850	1980	1080	78.8	0.587	0.345
27	1977	900	1981	1010	81.8	0.549	0.301
28	1978	3773	1962	1000	84.8	0.544	0.296
29	1979	1900	1977	900	87.9	0.489	0.239
30	1980	1080	1973	840	90.9	0.457	0.209
31	1981	1010	1951	767	93.9	0.417	0.174
32	1982	1700	1969	600	97.0	0.326	0.106
合计				58857		32.002	37.984

表4-7 频率与统计参数关系

统计参数			P（%）						
			5	10	20	50	75	90	95
（一）	$C_V=0.44$ $C_S=2C_V=0.88$	$\varPhi$	1.86	1.34	0.77	−0.14	−0.73	−1.15	−1.36
		K_P	1.82	1.59	1.34	0.94	0.68	0.49	0.40
		Q_P	3347	2924	2464	1729	1251	901	736
（二）	$C_V=0.44$ $C_S=2.5C_V=1.10$	$\varPhi$	1.89	1.34	0.75	−0.18	−0.73	−1.10	−1.28
		K_P	1.83	1.59	1.33	0.92	0.68	0.52	0.44
		Q_P	3365	2924	2446	1692	1251	956	809
（三）	$C_V=0.48$ $C_S=1.10$	$\varPhi$	1.90	1.34	0.75	−0.18	−0.73	−1.11	−1.28
		K_P	1.91	1.64	1.36	0.91	0.65	0.47	0.39
		Q_P	3512	3016	2501	1673	1195	864	717

理论频率曲线的绘制 05

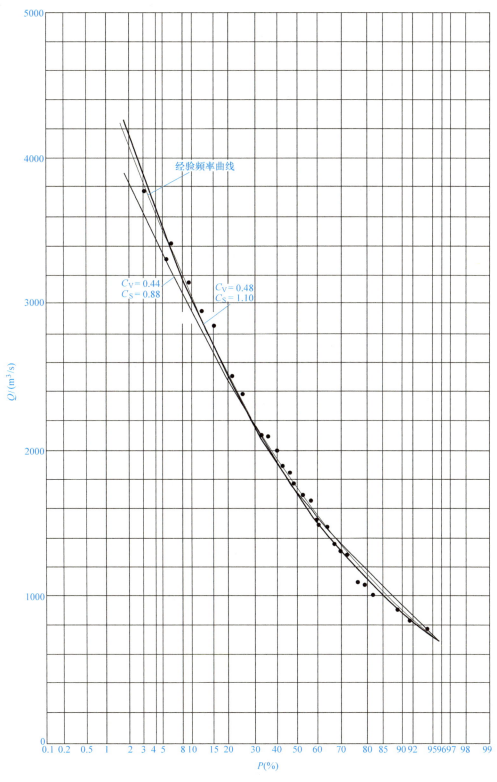

图 4-17 频率曲线图

(2) 三点适线法　在经验频率曲线上任选三个点，利用所选取三点的流量值和相应的经验频率，用一定的公式求解三个统计参数$\overline{Q}$、C_V、C_S的方法称为三点适线法。其计算过程如下：

设选取的三个点的流量值为Q_1、Q_2、Q_3，经验频率为P_1、P_2、P_3，相应的离均系数为Φ_1、Φ_2、Φ_3。先利用下式求偏度系数S：

$$S = \frac{Q_1 + Q_3 - 2Q_2}{Q_1 - Q_3} \tag{4-32}$$

根据本书附录 C S-C_S 关系表可查得与 S 相对应的 C_S 值，并根据附录 A 可查得确定的 C_S 值时，频率 P_1、P_2、P_3 对应的离均系数 Φ_1、Φ_2、Φ_3 值，根据下列公式可计算出 $\overline{Q}$ 和 C_V 值，从而确定三个统计参数：

$$\overline{Q} = \frac{Q_3 \Phi_1 - Q_1 \Phi_3}{\Phi_1 - \Phi_3} \tag{4-33}$$

$$C_V = \frac{Q_1 - Q_3}{Q_3 \Phi_1 - Q_1 \Phi_3} \tag{4-34}$$

S-C_S 关系中 P 的三点取法有四种：1%—50%—99%，3%—50%—97%，5%—50%—95%，10%—50%—90%。选点时，应根据实测系列的长短适当离远些。

相对于求矩适线法，三点适线法推算统计参数的计算量大大减小，适用于 C_V 值于较小的情况。

【例4-5】　取例 4-4 中的资料，即表 4-6 中的数据，用三点适线法确定其三个统计参数。

解：绘制经验频率曲线 Q-P，如图 4-17。

在该曲线上，取频率组合为 5%—50%—95% 的三个点，读取三个点的流量值 $Q_{5\%} = 3510\text{m}^3/\text{s}$、$Q_{50\%} = 1680\text{m}^3/\text{s}$、$Q_{95\%} = 710\text{m}^3/\text{s}$，即 $Q_1 = 3510\text{m}^3/\text{s}$，$Q_2 = 1680\text{m}^3/\text{s}$，$Q_3 = 710\text{m}^3/\text{s}$。

计算 S 值：

$$S = \frac{Q_1 + Q_3 - 2Q_2}{Q_1 - Q_3} = \frac{3510 + 710 - 2 \times 1680}{3510 - 710} = 0.307$$

由附录 C 查得：$S = 0.307$ 时，$C_S = 1.10$。

由附录 A 查得：当 $C_S = 1.10$，频率 $P = 5\%$、$P = 50\%$、$P = 95\%$ 时的离均系数分别为 $\Phi_1 = 1.89$，$\Phi_2 = -0.18$，$\Phi_3 = -1.28$。

计算 $\overline{Q}$ 和 C_V：

$$\overline{Q} = \frac{Q_3 \Phi_1 - Q_1 \Phi_3}{\Phi_1 - \Phi_3} = \frac{710 \times 1.89 - 3510 \times (-1.28)}{1.89 - (-1.28)} \text{m}^3/\text{s} = 1841\text{m}^3/\text{s}$$

$$C_V = \frac{Q_1 - Q_3}{Q_3 \Phi_1 - Q_1 \Phi_3} = \frac{3510 - 710}{710 \times 1.89 - 3510 \times (-1.28)} = 0.48$$

故三个统计参数分别为：$\overline{Q} = 1841\text{m}^3/\text{s}$，$C_V = 0.48$，$C_S = 1.10$。

由此可见，三点适线法比求矩适线法要简单些。当 $C_V < 0.5$ 时，用三点适线法可使理论频率曲线与经验频率点据得到较好的配合；但当 $C_V > 0.5$ 时，往往难以得到理想的适线结果。

上述两种适线方法都受到一定主观因素的影响。此外，P-Ⅲ曲线难以概括各种水文现象频率分布特征。因此，在选定参数时，尤其是选定 $\overline{Q}$ 和 C_V 时，还应进行认真的调整比较，分析地区特性和流域面积大小等对统计参数的影响，检验计算值的合理性。

六、资料中特大值（特大洪水）的处理

特大值的处理

由于一般河流的水文资料系列不长，根据短期系列来推求百年一遇或三百年一遇的洪水势必产生很大误差。实践表明，在频率分析中考虑特大洪水无疑会增大系列的样本容量而使其更具有代表性。同时，由于系列中考虑特大洪水可增加频率曲线前端点据，从而更好地控制适线，使所推求出的稀遇洪水更有说理性。

特大洪水来自水文站实测资料、历史洪水调查和历史文献考证三个方面。

特大洪水有的出现在实测系列之外，有的在实测系列之内，也有的几个特大值在系列之内而另几个在系列之外，如图 4-18 所示。一般把水文站的现有观测年限称为实测期，把洪水调查和文献考证的最远年份至实际调查时的年限，分别称为调查期和考证期。

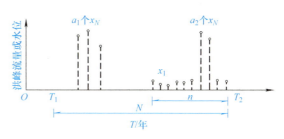

图 4-18　含特大洪水系列示意图
x_1—实测期内一般洪水
x_N—调查期内出现的特大洪水

系列中出现特大值，形成了资料的一个不连续系列。其经验频率和统计参数均应按不连续系列计算，而不能直接采用前面介绍的连续系列的计算方法。

1. 不连续系列的经验频率

不连续系列的经验频率可用下列方法之一估算：

1）将特大洪水和实测洪水看成不同的独立样本，分别计算其经验频率。将调查期 N 年中的特大洪水流量和实测洪水流量分别在各自系列中排序。

特大洪水的经验频率用下式估算：

$$P_M = \frac{M}{N+1} \times 100\% \quad (M=1,2,\cdots,a) \tag{4-35}$$

式中　P_M——历史特大洪水流量或实测系列中的特大洪水流量经验频率（%）；
　　　N——调查期年数；
　　　M——历史特大洪水流量或实测系列中特大洪水流量在调查期内按递减次序排列的序号；
　　　a——调查期内特大洪水的项数。

实测洪水流量的经验频率用下式估算：

$$P = \frac{m}{n+1} \times 100\% \tag{4-36}$$

式中　P——实测洪水流量的经验频率（%）；

m——实测洪水流量按递减次序排列的序号;

n——实测洪水流量系列的项数。

2) 将调查期 N 年中的特大洪水流量和实测洪水流量组成一个不连续系列,特大洪水流量的经验频率按式(4-35)估算,其余实测洪水流量经验频率可按下式估算:

$$P_m = \left[\frac{a}{N+1} + \left(1 - \frac{a}{N+1}\right)\frac{m_i - a_2}{n - a_2 + 1}\right] \times 100\% \quad (4\text{-}37)$$

式中 P_m——实测洪水流量经验频率(%);

a——调查期内特大洪水的项数;

a_2——实测洪水流量系列中按特大洪水流量处理的项数;

m_i——实测洪水流量系列按递减次序排列的序号。

2. 不连续系列的统计参数

不连续系列的统计参数可用求矩适线法或三点适线法等方法确定,具体请查阅《公路工程水文勘测设计规范》(JTG C30—2015)。

【例4-6】 已知某站有1957~1995年实测洪峰流量资料,已知实测系列中有两次特大洪水,分别是 $Q_{1976} = 5500\text{m}^3/\text{s}$, $Q_{1967} = 3000\text{m}^3/\text{s}$。另经调查考证,得1887年、1933年特大洪峰流量 $Q_{1887} = 4100\text{m}^3/\text{s}$, $Q_{1933} = 3400\text{m}^3/\text{s}$,求特大值的经验频率 $P(Q \geq 5500\text{m}^3/\text{s})$、$P(Q \geq 3400\text{m}^3/\text{s})$、$P(Q \geq 3000\text{m}^3/\text{s})$。

解:用公式 $P_M = \dfrac{M}{N+1} \times 100\%$ 计算特大洪水的频率。

调查期 $N = (1995 - 1887 + 1)$ 年 = 109 年

调查期 N 年中的特大洪水流量和实测洪水流量分别在各自系列中排位,调查期内一共有四次特大洪水,则特大洪水的经验频率为

$$P_M = \frac{M}{N+1} \times 100\% \quad (M = 1, 2, 3, 4)$$

故 $P(Q \geq 5500\text{m}^3/\text{s}) = \dfrac{1}{109+1} \times 100\% = 0.91\%$ (在调查期内所有特大洪水中排第1位)

$P(Q \geq 3400\text{m}^3/\text{s}) = \dfrac{3}{109+1} \times 100 = 2.73\%$ (在调查期内所有特大洪水中排第3位)

$P(Q \geq 3000\text{m}^3/\text{s}) = \dfrac{4}{109+1} \times 100 = 3.64\%$ (在调查期内所有特大洪水中排第4位)

七、相关分析

1. 相关分析概念和目的

自然界中许多现象并不是孤立的,它们之间往往具有一定的关系。关系的密切程度,决定现象的本质。如果两种现象之间存在着因果关系,或者具有相同的发生原因,那么它们在数量上也会表现一定的关系。例如,降雨与径流、同一断面的水位与流量、一条河流上下游水文站的流量等现象之间,都存在一定的关系。在数理统计中把随机变量之间的数量关系称为相关关系,对这种关系的分析,称为相关分析。

相关分析01

在水文分析中，相关分析的目的是寻求水文现象之间的这种相关关系，利用长系列资料插补延长相关的短系列，以增大样本容量，减小统计误差。例如，某桥位设计断面处，仅有短期的流量资料，这时可利用上下流或邻近河流水文站的流量系列资料进行相关延长。必须指出，在相关计算之前，应认真分析变量之间的成因关系，从气象、自然地理等特征条件进行合理分析，不能机械地凭数字上的偶合硬凑出关系。

2. 相关关系的分类

相关关系按随机变量之间的密切程度，可有三种相关情况：

（1）完全相关（函数关系） 变量的每一个确定值都有唯一的确定值与之对应，如图4-19a、b所示。

（2）零相关（毫无关系） 两个变量之间没有对应关系，所绘的点据杂乱无章，如图4-19c所示；或者一变量的变动对另一变量的变动毫无影响，如图4-19d所示。

（3）统计相关（相关关系） 变量的每一个确定值X所对应的变量Y，由于受多种偶然因素的影响，数字上是不确定的但经过大量观察，仍可发现X与Y之间存在着某种关系。根据X与Y的对应值所绘出的点据，虽不严格地落在一条直线或曲线上，但仍显示出一定的趋势，如图4-19e、f所示。

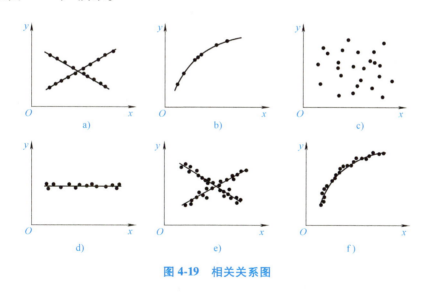

图 4-19 相关关系图

相关关系按相关变量的多少可以分为简单相关（两变量之间的关系）和复相关（多个变量之间的关系）。简单相关又可分为直线相关和曲线相关。在水文分析中多用直线相关。以下介绍直线相关的原理及应用。

3. 直线相关的回归方程式

直线相关是两个变量之间的相关关系可以近似地用一条直线来表示。

根据两系列中随机变量的各个对应值，在坐标纸上绘出相应的点据，如图4-20中的圆点，称为散点图或相关图。观察散点图的点群趋势，如果这些点据呈直线趋势（或带状）分布，说明两系列的变量存在着直线相关，可绘制一条穿过点群中心

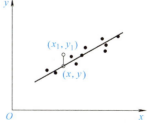

图 4-20 直线相关

的直线，这条直线称为回归直线，如图 4-20 中所示直线，该直线的方程称为两变量的回归方程。

y 倚 x 的直线回归方程：

$$y - \bar{y} = \frac{\sum_{i=1}^{n}(x_i - \bar{x})(y_i - \bar{y})}{\sum_{i=1}^{n}(x_i - \bar{x})^2}(x - \bar{x}) \tag{4-38}$$

x 倚 y 的直线回归方程：

$$x_i - \bar{x} = \frac{\sum(x_i - \bar{x})(y_i - \bar{y})}{\sum_{i=1}^{n}(y_i - \bar{y})^2}(y_i - \bar{y}) \tag{4-39}$$

式中 $\bar{y}, \bar{x}$——两系列中随机变量对应值的平均值。

对于任意一组点据，都可按式（4-38）或式（4-39）求得一个直线方程式并绘出一条直线。对于不呈直线趋势分布的或分布非常散乱的点据，说明两个变量之间不存在直线相关，所求出的直线及其方程式就不能代表两变量之间的关系，也没有任何实际意义。所以，回归方程仅仅是一种计算工具，不能说明两变量之间存在何种相关及其相关程度。因此，还需要一个判别标准，用来说明两变量之间是否存在直线相关及相关的密切程度。

4. 相关系数

在数理统计法中，一般采用相关系数 r 来描述和判别两变量之间的相关程度。相关程度即回归直线与散点图点据之间的密切程度。相关系数 r 可按下式计算：

$$r = \frac{\sum_{i=1}^{n}(x_i - \bar{x})(y_i - \bar{y})}{\sqrt{\sum_{i=1}^{n}(x_i - \bar{x})^2 \sum_{i=1}^{n}(y_i - \bar{y})^2}} \tag{4-40}$$

相关分析 02

相关系数 $r = \pm 1$ 时，表示两变量之间存在着直线函数关系，为完全相关；当 $r = 0$ 时，表示两个变量之间不存在直线相关，为零相关；当 $0 < |r| < 1$ 时，表示两变量为统计相关，而且 r 的绝对值越接近于 1，相关程度越高。当相关系数 r 很小或接近零时，只说明两变量之间的直线相关程度很差或不存在，但也可能存在某种曲线相关。

相关系数只能说明两变量是否存在直线相关及其相关程度，还不能表明两种自然现象之间存在的客观联系，因而相关分析时，必须首先考虑所研究的自然现象之间客观上是否存在成因联系，对丝毫不关联的自然现象，只凭数学上的巧合而硬拼它们之间的关系，相关分析就毫无意义。

5. 相关分析的误差

对于直线相关，实际上点据并不是完全位于一条直线上，而是分散在直线的两侧，如图 4-20 所示。直线与实际点据之间存在一定的误差，称为回归线（或回归方程）的误差。

由于相关系数也是由样本算得的，因此也必然存在抽样误差。

误差可用均方误 S 和机误 E 表示。

$$S = \frac{1-r^2}{\sqrt{n}} \tag{4-41}$$

最大误差 $\Delta_{r\max} = 4E = \pm 2.698S = \pm 2.698 \frac{1-r^2}{\sqrt{n}}$ (4-42)

式中 n——随机变量系列的项数。

水文计算中,当 $|r| \geq 0.8$ 且 $r > |4E|$ 时,表示直线相关程度密切,作为相关分析的随机变量资料系列代表性较强,计算结果较精确。当 $|r| < 0.6$ 时,则认为相关不成立。

【例4-7】 某站有11年不连续的最大流量记录,但年雨量有较长期的记录,见表4-8第2、3列。试作相关分析并用实测年雨量系列插补延长最大流量系列(此为例题,在利用相关分析插补延长时应有24年以上的资料)。

表4-8 最大流量与年雨量关系

序号	实测年份	流量 Q_i $(y_i)/(\mathrm{m}^3/\mathrm{s})$	年雨量 H_i $(x_i)/\mathrm{mm}$	$y_i - \bar{y}$	$x_i - \bar{x}$	$(y_i - \bar{y})^2$	$(x_i - \bar{x})^2$	$(x_i - \bar{x})(y_i - \bar{y})$
		1	2	3	4	5	6	7	8
1	1950	(82.8)	190					
2	1951	(56.6)	150					
3	1952	(23.8)	98					
4	1953	(25.1)	100					
5	1954	25	110	−19	−20	361	400	380
6	1955	81	184	37	54	1369	2916	1998
7	1956	(17)	90					
8	1957	(66.1)	160					
9	1958	36	145	−8	15	64	225	−120
10	1959	33	122	−11	−8	121	64	88
11	1960	70	165	26	35	676	1225	910
12	1961	54	143	10	13	100	169	130
13	1962	20	78	−24	−52	576	2704	1248
14	1963	44	129	0	−1	0	1	0
15	1964	1	62	−43	−68	1849	4624	2924
16	1965	41	130	−3	0	9	0	0
17	1966	75	168	31	38	961	1444	1178
Σ		480	1436	0	0	6086	13772	8736

解： 以流量 Q 为 y 坐标，$n=11$，$\overline{Q}=\overline{y}=\dfrac{\sum y_i}{n}=\dfrac{480}{11}\text{m}^3/\text{s}=44\text{m}^3/\text{s}$

以年雨量 H 为 x 坐标，取与流量资料对应的 11 年雨量资料，$n=11$，$\overline{H}=\overline{x}=\dfrac{\sum x_i}{n}=\dfrac{1436}{11}\text{mm}=130\text{mm}$

分别计算 $y_i-\overline{y}$、$x_i-\overline{x}$、$(y_i-\overline{y})^2$、$(x_i-\overline{x})^2$、$(x_i-\overline{x})(y_i-\overline{y})$，列于表 4-9 第 4、5、6、7、8 列。

相关分析 03

$$r=\dfrac{\sum(x_i-\overline{x})(y_i-\overline{y})}{\sqrt{\sum_{i=1}^{n}(x_i-\overline{x})^2 \sum_{i=1}^{n}(y_i-\overline{y})^2}}$$

$$=\dfrac{8736}{\sqrt{13772\times 6086}}$$

$$=0.95$$

$$4E=\pm 2.698\times\dfrac{1-r^2}{\sqrt{n}}$$

$$=\pm 2.698\times\dfrac{1-0.95^2}{\sqrt{11}}$$

$$=\pm 0.079$$

相关系数 $r>0.8$，而且 $|r|>|4E|$，表明两系列的流量之间存在直线相关，相关程度较密切。因此可用直线相关进行流量的插补和延长。

根据 $y-\overline{y}=\dfrac{\sum_{i=1}^{n}(x_i-\overline{x})(y_i-\overline{y})}{\sum_{i=1}^{n}(x_i-\overline{x})^2}(x-\overline{x})$，可求得 y 倚 x 的直线回归方程为

$$y-44=\dfrac{8736}{13772}(x-130)$$

$$y-44=0.63(x-130)$$

$$y=0.63x-37.9$$

根据上式插补和延长某站的流量资料，计算结果见表 4-8 括号内的数值。

学习检验评价单

水文统计知识检验	姓名：	
	班级：	
	自评	师评
学习复习内容	掌握/未掌握	合格/不合格
什么叫水文现象？有哪些特点		
水文现象的研究方法是什么		
什么叫随机变量		
什么叫总体？什么叫样本		
什么叫频率？什么叫概率（几率）		
什么叫抽样误差		
什么叫累积频率		
什么叫重现期		
经验频率的计算公式是什么		
什么叫经验频率曲线		
经验频率曲线的绘制步骤有哪些		
什么叫理论频率曲线		
理论频率曲线的三个统计参数的计算公式是什么		
三个统计参数的大小变动对理论频率曲线有什么影响		
什么是求矩适线法		
用求矩适线法求规定频率的流量的计算步骤有哪些		
什么是三点适线法		
用三点适线法求规定频率的流量的计算步骤有哪些		
含特大值的洪水经验频率的计算公式有哪些		
什么叫相关关系和相关分析		
相关分析有什么作用		
直线相关的回归方程是什么		
设有一系列：1，3，5，7，8，20。试求此系列的统计参数 $\bar{x}$，C_V，C_S		
已知累积频率 $P=5\%$，$C_S=-0.4$，求离均系数 Φ		
按三点适线法，取累积频率 $P_1=5\%$，$P_2=50\%$，$P_3=95\%$，求 $C_{S1}=019$，$C_{S2}=0.21$，$C_{S3}=2.01$ 的相应偏度系数 S_1，S_2，S_3		
已知某站有 22 年实测最大流量记录见表 4-9。试用求矩适线法求 $Q_{1\%}$、$Q_{2\%}$		
已知某站有 22 年实测最大流量记录见表 4-9。试用三点适线法求 $Q_{1\%}$、$Q_{2\%}$		
已知某站 1959—1978 年实测洪峰流量资料见表 4-10，另经调查考证，得 1887 年、1933 年特大洪峰流量 $Q_{1887}=4100\text{m}^3/\text{s}$，$Q_{1933}=3400\text{m}^3/\text{s}$，求 $Q_{1\%}$		
某河有甲、乙两水文站，甲站有 18 年的实测资料，乙站有 12 年的实测资料，见表 4-11，试用甲站的资料插补和延长乙站的资料		

表 4-9 实测年最大流量系列

年份	流量/(m³/s)	年份	流量/(m³/s)	年份	流量/(m³/s)	年份	流量/(m³/s)
1971	1200	1980	960	1986	1256	1992	1560
1972	1100	1981	670	1987	1358	1993	1200
1973	1305	1982	1060	1988	962	1994	1231
1974	1200	1983	1788	1989	2500	1995	1421
1975	1900	1984	1658	1990	1300		
1976	2300	1985	1300	1991	1450		

表 4-10 实测年最大流量系列

年份	Q_{max}/(m³/s)	年份	Q_{max}/(m³/s)	年份	Q_{max}/(m³/s)	年份	Q_{max}/(m³/s)
1959	1810	1964	1400	1969	721	1974	1510
1960	1300	1965	996	1970	1365	1975	2320
1961	990	1966	1170	1971	2389	1976	5650
1962	1000	1967	2900	1972	1456	1977	2850
1963	2140	1968	1260	1973	1230	1978	2380

表 4-11 甲站流量与乙站流量关系

序号	年份	甲站流量/(m³/s)	乙站流量/(m³/s)	序号	年份	甲站流量/(m³/s)	乙站流量/(m³/s)
1	1971	90		10	1980	78	102
2	1972	172		11	1981	120	130
3	1973	166	175	12	1982	66	92
4	1974	110	127	13	1983	130	140
5	1975	165	181	14	1984	168	170
6	1976	182		15	1985	132	151
7	1977	145	160	16	1986	136	
8	1978	122	135	17	1987	128	
9	1979	142	154	18	1988	90	

学习情境 5
桥位设计

任务 1　桥位选择

知识目标

1) 掌握桥位选择的一般规定。
2) 了解各类河段上桥位选择的相关规定。

技能目标

会根据桥位选择的规定进行桥位选择。

素养目标

培养应用能力；培养认真、钻研的工作态度；培养开拓创新精神。

相关知识

桥位应该选择在使桥梁安全、可靠、经济、美观、协调的河段上，并综合考虑各种因素。

一、桥位选择的一般规定

桥位是桥梁、引道路堤及调治构筑物三者位置的总称。桥位选择即选定合理的跨河位置。桥位选择和桥位方案比选是桥位勘测设计的中心工作。

桥位选择 01

桥位选择 02

桥位选择应从国民经济发展、生态环境保护和国防需要出发，在整体布局上应与铁路、水利、航运、城建、环境保护等方面相互配合；注意保护文物、环境和军事设施；还要照顾群众利益，少占良田，少拆迁有价值的建筑物。

桥位选择和桥位设计必须保证在交通正常运行的状态下，顺畅地通过设计洪水和凌汛，满足通航要求，并与附近地区环境保护及引道路基、路面排水、堤防设施等相配合。

公路桥梁设计和桥位选择都应根据所在公路的任务、功能和将来发展的需要，按照安全、适用、经济、美观的原则进行，力求做到公路及桥梁建筑物与当地生态环境的和谐与协调。保护自然生态环境，同时避免或减少桥梁的洪水和地质等自然灾害。

除控制性桥位外，桥位选择应服从路线走向，在适当范围内，可根据河段的水文、地形、地质、地物等特征，综合考虑，比选确定。

桥位方案应从政治、经济、环境、技术上进行多方面比较。对水文、地质和技术复杂的特殊大桥的桥位，应在已选定路线大方向的前提下，根据河流形态、水文、地质、通航要求、地面设施、施工条件以及与地方经济社会发展的关系等，在较大范围内进行全面的技术、经济比较后确定。必要时应先期进行物探和钻探，保证桥梁建造的可实施性。对于影响面大的桥位方案，尚应征求有关部门的意见，遵循河流、生态环境等有关法规的相关规定。

桥位选择在水文方面应符合下列规定：
1) 桥位应选在河道顺直、稳定、较窄的河段上。
2) 桥位选择应考虑河道的自然演变以及建桥后对天然河道的影响。
3) 桥轴线宜与中、高洪水位时的流向正交。斜交时应在孔径及墩台基础设计中考虑其影响。

二、各类河段上的桥位选择

桥位选择03

特大、大桥桥位应选择河道顺直稳定、河床地质良好、河槽能通过大部分设计流量的河段。桥位应避开断层、岩溶、滑坡、泥石流等不良地质的河段，不宜选择在河汊、沙洲、古河道、急弯、汇合口、港口作业区及易形成流冰、流木阻塞的河段。

当桥址处有两个及两个以上的稳定河槽，或滩地流量占设计流量比例较大，且水流不易引入同一座桥时，可在各河槽、滩地、河汊上分别设桥，不宜用长大导流堤强行集中水流。平坦、草原、漫流地区，可按分片泄洪布置桥涵。天然河道不宜改移或裁弯取直。

通航水域的桥位选择，山区峡谷河段、山区开阔河段等各类河段上的桥位选择，水库、泥石流、平原低洼地区、岩溶地区等特殊地区的桥位选择，应根据《公路工程水文勘测设计规范》（JTG C30—2015）中的规定进行。

小贴士

据媒体报道，因前期持续降雨，连霍高速公路733km处河南新安段上跨天桥北半幅边坡经长期雨水浸泡发生滑移，形成长30m、高15m的滑坡体，2011年9月20日凌晨3时41分，该桥梁发生坍塌。本工程地质为湿陷性黄土，含水率在17%~20%时就产生液态流塑状，于是边坡整体失稳而全部坍塌，桥墩失去作用，导致桥梁垮塌。

【学后谨记】 桥位选择时要考虑的因素很多，做桥梁工程的技术人员对相关知识的掌握要扎实全面，秉承踏实认真严谨细致的工作作风。

学习检验评价单

桥位选择知识检验	姓名：	
	班级：	
	自评	师评
学习复习内容	掌握/未掌握	合格/不合格
桥位选择的一般规定有哪些		
桥位选择在水文方面有哪些规定		

任务 2　水文调查与水文勘测

知识目标

1）了解水文调查的内容。
2）掌握水文断面的概念和选取规定。
3）掌握河床横断面测量方法。
4）掌握水位、水面比降观测方法。
5）掌握流速观测方法。
6）掌握流量的计算方法。

技能目标

1）会选取水文断面。
2）会进行河床横断面测量。
3）会观测水位和水面比降。
4）会测量流速，并计算流量。

素养目标

培养踏实能吃苦的精神；培养认真细致诚实的工作态度。

相关知识

水文调查与水文勘测的任务是为水文分析和计算提供基础资料。调查和勘测成果，须经可靠性分析，符合精度要求。水文调查与勘测的主要内容，应满足工程水文分析和计算的需要，并符合各勘测设计阶段的要求。

一、水文调查

1. 汇水区概况调查

汇水区概况调查宜包括以下内容：绘制沿线水系图，核实低洼内涝区、分洪区、滞（蓄）洪区的分布及主要水利工程位置和形式；从地形图上量绘沿线各汇水区面积、长度、宽度、坡度等特征值及主要水利工程控制的汇水面积；调查岩溶、泉水、泥石流等的分布和规模，以及土壤类型、地形、地貌、植被情况等特征资料；调查各汇水区内对工程设计有影响的水利及河道整治规划资料。

水文调查 01

2. 河段调查

河段调查宜包括下列内容：收集河段历年变迁的图纸和资料，调查河湾发展及滩槽稳定情况；调查支流、分流、急滩、卡口、滑坡、塌岸和自然壅水等现象；调查洪水流泛滥宽度、河岸稳定程度；调查河床冲淤变化、上游泥沙来源、历史上淤积高度和下切深度；调查河堤设计标准、河道安全泄洪量及相应水位；调查河道整治方案及实施时间；调查航道等级，最高和最低通航水位，通航孔数，高、中、低水位的上、下行航线位置；调查漂流物类型及尺寸；根据河床形态、泥沙组成、岸壁及植被情况，确定河床各部分洪水糙率。

3. 洪水调查

洪水调查应结合所收集的历史洪水资料，在河段两岸调查各次洪水发生时间、洪痕位置、洪水来源、涨落过程、主流方向；调查有无漫流、分流及受人工建筑物的影响，确定洪水重现期；调查各次洪水发生时的雨情、灾情、汇水区内有无受人类活动影响及自然条件有无变化，并按大小排序确定其重现期。

洪水调查的河段宜选在两岸有较多洪痕点，水流顺直稳定，无回流、分洪及人工建筑物影响，并宜靠近水文断面。同一次洪水应调查3个以上较可靠的洪痕点，做出标志，记录洪痕指定人的姓名、职业、年龄和叙述内容。根据指定的洪痕标志物情况，指定人对洪水记忆程度，分析洪痕点的可靠性。

4. 其他特征水位调查

在洪水调查的同时，还应进行其他调查，如枯水位、常水位、洪水期的水面横坡、水拱及波浪高度等。

5. 冰凌调查

我国寒区面积广阔，北方大部分地区在冬季都在不同程度上受到冰凌的影响，所以，还应进行冰凌调查。冰凌调查宜包括以下内容：调查历年封冻开河时间、开河形势、最高和最低流冰水位。调查冰塞和冰坝现象、历史上凌汛水害情况以及流冰对上、下游建筑物的影响。

水文调查02

6. 涉河工程调查

涉河工程调查宜包括以下内容：桥位河段上既有桥梁设计洪水标准、过河管缆的跨度、基础埋深、修建年代、水毁和防护等情况；调查堤坝设计洪水标准、结构形式、基础埋置深度、施工质量、洪水检验情况；调查上、下游水库位置、设计洪水标准、泄洪流量、控制汇水面积、回水范围及建库后上、下游河床冲淤变化；调查取水口、泵站、码头、储木场、锚地等涉河工程的位置及其对公路工程的影响。

二、水文勘测

1. 水文断面测绘

计算流量所依据的河床横断面称为水文断面。水文断面宜选在洪痕分布较多、河岸稳定、冲淤不大、泛滥宽度较小、无死水或回流、断面比较规则的顺直河段上，宜与流向垂直。水文断面应在桥位上、下游各测绘一个；对河面不宽的中桥，可只测绘一个；当桥位断面符合水文断面条件时，桥位断面可作为水文断面。

水文勘测01

河床横断面测量可分为水上和水下两部分，水面以上部分可按一般地形测量，水面以下部分的测量方法为：沿水面宽度布置若干测深点，控制各测深点与河岸某定点的水平距离（称为起点距），分别测量各测深点处水深，根据起点距和各测深点处水深可绘出过水断面图，加上水上部分的地形测量可绘出河床横断面图。

（1）水深测量

1）测深点的布置：测深点的分布，以能较真实地反映整个横断面的形状为基本要求。一般测深垂线沿横断面的宽度方向布设，河槽部分应较河滩部分密，河床地面变化急剧处应加密。

2) 测深的方法。

① 测深杆法。测深杆是用金属或木制、竹制等其他材料制成、带有底盘、刻有刻度、可供读数的一种用于测量水深的刚性标度杆，长度一般为 3~5m，底盘可避免测深杆陷入泥土中。测深杆法是水深测量的传统方法之一，适用于水深小于 6m 处。

水文勘测 02

② 测深绳锤法。用铅或铸铁制成的 4~6kg 重锤（当流速很大时，应加大质量），其形状为圆柱形或流线形。用测绳一头拴住重锤，从锤底面量起，沿着测绳画刻度记号。将测深锤放入水中，通过绳上的刻度读取水深数据，要注意校正测绳的伸缩度。此法也是传统测深方法之一，适用于水深大于 6m、流速不大的区域。

③ 回声测深仪法。用载于船上的回声仪，通过测定声波的回波信号，得出水面到河底间的往返时间，计算或仪器直接显示出该测深点的水深。当大江或大河水很深时适用此法。

传统方法测量的精度不高且局限性大，随着科技进步，测深方法目前正朝着数字化、自动化和智能化方向发展。

（2）起点距控制　首先沿着河床横断面，在河两岸各选定一个指定点（并打桩标记），由路线测量确定指定点的里程点和原地面高程。控制各测深点到该河床横断面的岸上某一指定点的起点距，来实施水深测量。常用的起点距控制有以下方法：

1) 断面索法：将钢索或测绳一端固定，另一端用绞车收紧，也可利用沿线上的大树固定和收紧。在索上扎有明显的尺度标记，以索上尺度标记来控制起点距，定位测深点。测船沿索前进，便可测出各测深点的水深，如图 5-1 所示。此法适用于不能通航或船只较少、河宽小于 300m、便于架设跨河索的河流。

2) 仪器交会法：图 5-2 中 A、B 两点为河床横断面上设在岸上的指定点。施测前以通视为原则，在较平坦的一岸布设基线 AC，长为 b。安置全站仪或其他测量仪器于 C 点，通过仪器测角度 φ，按交会法定位测深点 D，来控制起点距。

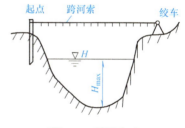
图 5-1　断面索法

当基线与横断面垂直时，如图 5-2a 所示，测深点 D 距指定点 A 点的起点距 L 为

$$L = b\tan\varphi \tag{5-1}$$

当基线不与横断面垂直时，如图 5-2b 所示，测深点 D 距指定点 A 点的起点距 L 为

$$L = b\frac{\sin\varphi}{\sin(\alpha+\varphi)} \tag{5-2}$$

在横断面整个水深测量过程中，要考虑施测过程中的水位变化影响。若水位涨落值超过一定范围，要对所测水深进行修正。

平原宽滩河流水文断面的测绘范围应测至历史最高洪水泛滥线以外 50m；山区河流测至历史最高洪水位以上 2~5m。测量时应标出河床地面线、滩槽分界线、植被和地质情况、糙率、测时水位、施测时间、历史洪水位及发生年份、其他特征水位等。滩槽分界线应在现场确定。

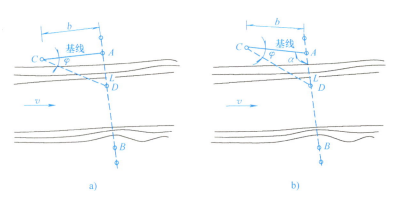

图 5-2 仪器交会法

2. 河床比降测绘

河床比降测绘内容包括：河床比降线、测时水面比降线、历史洪水水面比降线、水文断面和桥位的位置。

河床比降线和测时水面比降线：测出水面高程和水深，确定河床底部高程，在桥位地形图上标出测点平面位置，并投影到中泓线上，沿中泓线量出测点间距，点绘河床纵断面图和测时水面纵断面图，画出相应的河床比降线和测水水面比降线。

水文勘测 03

洪水水面比降：测出洪痕点高程，在桥位地形图上标出洪痕点平面位置，并投影到河流的中泓线上，按各个洪痕点的高程及其在中泓线上的距离，点绘于河床纵断面图上，同一年各历史洪痕点的连线，为洪水水面比降线。

3. 河床质测定

河床质测定是根据地质勘探资料确定河床断面各层的河床质类别、性质和平均粒径。

4. 冰凌观测

水文勘测 04

在春季即将开河时，宜现场观测河心冰厚、冰温、冰块尺寸、流动速度和方向、冰层面积、沿水流方向的长度、冰层下的水流流速、水面比降、风速、风向、气温变化率，以及冰压力计算所需的其他内容。观测期不宜少于一个凌汛期。

三、洪水观测

水文观测是取得可靠的水文资料的有效方法之一。水文观测项目一般包括水位、水深、流速、流向、水文断面、水面比降和含沙量。一般桥梁在勘测时遇洪水，宜进行水位、流速、流向、水面比降等观测，洪水过后补测水文断面。

1. 水位、水面比降观测

水位是指自由水面相对于某一基准面的高程，如图 5-3 所示。常用基本水尺和自记水位计来观测水位。水尺读数加水尺零点高程就是水位 H。水尺分为直立式、倾斜式两种水尺，图 5-3 为直立式水尺。自记水位计则通过自动测量，可将整个水位变化情况自动记录在记录纸上。

水文站观测的水位是指某一时刻该站测流断面（水文站固定观测的河床横断面）的水

面高程。使用水文站的水位资料时，必须注意它所依据的水准基面和桥涵设计依据的水准基面之间的换算关系。

在基本水尺上、下游分别布设比降水尺，观测水面比降；也可用基本水尺兼作上、下游比降水尺。上、下游比降水尺一般应同时观测，观测次数应与流速观测一致。

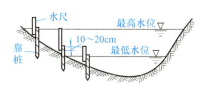

图 5-3　水位示意图

2. 流速观测

河床横断面内的流速分布，一般是由河两岸向河床中心逐渐增大，由河床底向水面逐渐增大。常用的流速测量方法有流速仪和浮标法，此外还有测速船测流速。

（1）流速仪测流速　常用的流速仪有旋杯式和旋桨式两种。其基本原理是：测速时将流速仪放到测点处，水流冲击旋杯（或旋桨）使其转动，根据每秒转数与流速的关系推算该测点的流速。

采用流速仪测速时，应在测流断面上布置适当数量的施测垂线，称为测速垂线，测出各测速垂线的水深和起点距，如图 5-4 所示。在各测速垂线上布置若干测点，用流速仪逐点测出各点流速，根据各测速垂线上的测点数目，按下列公式计算各测速垂线的平均流速 $\bar{v}_{mi}$：

$$\left.\begin{aligned}
\text{五点法：} \quad & \bar{v}_{mi} = \frac{1}{10}(v_{0.0} + 3v_{0.2} + 3v_{0.6} + 2v_{0.8} + v_{1.0}) \\
\text{三点法：} \quad & \bar{v}_{mi} = \frac{1}{3}(v_{0.2} + v_{0.6} + v_{0.8}) \\
\text{二点法：} \quad & \bar{v}_{mi} = \frac{1}{2}(v_{0.2} + v_{0.8}) \\
\text{一点法：} \quad & \bar{v}_{mi} = v_{0.6}
\end{aligned}\right\} \quad (5\text{-}3)$$

式中　$\bar{v}_{mi}$——测速垂线的平均流速（m/s）；

$v_{0.0}$、$v_{1.0}$——水面及河底测点的实测流速（m/s）；

$v_{0.2}$、$v_{0.6}$、$v_{0.8}$——0.2、0.6、0.8 倍垂线水深处测点的实测流速（m/s），水深均由水面垂直向下计算。

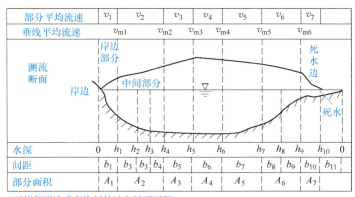

图 5-4　测流断面及断面流速分布

（2）浮标法测流速　当流速仪测流速有困难时，可用浮标法测流速，但不如流速仪精确。浮标有水面浮标和深水浮标之分，常用的是水面浮标。

浮标法测流速前，需确定浮标的行走线数目。另外，要选定合适的上、中（基本断面）、下三个断面以及上游的投放断面，如图 5-5 所示。测出浮标通过上、下游两断面间的时间和上、下游两断面的距离，就可计算出浮标的漂行速度，作为水面流速。浮标航线上的水面流速为

$$v = \frac{L}{t} \tag{5-4}$$

式中　L——上下断面间距离（m）；

　　　t——浮标从上断面至下断面的时间间隔（s）。

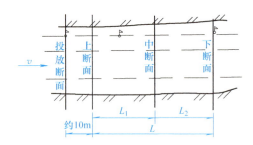

图 5-5　浮标测流速各断面布置

3. 流向观测

流向可用流向仪、流向器、浮标等进行观测。采用浮标观测时，应与浮标测速同时进行，根据浮标运动轨迹确定流向。

水深、水文断面测量宜与测速同时进行。

小贴士

水位观测的时间和次数以能测得完整的水位变化过程为原则。当一日内水位平稳或变化缓慢时，可分别在每日 8 时定时观测 1 次或 8 时、20 时定时观测 2 次；水位变化较大时，可在每日 2 时、8 时、14 时和 20 时观测 4 次；洪水期水位变化急剧时，则应根据需要增加测次，使能测得洪水峰、谷水位和洪水过程。

【学后谨记】　水文站长期的观测资料，需要日复一日的水文观测，需要从业人员诚实、主动、准确、及时的职业精神，默默无闻地记录着水的变化，要做到人多人少一个样，晴天雨天一个样，白天黑夜一个样，逢年过节一个样。

四、流量计算

1. 用流速仪法测速的流量计算

测速垂线可将河床横断面划分成 n 个部分面积，经流速仪或浮标测量求得各条测速垂线上的平均流速 $\bar{v}_{mi}$ 后，就可计算河床横断面的流量。

1）计算两相邻测速垂线平均流速 $\bar{v}_{mi}$ 间的算术平均流速 v_i（称为部分面积平均流速）；

流量计算 01

$$v_i = \frac{v_{m(i-1)} + v_{mi}}{2} \tag{5-5}$$

岸边或死水边的部分平均流速，可由相邻测速垂线平均流速适当折减，即 $v_i = av_{mi}$，其中死水边 $a=0.6$，斜坡岸边 $a=0.7$，不平整陡坡岸边 $a=0.8$，光滑陡岸 $a=0.9$。

2）计算各部分过水面积 A_i，按三角形或梯形面积公式近似计算。

3）计算通过各部分面积的流量 Q_i（称为部分流量），按下式计算：

$$Q_i = A_i v_i \tag{5-6}$$

4）计算河床横断面流量 Q，按下式计算：

$$Q = \sum_{i=1}^{n} Q_i \tag{5-7}$$

5）河床横断面的过水面积 A 和断面平均流速 v 按下列公式计算：

$$A = \sum_{i=1}^{n} \omega_i \tag{5-8}$$

$$v = \frac{Q}{A} \tag{5-9}$$

上述各公式中，如是采用浮标法测量得到的水面流速而计算的流量 Q，应乘以浮标系数 $K_f = 0.8 \sim 0.9$，作为河床横断面的实际流量。

2. 形态法计算流速、流量

形态法计算流速、流量是依据谢才、曼宁公式进行计算。计算公式为

$$v_t = \frac{1}{n_t} R_t^{\frac{2}{3}} I^{\frac{1}{2}} \tag{5-10}$$

$$v_c = \frac{1}{n_c} R_c^{\frac{2}{3}} I^{\frac{1}{2}} \tag{5-11}$$

$$Q = v_c A_c \tag{5-12}$$

$$Q = v_c A_c + \sum v_t A_t \tag{5-13}$$

流量计算02

式中 v_c，v_t——河槽、河滩的平均流速（m/s）；

n_c，n_t——河槽、河滩的糙率；

R_c，R_t——河槽、河滩的水力半径（m）；

Q——河床横断面流量（m³/s）；

A_c、A_t——河槽、河滩的过水面积（m²）；

I——水面比降。

若是河床横断面为单式断面，用式（5-11）和式（5-12）计算全断面的平均流速和流量。若是复式断面，用式（5-10）和（5-11）分别计算左、右河滩与河槽的平均流速，再用式（5-13）计算全断面的流量。

复式断面的全断面平均流速用式 $\frac{Q}{A}$ 反算，此时的 A 为全断面的过水面积。

当河床横断面为复式断面时，为了便于桥涵孔径、墩台在河槽、河滩中的区别设计，确

定断面平均流速和流量时应滩槽分开计算。

【例 5-1】 某桥位处据水文资料推算出设计水位 $H_P = 135.00\text{m}$，设计流量 $Q_P = 3500\text{m}^3/\text{s}$（可与形态法计算的结果相比较）。据水文调查得：洪水比降 $I = 0.0005$，河滩部分表土为粗砂，糙率 $n_t = 0.025$，河槽部分表土为砾石，糙率 $n_c = 0.032$，沿桥轴线断面资料见表 5-1。试计算其流量和流速。

流量计算 03

表 5-1　沿桥轴线断面资料

桩号/m	K5+500	+514.29	+520	+560	+600	+620	+640	+680	+710	+760	+782.5	+790
地面标高/m	140.00	135.00	133.00	131.50	131.00	125.00	124.00	129.50	129.00	132.00	135.00	136.00

解： 天然河流的形态不规则，过水断面沿流程变化，实属非均匀流。但是按水文断面要求而选择的断面，则近似均匀流，故可按均匀流用曼宁公式计算。

1）根据表 5-1 中的桩号和地面标高，以各测点的桩号为横坐标，以各测点的地面标高为纵坐标，点绘水文断面图，如图 5-6 所示。

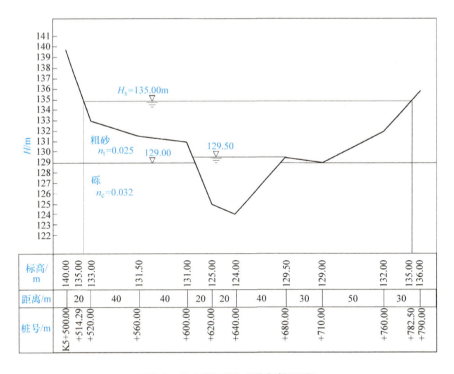

图 5-6　水文断面图（形态断面图）

2）列表计算水力要素，见表 5-2，其中各测点水深＝设计水位－地面标高，平均水深＝ $\dfrac{h_i + h_{i+1}}{2}$，Δh＝前一个测点的地面标高－后一个测点的地面标高，间距＝两相邻测点的桩号之差。

表 5-2　计算水力要素

里程桩号	地面标高 /m	水深 h_i /m	平均水深 $\bar{h}_i$/m	Δh /m	间距 L_i/m	湿周 $\chi = \sqrt{L^2+\Delta h^2}$ /m	过水面积 $A_i = \bar{h}_i L_i/\text{m}^2$	合计
+514.29	135.00	0	1.00	−2.00	5.71	6.05	5.7	$A_{tz}=265.7\text{m}^2$
+520.00	133.00	2.00	2.75	−1.50	40.00	40.03	110.0	$\chi_{tz}=86.08\text{m}$
+560.00	131.50	3.50	3.75	−0.50	40.00	40.00	150.0	
+600.00	131.00	4.00	7.00	−6.00	20.00	20.89	140.0	
+620.00	125.00	10.00	10.50	−1.00	20.00	20.02	210.0	$A_c=680\text{m}^2$
+640.00	124.00	11.00	8.25	5.50	40.00	40.38	330.0	$\chi_c=81.29\text{m}$
+680.00	129.50	5.50	5.75	−0.50	30.00	30.00	172.5	
+710.00	129.00	6.00	4.50	3.00	50.00	50.09	225.0	$A_{ty}=431.3\text{m}^2$
+760.00	132.00	3.00	1.50	3.00	22.50	22.70	33.8	$\chi_{ty}=102.79\text{m}$
+782.50	135.00	0						

流量计算 04

流量计算 05

3) 流速、流量计算。

河槽部分：

$$R_c = \frac{A_c}{\chi_c} = \frac{680}{81.29}\text{m} = 8.365\text{m}$$

$$v_c = \frac{1}{n_c} R_c^{\frac{2}{3}} I^{\frac{1}{2}} = \left(\frac{1}{0.032} \times 8.365^{\frac{2}{3}} \times 0.0005^{\frac{1}{2}}\right)\text{m/s} = 2.88\text{m/s}$$

$$Q_c = v_c A_c = (2.88 \times 680)\text{m}^3/\text{s} = 1958\text{m}^3/\text{s}$$

左滩部分：

$$R_{tz} = \frac{A_{tz}}{\chi_{tz}} = \frac{265.7}{86.08}\text{m} = 3.087\text{m}$$

$$v_{tz} = \frac{1}{n_{tz}} R_{tz}^{\frac{2}{3}} I^{\frac{1}{2}} = \left(\frac{1}{0.025} \times 3.087^{\frac{2}{3}} \times 0.0005^{\frac{1}{2}}\right)\text{m/s} = 1.90\text{m/s}$$

$$Q_{tz} = v_{tz} A_{tz} = (1.90 \times 265.7)\text{m}^3/\text{s} = 505\text{m}^3/\text{s}$$

右滩部分：

$$R_{ty} = \frac{A_{ty}}{\chi_{ty}} = \frac{431.3}{102.79}\text{m} = 4.196\text{m}$$

$$v_{ty} = \frac{1}{n_{ty}} R_{ty}^{\frac{2}{3}} I^{\frac{1}{2}} = \left(\frac{1}{0.025} \times 4.196^{\frac{2}{3}} \times 0.0005^{\frac{1}{2}}\right)\text{m/s} = 2.33\text{m/s}$$

$$Q_{ty} = v_{ty}A_{ty} = (2.33 \times 431.3) \text{m}^3/\text{s} = 1005 \text{m}^3/\text{s}$$

全断面流量： $Q = Q_{tz} + Q_c + Q_{ty} = (505 + 1958 + 1005) \text{m}^3/\text{s} = 3468 \text{m}^3/\text{s}$

全断面面积： $A = A_{tz} + A_c + A_{ty} = (265.7 + 680 + 431.3) \text{m}^2 = 1377 \text{m}^2$

全断面平均流速： $v = \dfrac{Q}{A} = \dfrac{3468}{1377} \text{m/s} = 2.52 \text{m/s}$

学习检验评价单

水文调查与水文勘测知识检验	姓名：	
	班级：	
	自评	师评
学习复习内容	掌握/未掌握	合格/不合格
水文调查包括哪几个内容		
什么叫水文断面		
河床横断面测量方法是什么		
水深测量的方法有哪些		
什么叫起点距		
起点距的控制方法有哪些		
什么叫水位		
如何进行水位观测		
流速测量的方法有哪些		
用浮标法如何测流速		
用流速仪测流速时如何计算流量		
如果用形态法计算流速、流量		

任务 3 设计洪水分析与计算

知识目标

1）了解桥梁分类标准。
2）了解设计洪水频率标准。
3）掌握有观测资料时设计洪水流量的推算方法。
4）了解缺乏流量观测资料时设计流量的推算方法。
5）掌握桥位断面的设计流量、设计水位的推算方法。

技能目标

1）会对桥梁进行分类。
2）会确定桥梁设计洪水频率。
3）会确定有观测资料时的设计洪水流量。
4）会对桥位断面的设计流量、设计水位进行推算。

素养目标

培养应用精神；培养将知识转化为应用的实践精神。

相关知识

桥梁除了按跨径分类以外，按桥的材质分类可以分为木质桥、石桥、砖桥、混凝土桥、钢筋混凝土桥；按桥的结构分类可分为梁桥、拱桥、斜拉桥、悬索桥、高架桥、组合体系桥；按桥的用途分类可分为铁路桥、公路桥、管道桥、多用桥等。

一、桥涵分类

按照《公路桥涵设计通用规范》（JTG D60—2015）规定，桥梁按单孔跨径或多孔跨径总长分类见表 5-3。

设计洪水分析计算 01

表 5-3 桥梁涵洞分类

桥涵分类	多孔跨径总长 L/m	单孔跨径 L_k/m
特大桥	$L>1000$	$L_k>150$
大桥	$100 \leq L \leq 1000$	$40 \leq L_k \leq 150$
中桥	$30<L<100$	$20 \leq L_k<40$
小桥	$8 \leq L \leq 30$	$5 \leq L_k<20$
涵洞	—	$L_k<5$

注：1. 单孔跨径是指标准跨径。
  2. 梁式桥、板式桥涵的多孔跨径总长为多孔标准跨径的总长；拱式桥的多孔跨径总长为两岸桥台内起拱线间的距离；其他形式桥梁的多孔跨径总长为桥面系行车道长度。
  3. 管涵及箱涵不论管径或跨径大小、孔数多少，均称为涵洞。
  4. 标准跨径：梁式桥、板式桥以两桥墩中线距离或桥墩中线与台背前缘距离为准；拱式桥和涵洞以净跨径为准。

二、设计洪水频率

桥梁与涵洞的建造，必须考虑运用期间未来洪水的威胁。桥涵工程采用一定频率作为设计标准，称为设计洪水频率。技术标准规定的设计洪水频率对应的洪峰流量，称为设计洪水流量或设计流量。桥位计算断面上，通过设计流量时相应的洪水位称为设计水位。设计流量通过时，桥位水文计算断面的河槽平均流速，习惯上称为设计流速。

桥涵及其附属工程的基本尺寸，都取决于设计流量的大小。设计洪水频率越小，桥涵遭遇洪水破坏的可能性越小，结构越安全，但工程造价越高。设计洪水频率越大，则工程造价越低、安全系数也越低。对于公路桥涵工程，采用《公路桥涵设计通用规范》（JTG D60—2015）中规定的设计洪水频率，见表5-4。

表5-4 桥涵设计洪水频率

公路等级	设计洪水频率				
	特大桥	大桥	中桥	小桥	涵洞及小型排水构造物
高速公路	1/300	1/100	1/100	1/100	1/100
一级公路	1/300	1/100	1/100	1/100	1/100
二级公路	1/100	1/100	1/100	1/50	1/50
三级公路	1/100	1/50	1/50	1/25	1/25
四级公路	1/100	1/50	1/50	1/25	不作规定

三、水文资料的搜集和整理

推算桥涵设计流量时，应按有关规定的要求，根据所掌握的资料，选择适当的计算方法。推算桥涵设计流量时，无论采用什么方法，都是以水文资料作为主要依据。如所依据的资料不够正确，则使用任何精确的方法，也不能获得正确的结果。因此，应广泛搜集所需的水文资料，认真审查选样，反复校核，才能保证所依据的资料完整可靠，使计算结果具有足够的精度。

1. 水文资料的来源

（1）水文站观测资料 它是在一定时期内连续实测的资料，能较为真实地反映客观实际，是水文分析计算的主要依据。一般应搜集桥位附近水文站历年最大洪峰流量及其相应的水位、流速、糙率、水面比降等资料，并应了解水文站的设站历史、测设方法和设备，以及测流断面、水准基点等情况。应特别注意水文站的水准基面和基本水尺历年有无变化；在水位或流速观测过程中，上下游有无分洪、决堤等情况。若有这些情况，应了解整编水文资料时是否经过改正。

（2）历史文献、文物资料 我国历代各类书籍关于洪涝灾害的记载年代久远，材料十分丰富。可以了解近百年甚至更久远的历史洪水情况，对考证历史特大洪水野外调查资料的年份、重现期和掌握该地区在洪水的出现规律有很大价值。

搜集的资料主要有：地方志类；宫廷档案和实录类；水利、河道专著；历史水文气象记录等。有些资料因年代久远，社会和自然条件变化很大，使用这些资料时必须进行审查和考证。

（3）洪水调查资料　洪水调查是搜集水文资料的一种有效方法，不论有无水文站观测资料，都必须进行。对于缺乏水文观测资料的河段，洪水调查是获得桥涵设计中所需水文资料最基本的方法。

2. 用于分析计算的水文资料应满足的条件

从水文站观测、洪水调查和文献考证等得来的资料，必须满足以下几个方面的要求，才能获得合理的计算结果。

（1）资料的一致性　水文统计法是利用已有的水文资料，根据统计规律推断今后的情况。统计计算要求同一系列中的所有资料，必须是同一类型和在同样条件下产生的，即各样本的形成条件应具有同一基础，所以不能将性质不同的水文资料放在一起分析计算。例如，不同基准面的水位资料、瞬时最高水位与最低水位资料等均属不同性质或不同类型的水文资料，不能统计在一起。

（2）资料的代表性　水文统计是以样本推算总体的参数值，样本的代表性直接影响计算结果。因此，资料系列应包括丰水年、平水年、枯水年在内；否则，推算结果偏大或偏小而不符合总体的客观规律。频率计算要求实测流量系列不少于 30 年，无论实测期长短，均须进行历史洪水的调查和考证工作，以增加系列的代表性。

（3）资料的可靠性　系列中的每一个变量的可靠性，都直接影响统计计算的结果，必须认真检查。应对收集的资料逐一检查，特别是对设计洪水影响较大的几项洪水，保证每一个数据的可靠性。

（4）资料的独立性　统计计算要求同一系列中的所有变量必须是相互独立的。因此在水文统计法中，不能将彼此关联的水文资料统计在一起分析计算。

四、有流量观测资料时设计流量的推算

1. 实测流量资料的审查和选择

设计洪水分析
计算 02

选择同一洪水类型、符合独立随机条件的各年实测最大洪水流量。各年实测最大洪水流量，如有人为影响或河道自然决口、改道等情况，应按天然条件修正还原。不同时期的实测最大洪水流量，如有站址、水准基面等基本要素改动，就根据历次变动的相关关系修正。实测洪水流量系列中为首的几项，应通过流域洪水分析、比较或实地调查考证。计算洪水频率时，实测洪水流量系列不宜少于 30 年且应有历史洪水调查和考证成果。

2. 实测洪水流量系列的插补、延长

如果桥位附近水文站观测资料年限较短或有缺测年份，为了尽量增大洪水系列的容量，增强系列的代表性，减少抽样误差，可利用上、下游或邻近流域内的水文站观测资料，进行插补和延长。插补延长年数一般不应超过实测年数，有以下几种方法：

（1）流域面积比拟法　位于一河流上、下游的两个水文站，将它们分别称为参证站与分析站，若两站的流域面积之差不超过 10%，且两站之间又无分洪或滞洪现象，则两站的流量资料可直接互用。

若两站的流域面积之差不超过 20%，全流域的自然地理条件较为一致，暴雨分布也比较均匀，两站之间的河道又无水库等调蓄，则可通过下式进行插补和延长：

$$Q_1 = \left(\frac{A_1}{A_2}\right)^n Q_2 \tag{5-14}$$

式中　Q_1，A_1——分析站的流量（m³/s）和流域面积（km²）；

　　　Q_2，A_2——参证站的流量（m³/s）和流域面积（km²）；

　　　　n——经验指数，可根据已有的实测资料反求，一般大、中河流采用 $n = 0.5 \sim 0.7$，较小河流采用 $n \geq 0.7$。

（2）水位流量关系曲线法　根据断面实测水位和对应的流量资料点绘成的图形，称为水位流量关系曲线。可根据水位的变化过程推求流量的变化过程，或将水文计算所得的设计水位（流量）直接转换为设计流量（水位）等。当桥位上、下游两水文站之间无较大支流汇入，两站相同观测年份的最大洪峰流量大致成比例关系时，宜建立实测水位与流量关系曲线，以此相互补充资料，进行插补和延长。

设计洪水分析计算03

1）水位（H）与流量（Q）关系曲线的绘制：在一般良好稳定的条件下，水位与流量关系曲线的绘制比较简单，以水位为纵坐标，流量为横坐标，将实测水位和流量数据一一对应点绘于坐标纸上，顺点群分布的趋势并通过点群中心绘出一条光滑曲线即可。

所谓良好稳定关系，严格地说是指同一水位只对应一个流量的单一关系，凡是水位与流量关系点分布呈条带状，且大多数相关点与绘出的曲线偏离不超过测流误差（流速仪测流误差约为±5%）时，都称为良好稳定关系。

通常在绘制水位与流量关系曲线的同一张图上一并绘出水位与过水断面面积 A 的关系曲线、水位与流速的关系曲线，作为分析水位流量关系曲线的辅助线，如图5-7所示。

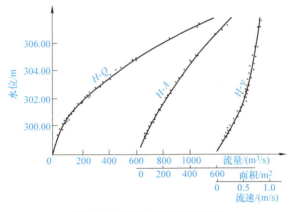

图5-7　水位与流量关系曲线

在工程实践中，常常需要特大的流量数据，而河道中测流往往只能测到一般大小的流量，因此，将水位与流量关系曲线向高水位延长，以便根据已知最高水位推求相应的流量。

2）H-Q 曲线向高水位延长：当需要延长的水位变幅小于总水位变幅的20%时，可顺曲线趋势徒手直接延长。若延长的水位变幅较大，直接延长 H-Q 曲线，可能造成较大误差，此时可借助 H-A、H-v 曲线间接延长 H-Q 曲线。即先根据本年实测大断面，绘出 H-A 关系曲线，该曲线可准确地绘出到任何水位以上。同时，在高水位时，H-v 曲线通常趋近于直线，大幅度延长时，误差较小。这样便可得到高水位时的 A 和 v 值，进而可推出高水位的流量（$Q=vA$），以此延长 H-Q 曲线。

(3) 相关分析法　详见学习情境 4 中任务 5 中的相关分析。用相关关系线延长应慎重，延长部分不应超过实测年数的 30%~50%，视相关程度而定。

3. 实测洪水流量系列的转换

当水文计算断面的汇水面积与水文站的汇水面积之差，小于水文站汇水面积的 20%，不大于 1000km²，汇水区的暴雨分布较均匀，区间无分洪、滞洪时，可按下式将水文站的实测最大洪水流量转换为水文计算断面的洪水流量：

$$Q_1 = \left(\frac{F_1}{F_2}\right)^{n_1} Q_2 \tag{5-15}$$

式中　Q_1，F_1——水文计算断面的洪水流量（m³/s）和汇水面积（km²）；

Q_2，F_2——水文站的实测最大洪水流量（m³/s）和汇水面积（km²）；

n_1——面积指数，按地区经验值取用，一般大、中河流取 0.5~0.7，汇水面积小于 100km² 的较小河流取大于 0.7。

4. 经验频率的计算

把年最大流量资料按大小递减次序排列，计算出各项流量的经验频率。如流量资料系列是连续系列，则按式（4-20）计算；如为含特大值的不连续系列，则可用式（4-35）、式（4-36）或式（4-37）计算。

设计洪水分析计算 04

5. 绘制经验频率点群分布

在海森机率格纸上绘出经验频率点群分布或经验频率曲线。

6. 绘制理论频率曲线

理论频率曲线统计参数可采用求矩适线法或三点适线法等方法计算 $\overline{Q}$、C_V、C_S 三个统计参数的初始值，点绘理论频率曲线（P-Ⅲ曲线），与实测流量经验频率点群分布相比较。如吻合不理想，可调整 C_V、C_S 值，直到二者基本吻合，此时的统计参数确定为理论频率曲线的统计参数。具体见学习情境 4 任务 5 的相关内容。

7. 设计流量计算

用确定的三个统计参数按公式 $Q_P = \overline{Q}(1+\Phi C_V) = K_P \overline{Q}$ 计算设计洪水频率相应的流量，即设计流量。

8. 审查计算结果

计算完毕后应对计算结果进行审查。

五、缺乏流量观测资料时设计流量的推算

当桥位上、下游无水文站观测资料或者虽有水文站观测资料但是年限较短（少于 30 年），而且无条件进行插补和延长时，由于无法得到足够的资料，不能得到可靠的统计参数，不能按有流量观测资料时设计流量推算方法推算设计流量。如公路沿线跨越的河流，一般以中小河流居多，这些河流上往往没有水文站。在实际工作中又需要在缺乏流量观测资料的情况下，推算设计流量。

设计洪水分析计算 05

缺乏流量观测资料时推算设计流量的方法很多，可利用洪水调查资料、其他间接或经验性的资料推算设计流量，大致可分为三类：利用历史洪水位推算、利用地区经验公式及水文参数推算、利用推理公式推算。

1. 利用历史洪水位推算设计流量

（1）历史洪水流量的计算

1）当调查的历史洪水位处于水面比降均一、河道顺直、河床断面较规整的稳定均匀流河段时，可按下式计算：

$$Q = A_c v_c + A_t v_t$$

$$v_c = \frac{1}{n_c} R_c^{\frac{2}{3}} I^{\frac{1}{2}}$$

$$v_t = \frac{1}{n_t} R_t^{\frac{2}{3}} I^{\frac{1}{2}} \tag{5-16}$$

式中 Q——历史洪水流量（m^3/s）；

A_c，A_t——河槽、河滩过水面积（m^2）；

v_c，v_t——河槽、河滩平均流速（m/s）；

n_c，n_t——河槽、河滩糙率；

R_c，R_t——河槽、河滩水力半径（m），当宽深比大于10时，可用平均水深代替；

I——水面比降。

2）当调查的历史洪水位处于河床断面形状和面积相差较大的稳定非均匀流河段时，可按下式计算：

$$Q = \overline{K} \sqrt{\frac{\Delta H}{L - \left(\frac{1-\xi}{2g}\right)\left(\frac{\overline{K}^2}{A_1^2} - \frac{\overline{K}^2}{A_2^2}\right)}}$$

$$\Delta H = H_1 - H_2$$

$$\overline{K} = \frac{1}{2}(K_1 + K_2)$$

$$K_1 = \frac{1}{n_{c1}} A_{c1} R_{c1}^{2/3} + \frac{1}{n_{t1}} A_{t1} R_{t1}^{2/3}$$

$$K_2 = \frac{1}{n_{c2}} A_{c2} R_{c2}^{2/3} + \frac{1}{n_{t2}} A_{t2} R_{t2}^{2/3} \tag{5-17}$$

式中 H_1，H_2——上、下游断面的水位（m）；

ΔH——上、下游断面的水位差（m）；

L——上、下游断面的距离（m）；

A_1，A_2——上、下游断面总过水面积（m^2）；

A_{c1}，A_{t1}——上游断面河槽、河滩过水面积（m^2）；

A_{c2}，A_{t2}——下游断面河槽、河滩过水面积（m^2）；

R_{c1}，R_{t1}——上游断面河槽、河滩水力半径（m）；

R_{c2}，R_{t2}——下游断面河槽、河滩水力半径（m）；

n_{c1}，n_{t1}——上游断面河槽、河滩糙率；

n_{c2}, n_{t2} —— 下游断面河槽、河滩糙率；

K_1, K_2 —— 上、下游断面输水系数（m³/s）；

$\overline{K}$ —— 上、下游断面输水系数的平均值（m³/s）；

g —— 重力加速度（m/s²），取用 9.80；

ξ —— 局部水头损失系数，向下游收缩时，取 $-0.1 \sim 0$；向下游逐渐扩散时，取 0.3~0.5；向下游突然扩散时，取 0.5~1.0。

3）当调查的历史洪水位处于洪水水面线有明显曲折的稳定非均匀流河段时，可按下式试算水面线，推求历史洪水流量：

$$\left. \begin{array}{l} H_1 = H_2 + \dfrac{Q^2}{2}\left[\left(\dfrac{1}{K_1^2}+\dfrac{1}{K_2^2}\right)L - \dfrac{(1-\xi)}{g}\left(\dfrac{1}{A_1^2}-\dfrac{1}{A_2^2}\right)\right] \\ A_1 = A_{c1}+A_{t1} \\ A_2 = A_{c2}+A_{t2} \end{array} \right\} \qquad (5\text{-}18)$$

4）当调查的历史洪水位处于卡口且河底无冲刷时，可按下式计算：

$$Q = A_2 \sqrt{\dfrac{2g(H_1-H_2)}{\left(1-\dfrac{A_2^2}{A_1^2}\right)+\dfrac{2gLA_2^2}{K_1K_2}}} \qquad (5\text{-}19)$$

式中　H_1, A_1 —— 卡口上游断面的水位（m）、过水面积（m²）；

H_2, A_2 —— 卡口断面的水位（m）、过水面积（m²）；

K_1, K_2 —— 卡口上游断面、卡口断面的输水系数（m³/s）。

（2）历史洪水流量的经验频率　可根据当地老居民的记述或历史文献考证确定历史洪水流量的序位，按公式 $P_M = \dfrac{M}{N+1} \times 100\%$ 计算。

（3）设计流量的推算　设计流量应按下列规定推算：

1）当有多个历史洪水流量能在海森机率格纸上点绘经验频率曲线时，可用求矩适线法或三点适线法求 $\overline{Q}$、C_V、C_S 值及用公式 $Q_P = \overline{Q}(1+\Phi C_V)$ 求设计流量。

利用历史洪水流量推算设计流量时，历史洪水流量不宜少于 2 次，C_V、C_S 值应符合地区分布规律，如出入较大，应分析原因，进行适当调整。

设计洪水分析计算 06

2）当各次历史洪水流量不能在海森机率格纸上定出经验频率曲线时，可按以下方法推算设计流量。

① 参照地区资料，选定 C_V、C_S 值。

② 按以下公式计算平均流量：

$$\overline{Q_{Ti}} = \dfrac{Q_{Ti}}{1+\Phi_T C_V} \qquad (5\text{-}20)$$

$$\overline{Q} = \dfrac{\sum\limits_{i=1}^{n}\overline{Q_{Ti}}}{n} \qquad (5\text{-}21)$$

式中 $\overline{Q}_{Ti}$——按第 i 次历史洪水流量计算的平均流量（m³/s）；

Q_{Ti}——第 i 次重现期为 T 年的历史洪水流量（m³/s）；

Φ_T——重现期为 T 年的离均系数；

n——历史洪水流量的年次数。

③ 用公式 $Q_P = \overline{Q}(1+\Phi C_V) = K_p\overline{Q}$ 计算设计流量。

2. 利用地区经验公式及水文参数推算设计流量

当无流量观测资料时，可根据全国水文分区经验公式，或根据各水利部门编写的地区性水文手册等文献来确定设计流量，但用这些方法计算的结果较粗略。实际应用时，宜采用多种方法计算，特别是与洪水调查资料相比较，最后选择一个比较合理的数值。这里不再详述，读者可查阅相关书籍。

3. 利用推理公式推算设计流量

公路沿线跨越的小河、溪流、沟壑等都属于小流域。小流域洪水暴涨暴落，历时短，很少能留下明显的痕迹，往往又不会引起人们的注意，难以调查到较为可靠的历史洪水资料，且一般没有水文站的观测资料。实际工作中小流域河流上的桥梁和涵洞及路基排水系统的设计，一般由暴雨资料来推求。流量计算多采用推理公式。汇水面积小于 1000km² 的河流，可按推理公式计算，公式中的参数值和指数，采用各地区编制的暴雨径流图表值。推理公式有水利科研院水文研究所的推理公式和原交通运输部公路科学研究所的推理公式等。具体可看相关资料。

六、桥位断面的设计流量、设计水位的推算

1. 桥位断面处设计流量的确定

设计流量往往是利用水文站观测资料或洪水调查资料推算，其流量是根据水文站的测流断面或桥位附近的水文断面计算而得，因而需要换算到桥位断面。

如果水文站测流断面或水文断面距离桥位断面很近、流域面积相差不超过 5%、之间又无大的支流汇入时，则推算的水文站的测流断面或桥位附近的水文断面设计流量可直接作为桥位断面的设计流量。

如果水文站测流断面或水文断面距离桥位断面较远：当流域面积相差不超过 20% 时，则按式（5-15）换算成桥位断面的设计流量；当流域面积相差超过 20% 时，按式（5-15）换算的结果误差较大，则应结合实际情况，从多方面分析后确定。

2. 桥位断面处设计水位的确定

桥位断面的设计流量确定后，还需要确定桥位断面的设计水位、流速和过水面积等水文要素。

1）当桥位断面与水文断面间的河段顺直、断面规整、河底纵坡均一时，宜绘制水文断面的水位-流量关系曲线。按设计流量确定设计水位后，利用水面比降推算出桥位断面的设计水位。

2）当桥位断面和水文断面上、下游有卡口，人工建筑物或断面形状和面积相差较大，河底纵坡有明显曲折时，宜按式（5-18）用试算法求设计流量时的水面线，推求设计水位。

当确定了桥位的设计流量和设计水位等水文要素以后，即可进行桥孔设计。

学习检验评价单

设计洪水分析与计算知识检验	姓名：	
	班级：	
	自评	师评
学习复习内容	掌握/未掌握	合格/不合格
桥涵根据跨径分为哪几类		
什么叫设计洪水频率		
什么叫设计流量		
什么叫设计水位		
用于分析计算的水文资料应满足什么条件		
有流量观测资料时设计流量的推算方法步骤有哪些		
缺乏流量观测资料时设计流量可用什么方法推算		
桥位断面的设计流量如何确定		
桥位断面的设计水位如何确定		

任务 4 桥孔设计

知识目标

1) 了解桥孔布设的一般规定。
2) 了解桥位河段水流图式。
3) 了解桥孔长度的确定方法。
4) 了解桥面标高的确定方法。

技能目标

1) 知道桥孔布设的一般规定。
2) 知道建桥后，桥下的冲刷淤积变化情况。
3) 知道桥孔净长的确定方法。
4) 知道如何确定桥面标高。

素养目标

培养将知识转化为应用的实践精神；培养严谨认真和开拓创新精神。

相关知识

一、桥孔布设的一般规定

桥孔是桥身下用于流水通过的孔洞。桥孔布设必须保证设计洪水以内的各级洪水和泥沙安全通过，并满足通航、流冰及其他漂浮物通过的要求。

桥孔设计 01

桥孔布设应适应各类河段的特征及演变特点，避免河床产生不利变形，且做到经济合理。建桥后引起的桥前壅水高度、河床变形，应在安全允许范围之内。如建桥后的桥前壅水不得对两岸河堤、农田、村镇造成威胁，这点在平原地区尤为重要，通常以桥前壅水的允许高度作为桥孔长度的控制因素。

桥孔布设应考虑桥位上、下游已建或拟建的水利工程、航道码头和管线等引起的河床演变对桥孔的影响。桥位河段的天然河道不宜开挖或改移，需要开挖、改移河道时，应通过可靠的技术经济论证。

桥孔布设应与天然河流断面流量分配相适应。在稳定河段上，左右河滩桥孔长度之比应近似与左右河滩流量之比相当；在次稳定和不稳定河段上，桥孔布设必须考虑河床变形和流量分布变化趋势的影响。桥孔不宜压缩河槽，可适当压缩河滩。主流深泓线上不宜布设桥墩。

跨越河口、海湾及海岛之间的桥梁，必须保证在潮汐、海浪、风暴潮、海流及海底泥沙运动等各种海洋水文条件影响下，正常使用和满足通航的要求。

在内河通航河段，桥梁的布置应满足《内河通航标准》（GB 50139—2014）的规定，并应充分考虑河床演变和不同通航水位航迹线的变化。位于通航水域中的桥梁宜减少在通航水域设置桥墩，并宜设置于浅水区。可能遭受船舶或漂流物撞击的桥墩，应考虑船舶或漂流物的撞击作用，并应设置警示标志和必要的防撞设施。在有流冰、流木的河段上，桥孔应适当放大。

应注意地质情况，桥梁的墩台基础不宜布置在断层、溶洞、滑坡等不良地质处。

二、桥位河段水流图式

桥孔设计 02

桥位河段水流图式反映了桥位河段建桥后水流和泥沙运动的变化。因此桥位河段水流图式可作为桥孔计算的依据。但桥位河段的水流和泥沙运动十分复杂，目前只能在某些假定和试验的基础上，对缓流河段提出简化的水流图式。通过全国实桥资料调查表明，只有很少部分峡谷性河段和变迁性河段的桥位，设计洪水的流态接近或达到急流，而绝大多数的桥位是处于缓流河段。因此，缓流河段的水流图式及其孔径计算方法，适用于大多数桥梁的孔径计算。

桥位河段多为缓坡河段，桥位河段的水流图式如图 5-8 所示，其平面图如图 5-8a 所示，水流因受桥孔压缩影响，从桥位上游相当远处的断面①处起水面开始壅高，出现 a_1 型壅水曲线，无导流堤直到桥位上游大约一个桥孔长度 L 处的截面②（有导流堤时则为上游堤端附近），达到最大壅水高度 ΔZ。水流接近桥孔时，急剧收缩呈"漏斗"状，到桥位下游附近的断面③'（有导流堤时到桥位断面③）处水面最窄，流速最大，形成桥位河段的"颈口"，称为收缩断面。收缩断面下游，水流又逐渐扩散，到断面④处才恢复天然状态。在水流收缩段的主流与河岸之间，由于水流分离现象，桥台上、下游两侧将形成回流区。

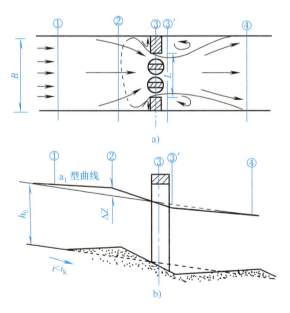

图 5-8 建桥后水流图式

a) 平面图 b) 河槽纵断面图

①—开始壅水断面 ②—最高壅水断面 ③—桥位断面
③'—桥后收缩断面 ④—恢复断面

建桥河段的冲淤情况：桥位河段的河槽纵断面图如图 5-8b 所示。在壅水范围内，水深沿流向逐渐增大，水流流速逐渐减小，挟沙能力降低，该段出现泥沙沉积。最高壅水断面的下游，水流流速增大，挟沙能力恢复并增强，该段河底出现淤积量沿程逐渐减小后转为河床冲刷，且收缩断面处的河床冲刷最严重。在水流扩散段，沿流向冲刷由大变小，逐渐恢复天然输沙平衡状态。

桥位河段水流图式反映了建桥后水流和泥沙运动的变化，表现了桥孔长度、桥前壅水和桥下冲刷三者之间的关系，应作为桥孔计算的分析依据。

桥孔设计 03

三、确定桥孔长度

沿着设计水位的水面线，两桥台前缘之间（埋入式桥台则为两桥台护坡坡面之间）的水面宽度，称为桥孔长度，用 L 表示，如图 5-9 所示。

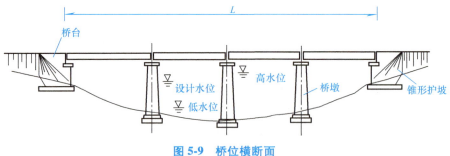

图 5-9　桥位横断面

桥孔长度扣除全部桥墩宽度（仍沿原水面线）后，则称为桥孔净长 L_j。桥孔长度应满足最小净长要求，桥孔最小净长 L_j 按以下规定确定：

1）对于峡谷性河段上的桥梁，仅要求按河床地形布置桥孔，不宜压缩河槽，可不作桥孔最小净长计算。

2）对开阔、顺直微弯、分汊、弯曲河段及滩、槽可分的不稳定河段，按下式计算桥孔最小净长：

$$L_j = K_q \left(\frac{Q_p}{Q_c} \right)^{n_3} B_c \tag{5-22}$$

式中　L_j——最小桥孔净长（m）；

Q_p——设计流量（m³/s）；

Q_c——设计水位下河槽流量（m³/s）；

B_c——河槽宽度（m）；

K_q，n_3——系数和指数，按表 5-5 采用。

表 5-5　K_q 值和 n_3 值

河段类型	K	n_3
开阔、顺直微弯河段	0.84	0.90
分汊、弯曲河段	0.95	0.87
滩、槽可分的不稳定河段	0.69	1.59

3）对宽滩河段，按下式计算桥孔最小净长：

$$L_j = \frac{Q_p}{\beta q_c} \tag{5-23}$$

$$\beta = 1.19 \left(\frac{Q_c}{Q_t}\right)^{0.10} \tag{5-24}$$

式中　Q_p——设计流量（m³/s）；

q_c——河槽平均单宽流量［m³/(s·m)］，$q_c = \dfrac{Q_c}{B_c}$，其中 Q_c 为河槽流量，B_c 为河槽宽度；

β——水流压缩系数；

Q_t——河滩流量（m³/s）。

4）对滩槽难分的不稳定河段，用下式计算桥孔最小净长：

$$L_j = C_p B_o \tag{5-25}$$

$$B_o = 16.07 \left(\frac{\overline{Q}^{0.24}}{\overline{d}^{0.3}}\right) \tag{5-26}$$

$$C_p = \left(\frac{Q_p}{Q_{2\%}}\right)^{0.33} \tag{5-27}$$

式中　B_o——基本河槽宽度（m）；

$\overline{Q}$——年最大流量平均值（m³/s）；

$\overline{d}$——河床泥沙平均粒径（m）；

C_p——设计洪水频率系数；

$Q_{2\%}$——频率为2%的洪水流量（m³/s）。

桥孔长度的确定，首先应满足排洪和输沙的要求，即保证设计洪水及其所挟带的泥沙能从桥下顺利通过，并从安全和经济两方面着眼，同时结合桥位地形、河床地质、桥前壅水、冲刷深度、桥梁及引道纵坡和台后填土高度等情况，进行不同桥长的技术经济比较，综合论证后确定。

四、确定桥面标高

桥面标高是指桥面中心线最低点的高程。它必须满足桥下通过设计洪水、流冰、流木和通航的要求，并应该考虑壅水、浪高、水拱、河弯凹岸水面超高以及河床淤积等各种因素引起的桥下水位升高的影响。对跨越河口、海湾等处的桥梁，还必须考虑潮汐、海浪等方面的水位升高因素。还要有一定的桥下净空，不通航河段、有流冰和流木河段、通航河段的桥下净空要求不同。

不通航河段桥面最低标高为设计水位加上壅水等因素导致的水位升高、桥下净空和桥梁上部结构的高度。

通航河段桥面最低标高除了要满足不通航河段的要求外，还要满足设计最高通航水位加上通航净空高的要求。

学习检验评价单

桥孔设计知识检验	姓名：	
	班级：	
	自评	师评
学习复习内容	掌握/未掌握	合格/不合格
桥孔布设的一般规定有哪些		
桥位河段水流图式是什么		
建桥河段的冲淤情况是什么样的		
什么叫桥孔长度		
什么叫桥孔净长		
什么叫桥面标高		
桥面标高如何确定		

任务 5　墩台冲刷和基础埋深

知识目标

1）掌握桥下冲刷的种类和形成原因。
2）掌握最低冲刷线高程的确定方法。
3）掌握墩台基底最小埋置深度的确定方法。
4）了解调治构造物的概念和种类。

技能目标

会根据冲刷深度来确定墩台基底的最小埋置深度。

素养目标

培养认真仔细、全面思考问题的态度。

相关知识

桥墩是指支撑桥跨结构并将恒荷载和车辆活荷载传至地基的建筑物。多跨桥的中间支撑结构称为桥墩。桥台是指位于桥梁两端，支撑桥梁上部结构并和路堤相衔接的建筑物。

一、桥位河床变形

在进行桥梁设计时，必须考虑桥梁使用期间可能发生的河床变形。河床变形包括河床自然演变引起的变形和建桥后引起的冲刷变形。

河床自然演变无论在建桥前还是建桥后，都在不断地进行着。河床自然演变引起的桥下冲刷，难以用简单的公式进行全面预测，应在桥位勘测时，全面翔实地调查、收集桥位河段水文和河床变形的历史及现今资料，分析水文和河床变形的特点，进行估计。

墩台冲刷和基础埋深 01

建桥后，洪水受桥孔压缩，上游形成壅水；水流自最大壅水断面急剧从上游及两侧河滩集中流入桥孔，形成收缩断面；这段水流带走床面泥沙，引起该段河床全断面内发生普遍冲刷，称为一般冲刷。设计桥位时应计算桥下收缩断面的一般冲刷最大深度。

建桥后水流急剧流入桥孔，在桥台前缘、桥墩两侧、导流堤上游端等部位形成绕流，使水流与建筑物壁面出现边界层分离，不断生成旋涡，并向下游传播和发展，卷走床面泥沙，在桥台前缘、桥墩上游及两侧和导流堤上游端附近形成冲刷坑，称为局部冲刷。

桥梁墩台的冲刷是河床自然演变冲刷、一般冲刷和局部冲刷的总和。在洪水冲刷过程中，这三种冲刷是交织在一起同时进行的。但为了便于分析和计算，一般将三种冲刷深度分别计算，再叠加起来作为墩台冲刷深度。

二、桥位河床自然演变冲刷

自然演变引起的冲刷深度可通过调查或利用各年河床断面、河段地形图、洪水、泥沙等资料，分析河床逐年自然下切程度，估算桥梁使用年限内河床自然下切的深度。也可选用一维河床冲淤数学模型估算，并进行比较和核对，具体可查阅相关资料。自然演变冲刷深度用 Δh 表示。

三、桥下河床一般冲刷

墩台冲刷和基础埋深 02

桥下河床断面的一般冲刷，就是指收缩断面的冲刷。对于两岸有导流堤的桥梁，桥下收缩断面大约就出现在桥轴线附近；对于无导流堤的桥梁，收缩断面在桥轴线下游不远处。在桥梁墩台设计时，偏安全地把桥梁轴线断面处的冲刷深度看作与收缩断面相同；因洪水变化难测，这种偏安全的处理还是完全有必要的。

桥梁压缩水流致使桥下断面流速增大，水流挟沙能力增强，产生普通冲刷。随着冲刷的发展，桥下河床加深，过水面积加大，流速逐渐下降；待达到新的输沙平衡状态，或桥下流速降低到河床的允许不冲刷流速时，冲刷即停止。桥下河床在一般冲刷完成后从设计水位算起的某一垂线水深称为一般冲刷深度，用 h_p 表示，如图 5-10 所示。

桥下河床断面的一般冲刷深度，对非黏性土河床和黏性土河床而言，有不同的计算公式，具体见《公路工程水文勘测设计规范》（JTG C30—2015）。

四、墩台局部冲刷

流向桥墩的水流受到桥墩阻挡，桥墩周围的水流结构发生急剧变化，水流的绕流使流线严重弯曲，床面附近形成螺旋形水流，剧烈淘刷桥墩周围，特别是迎水面的河床泥沙，形成冲刷坑的现象，称为局部冲刷。引起局部冲刷的水流结构如图 5-11 所示。桥墩局部冲刷深度计算公式因非黏性土河床、黏性土河床而不同。

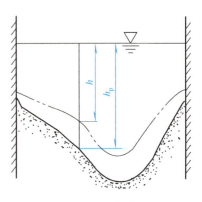

图 5-10 一般冲刷

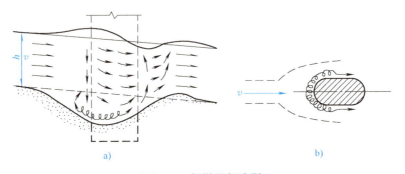

图 5-11 桥墩局部冲刷

桥台局部冲刷：桥台是位于桥梁两端与路基连接、支承上部结构和承受台背土压力的构造物。在没有导流堤时，桥台凸出位于洪水中，河滩流量较大时，冲刷十分严重。桥台最大冲刷深度应结合桥位河床特征、压缩程度等情况，分析计算比较后确定，对于非黏性土河床桥台局部冲刷深度，可分河槽、河滩按不同的公式计算。

墩台局部冲刷计算公式请查阅《公路工程水文勘测设计规范》（JTG C30—2015）。桥墩、桥台局部冲刷深度都用 h_b 表示。

五、墩台基底最小埋置深度

冲刷计算的目的是确定桥下最大冲刷深度，确定桥梁基础最小埋置深度；从水力水文的角度，为既安全又经济的墩台基础设计提供重要依据。

墩台冲刷和
基础埋深 03

1. 最低冲刷线高程

总冲刷深度为自河床面算起的河床自然演变冲刷、一般冲刷与局部冲刷之和。桥墩、桥台全部冲刷完成后的床面位置，可在桥轴纵断面图上绘出，为最低冲刷线，用最低冲刷线高程来表示，如图 5-12 所示。

桥墩、桥台的最低冲刷线高程 H_s 为

$$H_s = H_p - h_p - h_b \quad (5-28)$$

式中 H_p——桥位断面的设计水位；
h_p——一般冲刷后最大水深；
h_b——桥墩、桥台局部冲刷深度。

2. 确定墩台基底最小埋置深度

确定桥梁墩台基础埋置深度时，应根据桥位河段具体情况，取河床自然演变冲刷、一般冲刷和局部冲刷的最不利组合。

桥梁墩台基底最小埋置深度：

$$H_N = H_s - \Delta \quad (5-29)$$

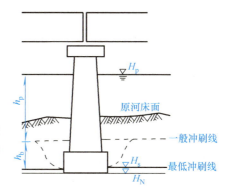

图 5-12 最低冲刷线

式中 H_N——墩台基底最小埋置深度（m）；
H_s——墩台最低冲刷线的高程（m）；
Δ——基底埋深安全值（m）。

岩石河床墩台基底埋深安全值，应考虑岩石的可能冲刷，根据岩石的坚硬程度，胶结物类别，风化程度，节理、裂隙、节理发育情况等，在《公路工程水文勘测设计规范》（JTG C30—2015）中选定。

另外，位于河槽的桥台，当其最大冲刷深度小于桥墩总冲刷深度时，桥台基底的埋深应与桥墩基底高程相同；当桥台位于河滩时，对河槽摆动的不稳定河流，桥台基底高程应与桥墩相同；在稳定河流上，桥台基底高程可按照桥台冲刷计算结果确定。

桥台锥体护坡基脚埋置深度应考虑冲刷的影响，当位于稳定、次稳定河段的河滩上时，基脚底面应在一般冲刷线以下至少 0.50m；当桥台位于不稳定河流的河滩上时，基脚底面应在一般冲刷线以下至少 1m 处。

六、调治构造物

调治构造物指的是为引导或改变水流方向，使水流平顺地通过桥孔以减小水流对桥位附近河床、河岸的冲刷，保护桥梁和引道路堤的正常使用以及桥位附近农田、城镇免遭洪水危害而修建的水工构造物，如图 5-13 所示。

墩台冲刷和
基础埋深 04

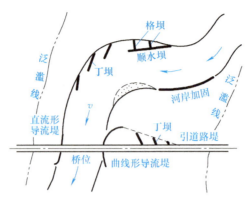

图 5-13 调治构造物

调治构造物按其对水流的作用可分为三类，即导流构造物、挑流构造物和防护构造物。

1. 导流构造物

导流构造物是以不同的程度扩散和均匀分布桥下河床冲刷，减少对桥台和引道路堤的威胁。导流构造物主要有导流堤、梨形堤和锥体坡等。

（1）导流堤　导流堤平面形状一般为曲线形，有时也采用直线形（两端带有曲线），如图 5-13 所示。曲线形导流堤水流绕堤流动，对过桥水流压缩较大；直线形导流堤堤旁水流与堤分离，对过桥水流压缩最大，在堤旁形成回流区，回流区内可产生泥沙淤积。

（2）梨形堤　梨形堤的作用与导流堤相似，但导引河滩水流的作用较小。当桥位河段较小，流速又不大时，或当河滩引道路堤凹向上游时，为防止路基遭受淘刷与改善桥梁边孔的过水条件，可设置梨形堤，如图 5-14 所示。

2. 挑流构造物

挑流构造物为各种形式的坝，主要有丁坝、顺坝和格坝等。各种坝的作用是使水流方向挑离桥头引道或河岸，达到保护路基或河岸的目的。

（1）丁坝　丁坝常设置于桥头引道路堤的上游一侧或河岸边上，如图 5-14 所示。丁坝（又称为挑水坝）有淹没式和非淹没式两种。淹没式丁坝的坝顶略高于常水位，洪水期被淹没，它的挑流能力不大，主要起加速各丁坝间的泥沙淤积的作用，逐渐形成趋于导治线的新的水边

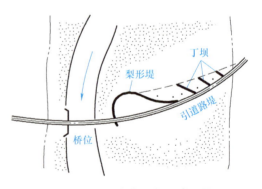

图 5-14 梨形堤与丁坝配合设置

线，常用于中水调治，对长年流水的河槽能起整治和稳定河岸的作用。非淹没式丁坝的坝顶高出设计洪水位，常用于挑开高洪水流，保护河岸和河滩引道路堤。

（2）顺坝与格坝　顺坝与格坝如图 5-15 所示。顺坝常与水流平行，直接布置在导治线上以防护河岸。顺坝一般为淹没式，坝顶与中水位大致相平，上游端嵌入河岸，下游开口，以排泄坝后水流。设于弯道段的顺坝，应有足够的长度，并随流势呈弯曲形。

格坝常配合顺坝使用，当顺坝较长且与河岸间距较大时，可在顺坝与河岸之间设置一道

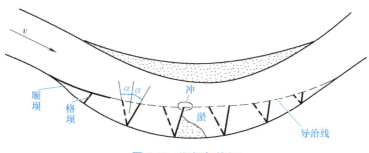

图 5-15 顺坝与格坝

或几道格坝加以支撑,并促以坝间淤积,防止坡或河滩受冲刷。格坝一端与顺坝正交或略斜交,格坝的间距一般在 20~30m 之间。

3. 防护构造物

防护构造物主要包括各种护岸、护坡和护基等工程,如图 5-16 所示。

各类调治构造物既可单独设置,也可以联合设置。在河流的滩地上,还可采用植树造林等生物措施来配合或替代工程调治构造物。

图 5-16 砌石护岸

小贴士

据媒体报道,2010 年 7 月 24 日,洛阳市由于暴雨引发洪水,洪水对栾川汤营大桥的基础冲刷,引起基础变位。因该桥为 20 世纪 80 年代修建的空腹式石拱桥,其原料以石块和砂浆为主,没有用钢筋,使桥梁发生整体垮塌。

桥位选择不合理会造成洪水排泄的不通畅,进而导致桥梁被洪水冲毁。在进行桥梁设计时,要做好桥梁工程地质勘察及水文调查,从而选择合适的桥位。

【学后谨记】 桥位设计时,要保证任何情况下的洪水不会引发桥梁安全事故,需要详细的水文调查和地质勘察、合理的桥位选址、合适的桥孔设计、合适的防护及调治构造设施等,并考虑洪水冲刷的最不利条件,这些都需要设计人员踏实、认真细致、刻苦钻研、全面地考虑问题。

学习检验评价单

墩台冲刷和基础埋深知识检验	姓名：	
	班级：	
	自评	师评
学习复习内容	掌握/未掌握	合格/不合格
河床变形包括哪几个原因导致的变形		
什么叫河床自然演变冲刷		
什么叫桥下一般冲刷		
什么叫桥下局部冲刷		
什么叫最低冲刷线？其高程如何确定		
如何确定墩台基底最小埋置深度		
什么叫调治构造物		
调治构造物包括哪几类		

参 考 文 献

[1] 罗筠. 道路工程地质 [M]. 北京：人民交通出版社，2011.
[2] 齐丽云，徐秀华. 工程地质 [M]. 3版. 北京：人民交通出版社，2009.
[3] 姜尧发. 工程地质 [M]. 北京：科学出版社，2008.
[4] 盛海洋. 工程地质与桥涵水文 [M]. 北京：机械工业出版社，2006.
[5] 盛海洋. 工程地质 [M]. 北京：北京邮电大学出版社，2012.
[6] 李定龙，李洪东. 土木工程地质 [M]. 北京：科学出版社，2009.
[7] 唐辉明. 工程地质学基础 [M]. 北京. 化学工业出版社，2008.
[8] 杨晓丰. 工程地质与水文 [M]. 北京：人民交通出版社，2005.
[9] 时伟. 工程地质学 [M]. 北京：科学出版社，2007.
[10] 任宝玲. 工程地质 [M]. 北京：人民交通出版社，2008.
[11] 叶镇国. 水力学与桥涵水文 [M]. 2版. 北京：人民交通出版社，2011.
[12] 孙家驷. 公路小桥涵勘测设计 [M]. 4版. 北京：人民交通出版社，2009.
[13] 中华人民共和国交通运输部. 公路工程水文勘测设计规范：JTG C30—2015 [S]. 北京：人民交通出版社，2015.
[14] 中华人民共和国交通运输部. 公路工程地质勘察规范：JTG C20—2011 [S]. 北京：人民交通出版社，2011.
[15] 中华人民共和国建设部. 岩土工程勘察规范：GB 50021—2001 [S]. 2009年版. 北京：中国建筑工业出版社，2009.
[16] 中华人民共和国交通运输部. 公路桥涵设计通用规范：JTG D60—2015 [S]. 北京：人民交通出版社，2015.
[17] 水利电力部. 水利水电工程地质勘察资料内业整理规范：SDJ19—78 [S]. 北京：水利电力出版社，1980.
[18] 《工程地质手册》编写委员会. 工程地质手册 [M]. 3版. 北京：中国建筑工业出版社，1992.
[19] 中华人民共和国交通运输部. 公路勘测规范：JTG C10—2007 [S]. 北京：人民交通出版社，2007.
[20] 中华人民共和国交通运输部. 公路工程抗震规范：JTG B02—2013 [S]. 北京：人民交通出版社，2013.
[21] 《工程地质手册》编写委员会. 工程地质手册 [M]. 5版. 北京：中国建筑工业出版社，2018.

工程地质 技能训练

姓名：_____

学号：_____

班级：_____

院校：_____

机械工业出版社

目 录

任务 1　矿物鉴定 …………………………………………………………………… 1
任务 2　室内岩浆岩鉴别 …………………………………………………………… 3
任务 3　室内沉积岩鉴别 …………………………………………………………… 5
任务 4　室内变质岩鉴别 …………………………………………………………… 7
任务 5　野外地质技能训练 ………………………………………………………… 9

任务 1 矿物鉴定

一、目的要求

通过本次实习,要求同学们学会使用一些简单的工具来确定矿物的一般物理性质,最后达到能够用肉眼鉴别主要造岩矿物的目的。正确鉴别矿物是为下一步鉴别各类岩石打下基础。

二、内容方法

1)使用简单的工具(如小刀、指甲、瓷板、放大镜、稀盐酸等),认识矿物的一般物理性质,如硬度、解理、颜色、形态、条痕、相对密度、磁性、断口、光泽、透明度,以及一般化学性质,如与稀盐酸、镁试剂的反应特征等。

2)掌握主要造岩矿物的鉴定特征。与其他矿物相比较,该矿物所特有的某些物理性质称为它的鉴定特征。例如,白云母的弹性,绿泥石的挠性,自然金的延展性,磁铁矿的磁性,滑石的滑感,岩盐的咸味,重晶石的相对密度大,硫黄的臭味,方解石、白云石与冷稀盐酸发生化学反应而产生气泡等。

按标本盒里的标本顺序,依次描述各矿物的物理性质,并完成 12 种主要造岩矿物的认识与鉴定,记录于表 1-1。最后经过对比掌握常见矿物的鉴定特征。

表 1-1 主要造岩矿物的认识与鉴定记录表

标本号	主要鉴定特征									矿物名称
	颜色	形态	条痕	光泽	硬度	解理	断口	相对密度	其他	
1										
2										
3										
4										
5										
6										
7										
8										

（续）

标本号	主要鉴定特征									矿物名称
	颜色	形态	条痕	光泽	硬度	解理	断口	相对密度	其他	
9										
10										
11										
12										

班级_____ 姓名_____ 学号_____

评阅老师_____ 成绩_____

三、注意事项

1）观察矿物的颜色、条痕、光泽以及测试硬度时，必须在矿物的新鲜面上进行，才能得出正确结论。

2）本次实习从矿物的一般物理性质着手，但不要求把这些物理性质都死记硬背下来，而是通过对比牢记这些主要矿物的鉴定特征。

学习检验评价单

矿物鉴定知识检验	姓名：	
	班级：	
	自评	师评
学习复习内容	掌握/未掌握	合格/不合格
在试验中如何运用肉眼鉴定矿物		
条痕在哪些类型的矿物中有重要的鉴定意义		
方解石、白云石是哪种类型的矿物？它们的主要鉴定特征有哪些？这两种矿物怎样区别		
地球上最重要的造岩矿物有哪些（试说出8~9种）		
在造岩矿物中，"有害矿物"指的是什么		

任务 2
室内岩浆岩鉴别

一、目的要求

通过手标本肉眼鉴定方法,根据矿物成分、结构和构造来认识各种主要的岩浆岩,牢记主要岩浆岩的鉴定特征。

二、内容方法

1)鉴别岩浆岩中的各种矿物成分。酸性岩浆岩,富含石英;中性岩浆岩,少含或不含石英,而富含长石;基性岩浆岩,不含或少含石英,除长石外,开始出现大量角闪石、辉石矿物;超基性岩浆岩,不含石英、长石,以大量辉石、橄榄石矿物为主。

2)鉴别岩浆岩的结构和构造。肉眼鉴别岩石结构主要观察其结晶程度、晶粒大小及晶粒间组合方式。

结晶程度可分为全晶质(分显晶质、隐晶质)、半晶质、非晶质(玻璃质)三种。岩浆岩的结构按晶粒间组合方式可分为等粒和斑状两种结构。

岩浆岩的构造大多数为致密块状,少数为气孔状、杏仁状、流纹状。

3)认识岩浆岩的颜色特点。酸性岩浆岩主要成分是石英和长石,颜色较浅;基性岩浆岩主要为角闪石、辉石矿物,颜色较深。

4)按照标本盒中的标本顺序,仔细观察标本,依次描述每块岩浆岩的颜色、主要矿物成分、结构和构造,并完成 8 种主要岩浆岩的认识与鉴定,记录于表 2-1,最后经过对比掌握每种岩浆岩的鉴定特征。

表 2-1　主要岩浆岩认识与鉴定记录表　　　年　　月　　日

标本号	主要鉴定特征					岩石名称
	颜色	主要矿物成分	结构	构造	其他	
1						
2						
3						
4						
5						
6						
7						

（续）

标本号	主要鉴定特征					岩石名称
	颜色	主要矿物成分	结构	构造	其他	
8						
9						
10						
11						
12						

班级_____ 姓名_____ 学号_____

评阅老师_____ 成绩_____

三、注意事项

1) 实习前应复习教材上的岩浆岩分类表，通过实习加深对此表的理解与记忆。

2) 实习中要注意按教材中分类表上所列的岩石的行和列进行对比，同一行的岩石，其结构、构造应当相似，而矿物成分不同；同一列的岩石，其矿物成分相同，而结构、构造不相同。

学习检验评价单

室内岩浆岩鉴别知识检验	姓名：	
	班级：	
	自评	师评
学习复习内容	掌握/未掌握	合格/不合格
岩浆岩的主要特点是什么		
如何区分斑状与似斑状结构		
花岗岩与闪长岩中的暗色矿物成分是否相同		
为何深成岩比浅成岩的结晶程度好		
气孔构造、流纹构造为何仅见于喷出岩中		
岩浆岩可以变成沉积岩吗		

任务 3
室内沉积岩鉴别

一、目的要求

通过对手标本的肉眼鉴定，根据矿物成分、结构和构造来认识各种主要的沉积岩，牢记主要沉积岩的鉴定特征。

二、内容方法

1）认识沉积岩的结构。由于沉积岩多为碎屑或隐晶的，故沉积岩的结构侧重于它的颗粒大小和形状。颗粒直径大于 0.005mm 者为碎屑岩类，小于 0.005mm 者为黏土岩类。在碎屑岩中，颗粒直径大于 2mm 者为砾状结构；直径在 0.005~2mm 之间者为砂状结构；直径小于 0.005mm 者为泥状结构。化学岩多为隐晶结构。

2）认识沉积岩的构造。沉积岩的构造特征可从宏观（大构造）和微观（小构造）两个方面来看：大构造主要指层状构造，一般不易在手标本上观察到，多在野外进行观察；小构造则指层理构造、尖灭或透镜构造、层面构造及均匀块状构造等。

3）认识沉积岩的主要矿物成分和胶结物。对于碎屑岩来说，颗粒的矿物成分和胶结物的矿物成分是同等重要的。如某种粗砂颗粒主要由长石组成，胶结物为碳质，则定名为碳质粗粒长石砂岩。对于泥质页岩及泥岩来说，颗粒矿物多为黏土类矿物，故其命名和性质在很大程度上取决于胶结物。对于化学岩及生物化学岩来讲，矿物成分则是最重要的鉴别特征。

4）按标本盒里的标本编号顺序，依次描述每块沉积岩的胶结物、矿物成分、结构和构造特征，并完成 8 种主要沉积岩的认识与鉴定，记录于表 3-1，最后经过对比找出每种沉积岩的鉴定特征。

表 3-1 主要沉积岩认识与鉴定记录表

年　月　日

标本号	主要鉴定特征					岩石名称
	胶结物	主要矿物成分	结构	构造	其他	
1						
2						
3						
4						
5						

(续)

标本号	主要鉴定特征					岩石名称
	胶结物	主要矿物成分	结构	构造	其他	
6						
7						
8						

班级_____　　姓名_____　　学号_____
评阅老师_____　　成绩_____

三、注意事项

1) 注意观察颗粒大小与颗粒矿物成分的关系，随着颗粒逐渐减小，深色矿物首先消失，然后是长石，最后剩下的多为细小的石英颗粒。

沉积岩碎屑颗粒的矿物成分如石英、长石、云母等都是原岩经过风化后保留下来的。此外，在沉积岩生成过程中又产生了一些新矿物称为沉积矿物。最常见的沉积矿物有方解石、白云石、石膏、高岭石、燧石等，含有这些沉积物是沉积岩的鉴定特征之一。

2) 在观察碎屑岩类时，注意观察沉积的碎屑岩系与火山碎屑岩系的异同。

3) 沉积岩覆盖地球表面四分之三，是我们野外工作中遇到的最多的岩石，故要求牢记砾岩、角砾岩、砂岩、页岩、石灰岩、白云岩、燧石等几种最常见沉积岩的鉴定特征。

学习检验评价单

室内沉积岩鉴别知识检验	姓名：	
	班级：	
	自评	师评
学习复习内容	掌握/未掌握	合格/不合格
沉积岩的主要特点是什么		
火山喷出的火山角砾、火山灰、火山尘堆积形成的岩石应归入三大岩类中的哪一类		
内碎屑结构的含义是什么		
缝合线对于在野外判断厚层灰岩的层面时有何意义		
石英砂岩中石英的含量至少占多少？长石石英砂岩中长石的含量至少占多少		
如何区分石英砂岩与花岗岩		
鲕状灰岩的鲕粒与细晶灰岩中的方解石晶粒有何不同		
如何区分石灰岩与白云岩		

任务 4 室内变质岩鉴别

一、目的要求

通过变质岩实习理解并掌握各种主要变质岩的鉴别特征。通过三大岩类实习后，要求能够把岩浆岩、沉积岩及变质岩清楚地区别开，然后正确地定出岩石的名称。

二、内容方法

1）认识变质岩常见矿物。

浅色的：石英、长石、白云母、绢云母、方解石及滑石等。

深色的：角闪石、辉石、黑云母、绿泥石等。

其中除绢云母、滑石及绿泥石等为变质作用生成的变质岩所特有的矿物外，其余的为原岩所具有的矿物。

2）认识变质岩的结构。变质岩中除少数岩石（如板岩、千枚岩等轻变质岩）具有隐晶结构外，其余大多数变质岩均为显晶结构。故可根据矿物鉴别特征把每种岩石中的主要矿物成分鉴别出来。结晶程度的好坏反映了岩石变质程度的深浅。

3）认识变质岩的构造。除石英、大理岩为块状构造外，其余均以片理构造为特征。具有片理构造的称为片岩，具有片麻状构造的称为片麻岩，具有千枚状构造的称为千枚岩，具有板状构造的称为板岩。

4）在室内实习中，按标本盒里的标本编号顺序，依次描述每块变质岩的颜色、主要矿物成分、结构和构造特征，并完成 8 种主要变质岩的认识与鉴定，记录于表 4-1，最后经过对比找出每种变质岩的鉴定特征。

表 4-1 主要变质岩认识与鉴定记录表

年　　月　　日

标本号	主要鉴定特征					岩石名称
	颜色	主要矿物成分	结构	构造	其他	
1						
2						
3						
4						
5						
6						

(续)

标本号	主要鉴定特征					岩石名称
	颜色	主要矿物成分	结构	构造	其他	
7						
8						

班级_____　　姓名_____　　学号_____
评阅老师_____　　成绩_____

三、注意事项

1）注意区别岩浆岩中的斑状结构与变质岩的斑状变晶结构。岩浆岩中的斑晶主要是长石、石英、角闪石、辉石；变质岩中的斑晶常常是石榴石、红柱石、蓝晶石、方柱石等，且多具有片状和片麻状构造。

2）注意区分片理构造与沉积岩的层理构造。

3）变质岩的结构虽不参加岩石命名，但对鉴定岩石有重要意义，它是区别不同成因、不同变质程度的依据，如板岩、千枚岩、片岩。

学习检验评价单

室内变质岩鉴别知识检验	姓名：	
	班级：	
	自评	师评
学习复习内容	掌握/未掌握	合格/不合格
变质岩的主要特点是什么		
什么叫区域变质岩		
板岩、千枚岩、片岩有何主要区别		
如何区分石英岩和大理岩		
何为片麻构造		
岩浆岩、沉积岩、变质岩能互相转化吗？转换的主要条件是什么		

任务 5
野外地质技能训练

一、野外地质实习的内容及安排

（一）实习目的与要求

野外地质实习是本课程教学内容中重要环节之一。通过野外地质实习，可以到起复习和巩固课堂讲授的基本概念和基本理论的作用，还可以接触到工程地质野外调查的基本方法，使学生初步懂得如何利用地质理论联系工程实际来分析地质与工程的关系。其次，通过野外地质教学实习，使学生从自然界许多具体的地质事物和现象中获得一些生动的感性认识，以验证和巩固课堂所学的基本理论，并对某些路段的不良地质现象及岩体稳定性问题做出分析、论证，从而为今后路桥工程的测设、施工等方面的专业课学习，奠定必备的工程地质知识。对此，提出如下基本要求：

1) 针对野外具体的岩石和土层，能借助简易工具和试剂对其性质、结构、构造、类别做出鉴别和描述；能够估测岩石的工程强度和石料品位等级。

2) 运用地质罗盘仪测量岩体结构面的产状，识别不同类型的地质构造，并分析它们对路桥工程稳定性的影响。

3) 认识和区分一般中、小型地貌，以及不同地貌形态对路线测设、施工、养护等方面的影响。

4) 识别山区常见不良地质现象，分析其发生的原因以及对道路与桥梁的危害，并从中了解和探讨一些有关预防和整治的措施。

5) 初步了解公路工程地质调查的内容和一般方法。

（二）组织及实习日程安排

1) 成立教学实习小组：每班分为 4~5 组，设学生组长 1 人。确定指导教师，负责实习中的业务、安全、纪律、后勤、生活等事宜。

2) 实习具体日程安排：实习时间为 1 周，可参考表 5-1 进行日程安排。

3) 实习装备：皮尺、实习实测记录表格、地质罗盘仪、标本袋、铅笔、小刀、铁锤、放大镜等。

表 5-1 实习日程安排表

步骤	实 习 安 排	备注
一	召开实习动员大会，强调安全纪律；宣布实习领导小组成员及实习计划，借领野外实习装备等 实习地区地质条件概括介绍	

(续)

步骤	实习安排	备注
二	离校，赶赴实习地区，全天路线观察实习	
三	全天路线观察实习	
四	全天路线观察及技能考核	
五	召开实习总结大会，布置编写实习报告的纲要，归还实习装备，整理野外记录及资料，编写个人实习报告	

（三）实习地点

实习地点应尽量选在能满足教学实习的要求、地质类型比较齐全、具有一定代表性的拟建或已建的建筑工程地区。若建筑工程地区不能满足实习要求，也可增加几个地质典型地点进行补充实习。

（四）实习成绩考核

本实习成绩单独考核、评定，不及格者，无补考机会。实习成绩实行百分制或按优秀、良好、中等、及格和不及格进行考核。

二、野外工作的基本方法和技能

（一）地质罗盘仪的使用

地质罗盘仪是进行野外地质工作必不可少的一种工具。借助它可以定出方向和观察点的所在位置，测出任何一个观察面的空间位置（如岩层层面、褶皱轴面、断层面、节理面等构造面的空间位置），以及测定火成岩的各种构造要素、矿体的产状等。因此必须学会使用地质罗盘仪。

1. 地质罗盘的结构

地质罗盘由磁针、刻度盘、测斜仪、瞄准觇板、水准器等几部分组成。

2. 岩层产状要素的测量

岩层的空间位置取决于其产状要素，岩层产状要素包括岩层的走向、倾向和倾角。

1）岩层走向的测定：岩层走向是岩层层面与水平面交线的方向。测量时将罗盘长边与层面紧贴，然后转动罗盘，使底盘水准器的水泡居中，读出指针所指刻度即为岩层之走向。

2）岩层倾向的测定：岩层倾向是指岩层向下最大倾斜方向线在水平面上的投影，恒与岩层走向垂直。测量时，将罗盘北端或接物觇板指向倾斜方向，罗盘南端紧靠着层面并转动罗盘，使底盘水准器水泡居中，读指北针所指刻度即为岩层的倾向。

3）岩层倾角的测定：岩层倾角是岩层层面与假想水平面间的最大夹角。测量时将罗盘直立，以长边靠着岩层的真倾斜线，沿着层面左右移动罗盘，并用中指扳动罗盘底部的活动扳手，使测斜水准器水泡居中，读出悬锥中尖所指最大读数即为岩层的倾角。

3. 岩层产状的记录方式

岩层产状的记录方式通常采用下面的方式：方位角记录方式，如果测量出某一岩层走向为310°，倾向为220°，倾角为35°，则记录为NW310°/SW∠35°或220°∠35°。

4. 实习报告

将用罗盘测量的方位角、坡度角、目估水平距离的结果填写在表5-2中，按1∶2000的比例尺画两点方位角和坡度角的平面图和剖面图。

表5-2 地质罗盘仪实习报告

姓名： 班级：

模型号	走向	倾向	倾角	观测位置	方位角	坡度角	距离（目估）

时间： 年 月 日

（二）野外地质的记录

1. 记录的要求

记录的内容包括详细记录地质内容和具体地点两方面；要客观地反映实际情况，记录清晰、美观，文字通顺，图文并茂等。

2. 记录的类型和方式

地质记录有两种类型和方式：一种是专题研究的记录，专门观察研究某一地质问题；另一种是综合性地质观察的记录，应用于对某一地区进行全面而综合性的地质调查。

（三）绘制路线地质剖面图

1）选取作图比例尺。其原则是根据作图精度要求及路线长度，最好是将地质剖面图的长度控制在记录簿的长度以内。如果路线长，地质内容复杂，则剖面图可以绘长一些。

2）绘地形剖面。目估水平距离和地形转折处的高差及坡角大小，按比例尺的要求绘出地形剖面起伏。初学者易犯的错误是将山坡绘陡了。一般山坡坡角不超过30°，更陡的山坡是人难以攀越的。

3）填图。在地形起伏线的相应点上按实测的层面和断层面产状画出各地层的分界面及断层位置、倾向与倾角，在相应部位画出火成岩体的位置和形态。相同地层用线连接以反映褶皱及其横剖面特征。

4）标注地层及岩体的花纹，断层的动向，地层和岩体的代号，化石产出部位及采样位置等。

5）整饰修饰已成的草图并写出图名、比例尺、方向、地物名称、绘制图例及写图注，如为通用图例，则可省略图例的说明。

三、地质实习报告的编写

地质实习外业结束以后，应及时地转入内业整理和实习报告编写阶段。实习报告内容，视实习点的具体情况和实习时间的长短而有所不同。

1. 地质实习报告的编写提纲

1）绪言。介绍实习区的行政区划、经纬位置、自然地理概况、实习目的、实习时间等。

2）对不同观察点出露的地层及分布的特点，按地层时代自老至新进行分层描述。描述各时代地层时应包括分布和发育概况、岩性和所含化石、与下伏地层的接触关系、厚度等（附素描图）；岩浆岩出露状况简述；附实测地层剖面图、斜层理、泥裂素描图；描述各种岩体的岩石特征、产状、形态、规模、出露地点、所在构造部位以及含矿情况，并判断其工程强度的类别。

3）描述在实习地区认识的地质构造及地貌的类型，概述本地质教学实习区在大一级构造中的位置和总的构造特征；分别叙述地质教学实习区的褶皱和断裂。

① 褶皱描述：褶皱名称，组成褶皱核部地层时代及两翼地层时代、产状、枢纽、轴面、展布情况，褶皱横剖面及纵剖面特征，并附轴面和枢纽的水平投影。

② 断层描述：断层名称、断层性质、上盘及下盘（或左右盘）地层时代，断层面的产状；野外识别标志；断层证据（附素描图、剖面图）。

③ 节理描述：节理发育组数、方向、发育程度及调查方法、走向或倾向玫瑰花图。

阐述褶皱与断裂在空间分布上的特点，根据所见实际情况并结合路桥工程的勘测设计、施工等问题做出综合分析，提出自己的见解。

4）描述在实习地区所见到的各种不良地质现象，描述它们对路桥工程造成的危害及采取的措施，并给出自己的评价。

5）除了安排的观察内容以外，提出自己的新发现、新见解或认为需要探索的问题。

6）结束语。包括实习的主要收获、体会、意见及建议。

2. 实习报告附图

实习报告应附哪些图件，这要根据实习地点的具体条件、实习时间的长短及专业要求等情况，综合考虑，适量选择。有下列图件可供选择：综合地层柱状图；地质平面图（部分）；地质剖面图（或水文地质剖面图）；节理玫瑰图；赤平投影图应用；

有关地质素描图及照片等。

报告编写要求书写清晰规正、文字通顺、图件整洁，并装订成册统一交指导教师评阅。

崩塌断层野外现场讲解

高盖山地质野外实习现场介绍

高盖山地质实习——断层崖介绍

高盖山地质实习——断层、岩石风化、崩塌

飞来石及形成原因